民國文化與文學研究文叢

五 編

李 怡 主編

第 20 冊

農民說理的世界
——趙樹理小說的形式與政治

李 國 華 著

國家圖書館出版品預行編目資料

農民說理的世界——趙樹理小說的形式與政治／李國華 著 --
初版 -- 新北市：花木蘭文化出版社，2015〔民104〕
序 6+ 目 2+242 面；19×26 公分
（民國文化與文學研究文叢 五編：第 20 冊）
ISBN 978-986-404-262-3（精裝）
1. 趙樹理 2. 中國小說 3. 文學評論
541.26208   104012155

特邀編委（以姓氏筆畫為序）：

ISBN-978-986-404-262-3

9 789864 042623

民國文化與文學研究文叢
五　編　第二十冊   ISBN：978-986-404-262-3

農民說理的世界
——趙樹理小說的形式與政治

作　　者　李國華
主　　編　李　怡
企　　劃　四川大學現代中國文化與文學研究中心
　　　　　北京師範大學民國歷史文化與文學研究中心
總 編 輯　杜潔祥
副總編輯　楊嘉樂
編　　輯　許郁翎
出　　版　花木蘭文化出版社
社　　長　高小娟
聯絡地址　235 新北市中和區中安街七二號十三樓
　　　　　電話：02-2923-1455／傳真：02-2923-1452
網　　址　http://www.huamulan.tw 信箱 hml810518@gmail.com
印　　刷　普羅文化出版廣告事業
初　　版　2015 年 9 月
全書字數　226185 字
定　　價　五編 24 冊（精裝）新台幣 45,000 元

農民說理的世界
——趙樹理小說的形式與政治

李國華　著

作者簡介

李國華，男，同濟大學中文系講師，同濟大學魯迅研究中心兼職研究人員，1980 年出生，江西省雩都縣人。2012 年畢業於北京大學中文系，師從吳曉東教授。專業研究領域爲現代小說研究及魯迅研究，有數篇論文散見於《中國現代文學研究叢刊》、《魯迅研究月刊》、《文藝爭鳴》、《東吳學術》等。目前除從事魯迅雜文研究外，悉心於研究舊體詩與新文學之關係。

提　　要

　　本書以形式爲中介，通過討論趙樹理小說與政治之間的關係，給予趙樹理小說的文學性和文學史地位一個新的闡釋。本書發現趙樹理主要思考的是農民的情感 語言 娛樂以及權利 欲望、性格，並希望通過創造一些農民能夠接受的新形式來喚醒農民自我表述的能力和行爲，以內在的、而非外在的邏輯，構建社會新秩序，在經濟、政治、文化、文學、道德倫理諸層面自我樹立。趙樹理小說的文學政治的可能性集中體現爲「農民說理的世界」。在趙樹理小說的文學政治中，時間和空間不能互換，趙樹理小說關於現代中國農村的敘述主要是一個空間意義上的敘述。趙樹理多以「群眾大會」結束小說，展開了別開生面的小說遠景「農民說理的世界」，但趙樹理並不願意走向以「理」行暴的極端。趙樹理大多數時候總是注意到了「可讀性」與「可說性」的分歧，而傾力於保證小說的「可讀性」。一旦進入小說的邏輯，他無法眞正使用「老百姓的話」，而只能是使用一種翻譯性的語言，既能爲知識分子提供「可讀性」又能爲農民提供「可說性」的一種語言。而體會政治脈搏是趙樹理一生創作的根本問題，反映在小說上，即是小說的主題、內容、思想、文體如何準確地傳達政治需要，並同時仍然是一種具有文學性的小說。

民國文學：闡釋優先，史著緩行
——第五輯引言

李　怡

　　中國學界提出「民國文學」的概念已經超過十五年了，[註1] 在新一波的文學史寫作的潮流之中，人們對民國文學的研究也出現了一種期待，就是希望盡快見到一部《民國文學史》，似乎只有完整的文學通史才足以證明「民國文學」研究的合理性，或者說在當前林林總總的文學史寫作意見裏，證明自己作爲新的學術範式的存在。在我看來，受各種主客觀條件的限制，目前最需要開展的工作還不是撰寫一部體大慮深的文學史著，而是努力從不同的角度深入勘探、考察，對這一段歷史提出新的解釋。

一

　　眾所周知，中國文化具有悠久漫長的「治史」傳統。在一個宗教裁決權並沒有獲得普遍認可的國度，人們傾向於相信，通過歷史框架的確立可以達到某種裁決與審判的高度，所謂「名刊史冊，自古攸難，事列春秋，哲人所重。」[註2] 中國最早的史官除了司職記事，還負責主持祭祀，占卜吉凶，溝通神靈。史不僅可以成爲「資治通鑒」，甚至還具有某種道德的高度，所謂「孔子成《春秋》，亂臣賊子懼」，[註3] 史家如司馬遷等也是以「究天人之際，通古今之變」自我期許。

〔註1〕中國大陸最早的「民國文學」設想出現在 1997 年（陳福康），最早的理論倡導出現在 2000 年代早期（張福貴）。

〔註2〕劉知幾撰，浦起龍釋：《史通通釋・人物》第 240 頁，上海：上海古籍出版社 1978 年版。

〔註3〕《孟子・滕文公章句下》，見楊伯峻《孟子譯注》上冊 155 頁，中華書局 1960 年版。

文學史的出現原本是現代的事物，它顯然不同於古代的史官治史，這種來自西方的學術方式更屬於學院派知識份子的個體行為。但是，歷史的因襲依然存在，尤其是在一些世代交替的時節，無論是政治家還是知識份子本身，都自覺不自覺地認定「著史」可以樹立某種新的「標準」，完成對過往事物的「清算」。於是，如下一些史著的意義是可以被我們津津樂道的：

奠定中國現代文學學科的基礎是王瑤先生的《中國新文學史稿》。集中代表了撥亂反正過渡時期的文學史觀的是唐弢、嚴家炎先生主編的《中國現代文學史》。

體現了新時期的現代文學視野、集中展示研究新成果的是錢理群、陳平原、溫儒敏等人的《中國現代文學三十年》。

生動體現著「重寫文學史」意義的是陳思和的《中國當代文學史》。

展示 1990 年代以降學術研究的「歷史化」傾向的是洪子誠的《中國當代文學史》。

揭示「文學周邊」豐富景觀的是吳福輝獨撰的插圖本《中國現代文學史》。

錢理群主編的最新三卷本《中國現代文學編年史》展示了以「廣告為中心」的文學生產、流通、接受及其他社會文化環節，讓文學敘述的圖景再一次豐富而生動。

今天，隨著「民國文學」研究的呼聲漸起，在一系列命名和概念的討論之後，應該展示更多的文學史研究實績，只有充分的實績才能說明「民國社會歷史框架」的確具有特殊的文學視野價值，如何集中展示這些實績呢？目前容易想到的似乎就是編寫一部紮實厚重的《民國文學史》。

但是，在我看來，文學史編寫的工作固然重要卻又不可操之過急。因為，今天所倡導的「民國文學」，並不僅僅是一個名稱的改變（以「民國」替代「現代」），更重要的是一些研究視角和方法的調整。這些重要的改變至少包括：

正視民國歷史的特殊性，而不是簡單流於「半封建半殖民地」等等的簡略判斷。據史學界的知識考古，「半封建」一詞曾經出現在馬克思、恩格斯筆下，列寧第一次分別以「半封建」「半殖民地」指稱中國，以後共產國際以此描述中國現實，「半殖民地」一說並先後為中國國民黨人與中國共產黨人所接受，又經過蘇聯內部的理論爭鳴及共產國際的理論演繹，「半

封建半殖民地」的並稱出現在 1926 年以後，〔註4〕又經過 1930 年代初的「中國社會性質問題論戰」，逐步成為中共領導的馬克思主義史學的基本概括。到延安時期，毛澤東最為完整清晰地論述了這一學說，從此形成了對中國知識份子歷史認知的主導性影響，直到今天應該說都有其獨到的深刻的一面。但是作為一種總體的社會性質的認定，是不是就完全揭示了民國歷史的特點呢？就不需要我們具體的歷史問題的研究了呢？當然不是。例如對「封建」一詞的定義在史學界一直爭議不已，民國時代的經濟已經明顯走上了資本主義的發展道路，忽略這一現實就無法解釋中國近現代工商業文化對於文學市場的重要作用，辛亥革命之後的中國儘管軍閥混戰，也難掩其專制獨裁的性質，但是卻也不是「帝國主義買辦與走狗」這樣的情感宣泄就能「一言以蔽之」的。對於民國史，國外史學界同樣多有研究，有自己的性質認定，這也需要我們加以研讀和借鑒。之所以強調這一點，乃是因為在此之前的《中國現代文學史》，幾乎都是以主流史學界的社會性質概括作為文學發展的前提，從舊民主主義革命到新民主主義革命就是中國現代文學發生發展的基礎，文學的偉大和深刻就在於如何更加深刻地反映了這一歷史過程，1980 年代以後，為了急於從這些政治判斷中脫身，我們的文學史又試圖在「回到文學自身」的訴求中另闢蹊徑，所謂「審美的文學史」成為了口號，但是關於中國現代文學在民國時代的諸多歷史基礎的辨析卻被擱置了起來，今天，如果不能正視民國歷史的特殊性，也就不能在文學的歷史前提方面有真正的突破。

發掘民國社會的若干細節，揭示中國現代文學生存發展的具體語境。無論是政治、經濟、社會文化等方面，民國社會的種種特徵都直接影響了現代中國文學的生產、傳播和接受，決定著文學的根本生存環境。關於這方面的研究，最近幾年已經在「文化研究」的推動下頗有收穫，不過，鑒於文化研究在來源上的異質性，實際上我們的考察也還較多地襲用外來的文化

〔註4〕 一般認為，1926 年上半年，蔡和森在莫斯科中共旅俄支部會上作《中國共產黨的發展（提綱）》，已經提到「半殖民地和半封建的中國」和「半封建半殖民地的國家」（《聯共（布）、共產國際與中國國民革命運動（1926～1927）》，下冊第 408 頁，北京圖書館出版社，1998 年），另據李洪岩考證，最早的「半殖民地半封建」字樣，則是 1926 年 9 月 23 日莫斯科中山大學國際評論社編譯出版的中文週刊《國際評論》創刊號上的發刊詞，見《半殖民地半封建理論的來龍去脈》（《中國社會科學院近代史研究所青年學術論壇 2003 年卷》，社會科學文獻出版社，2005 年）。

理論，沒有更充分地回到民國自己的歷史環境。例如性別研究、後殖民批判、大眾文化理論等等的運用，迄今仍有生吞活剝之嫌。要真正揭示這些歷史細節，就還需要完成大量紮實的工作，例如民國經濟在各階段的發展與營運情況，各階層的經濟收入及其演變，社會分化與社會矛盾的基本情形，經濟與政治權利的區域差異問題，法制的發展及對私人權利（包括著作、言論權利）的保護與限制，軍閥政治對輿論及思想的控制方式，國民黨政權對輿論及思想的控制方式，國民政府時期的「黨政關係」及其內在的間隙，國民黨內部各派系的矛盾及其對思想控制的影響，民國各時期書報檢查制度的制定與實施情況，民國時期出版人、新聞人、著作人各自對抗言論控制的方式及效果，主流倫理的演變及民間道德文化的基本特點，文學出版機構的經營情況與文學傳播情況，民國時期作家結社及其他社會交往的細節等等，所有這些龐雜的內容倉促之間，也很難為「文學史」所容納，在一個相當長的時間裏都將成為文學研究的具體話題。

解剖民國精神的獨特性、民國文本的獨特性，凸顯而不是模糊這一段文學歷史的的形態。文學史究竟是什麼史？這個問題討論過很多年，至今也可能存在不同的意見，在我看來，儘管我們今天一再強調歷史研究與文化研究的重要性，但是所有這些討論最終還都應該落實到對於文學作品的解釋中來，否則文學學科的獨立性就不復存在了。最近幾年，民國文學研究的倡導與質疑並存，但更多的時候還都停留在口號的辨析和概念的爭論當中，就文學研究本身而論，這樣並不是對學術發展的真正推進。如果民國文學研究的提倡不能以大量的具體文學作品的闡釋為基礎，或者說民國文學的理念不能落實為一系列新的文學闡釋的出現，那麼這一文學史框架的價值就是相當可疑的；如果我們尚不能對若干文學作品的獨特性提出新的認識，那麼又何以能夠撰寫一部全新的《民國文學史》呢？

以上幾個方面的工作都是一部新的文學史寫作的必須的前提。我們的文學史的新著，從大的歷史框架的設立與理解到局部事件的認定和把握，乃至作為歷史事件呈現的文本的闡釋都與應該此前我們熟悉的一套方式——革命史話語、現代性話語——有所不同，如果只是抓住名稱大做文章，幾乎可以肯定的是，其結果必然很快陷入到業已成熟的那一套知識和語言中去，所謂「民國文學史」也就名不副實了。早在 1994 年，人民出版社就出版過《中國民國文學史》，這個奇特的書名——不是「中華民國文學史」而是「中國民國

文學史」——顯然反映出了當時的某種政治禁忌，平心而論，在 10 年前，能夠涉及「民國」二字，已屬不易，對於其中所承受的禁忌，我們深表理解；但是也的確因爲這一禁忌的存在，所謂「民國」的諸多歷史細節都未能成爲文學史觀察和分析的對象，所以最終的成果還是普遍性的「現代化」歷史框架，「中國民國文學史」的主體還是不折不扣的「現代文學三十年」，對歷史性質、文學意義的描述都依然如故，對作家的認定、作品的解釋一如既往，只不過增加了一點補充：民國建立到五四新文化運動發生的幾年。這樣的文學史著，自然還不是我們理想中的「民國文學史」。

二

當然，能夠標舉「民國」概念的文學史論已經出現了，這就是臺灣學者尹雪曼主編的《中華民國文藝史》及周錦主編的《中國現代文學研究叢刊》系列叢書，也包括最近兩岸學者的最新努力。

尹雪曼（1918～2008），本名尹光榮，河南汲縣（今衛輝市）人。抗戰時期西北聯合大學畢業，美國密西里大學新聞學院文學碩士。曾主編重慶《新蜀夜報》副刊，在上海、天津、西安等地擔任報社記者，1949 年去臺灣。曾任臺灣中國作家藝術家聯盟會長，《中華文藝》月刊社社長，在成功大學、中國文化大學等校任教。自 1934 年起，創作發表了小說、散文及文學評論多種。是很有代表性的遷臺作家。周錦（1928～1992），江蘇東臺人，1949年赴臺，曾經就讀於臺灣師範大學、淡江大學等，後創辦燕智出版社，擔任臺北中國現代文學研究中心主任。兩人的最大貢獻便是撰寫、主編或者參與編撰了一系列的中國現代文學研究論著，在新文學記憶幾近中斷的臺灣，第一次系統地總結了五四以來的中國文學發展歷史，尹雪曼撰寫有《現代文學與新存在主義》、《五四時代的小說作家和作品》、《鼎盛時期的新小說》、《抗戰時期的現代小說》、《中國新文學史論》、《現代文學的桃花源》，總纂了《中華民國文藝史》。〔註 5〕其中，《中華民國文藝史》大約是第一部以「民國」命名的大規模的系統化的文學史著作，民國歷史第一次成爲文學史「正視」的對象；周錦著有《中國新文學史》、《朱自清作品評述》、《朱自清研究》、《〈圍城〉研究》、《論呼蘭河傳》、《中國新文學大事記》、《中國現代小說編目》、《中國現代文學作家本名筆名索引》、《中國現代文學作品書名大辭典》、《中國現

〔註 5〕 《中華民國文藝史》由臺北正中書局 1975 年初版。

代文學鄉土語彙大辭典》等，此外還主編了《中國現代文學研究叢刊》三輯
共 30 本，於 1980 年由成文出版社有限公司印行出版。《中國現代文學研究
叢刊》的史論也具有比較鮮明的「民國意識」。《中國現代文學研究叢刊編印
緣起》這樣表達了他的「民國意識」：

> 中國新文學運動，是隨著中華民國的誕生而來。儘管後來有各
> 種文藝思潮的激盪以及少數作家思想的變遷，但中國現代文學卻都
> 是在國民政府的呵護下成長茁壯的……〔註6〕

這樣的表述，固然洋溢著大陸文學史少有的「民國意識」，不過，認真品讀，
卻又明顯充滿了對國民黨政權形態的皈依和維護，這種主動向黨派意識傾
斜，視「民國」為「黨國」的立場並不是我們所追求的學術客觀，也不利於
真正的「民國」的發現，因為，眾所周知的事實是，疲於內政外交的「國民
政府」似乎在「呵護」民國文學方面並無傑出的築造之功，嚴苛的書報檢查
制度與思想輿論控制也絕不是現代文學「成長茁壯」的理由。民國文學的真
實境遇難以在這樣的意識形態偏好中得以呈現。

　　同樣基於這樣的偏好，民國文學的優劣也難以在文學史的書寫中獲得准
確的評判，例如尹雪曼《中華民國文藝史·導論》作出了這樣概括：「中華民
國的文藝發展，雖然波瀾壯闊，變幻無常；但始終有民族主義和人文主義作
主流；因而，才有今日輝煌的成就。」「至於所謂『三十年代』文藝，則不過
是中華民國文藝發展史中的一個小小的浪花。當時間的巨輪向前邁進，千百
年後，再看這股小小的浪花，只覺得它是一滴泡沫而已。其不值得重視，是
很顯然的。」〔註7〕

　　民國時期的現代文學是不是以「民族主義」為主流，這個問題本身就值
得討論，至少肯定不會以國民政府支持下的「民族主義文藝運動」為主導，
這是顯而易見的；至於所謂的「三十年代文藝」當指 1930 年代的左翼文學，
事實上，無論就左翼文學所彰顯的反叛精神還是就當時的社會影響而言，這
一類文學選擇都不可能是「一個小小的浪花」、「是一滴泡沫而已」，漠視和掩
蓋左翼文學的存在，也就很難講述完整的民國文學了。

　　由此看來，20 世紀下半葉的冷戰不僅影響了大陸中國的學術視野，同樣
扭曲了海峽對岸的學術認知。受制於此的文學史家，雖然不忘「民國」，但他

〔註6〕 周錦：《中國新文學簡史》1 頁，臺北成文出版社 1980 年。
〔註7〕 尹雪曼總纂：《中華民國文藝史》1 頁，臺北正中書局 1975 年。

們自覺不自覺地要維護的中華民國依然是以國民黨統治為唯一合法性的「黨國」，民國社會歷史的真正的豐富與複雜並不是「黨國」意識關心的對象。以民國歷史的豐富性為基礎構建現代中國的文學敘述，始終是一個難題，對大陸如此，對臺灣也是如此。

當然，考慮到臺灣歷史與文學的種種情形，《民國文學史》的寫作可能還會再添一個難度：如何描述海峽對岸當今的文學狀況，是排除於我們的「民國文學史」還是繼續延伸囊括，〔註8〕排除於現實不符，從「民國」敘述轉向「臺灣」敘述，恐怕也正是「獨派」的願望，相反，努力將「臺灣」敘述納入「民國」敘述才能體現中華統一的「政治正確」；不過，納入卻也同樣問題重重，「民國」與「人民共和國」並行，不僅有悖於「一個中國」的基本政治理念，就是在當下的臺灣也糾纏不清。我們知道，在今日，繼續奉「民國」之名的臺灣目前正大張旗鼓地推進「臺灣文學」甚至「臺語文學」，所謂「民國文學」至少也不再是他們天然認同的一個概念，學術考察如何才能反映出研究對象本身的思想追求，這個問題也必須面對。也就是說，在今日臺灣，「民國」之說反倒曖昧而混沌。

2011 年，臺灣學者陳芳明、林惺嶽等著的《中華民國發展史‧文學與藝術》出版，較之於此前冷戰時期的文學史，這一著作終於跳出了「黨國」意識的束縛，體現出了開闊的學術視野，〔註9〕但是由於歷史的阻隔，關於民國文學的豐富細節都未能在這一史著中獲得挖掘，我們看到的章節就是：百年來文學批評的開展與轉折，百年女性文學，百年現代詩發展與自我身份的探求，故事萬花筒——百年小說圖志，美學與時代的交鋒——中華民國散文史的視野，百年翻譯文學史，從啓蒙救亡開始：中華民國現代戲劇百年發展史等等。從根本上說，《中華民國發展史‧文學與藝術》由多位學者合作，各自綜述一個獨立的文學藝術領域，在整體上更像是一部各種文學藝術現象的概觀彙集，而不是完整的連續的歷史敘述。

也是在 2011 年，大陸學者湯溢澤、廖廣莉出版了《民國文學史研究》

〔註8〕 丁帆先生試圖繼續延伸民國文學的概念，他區分了政治意義的「民國」和作為文化遺產的「民國」，試圖以此作為破解難題的基礎，不過這一延伸也不得不面對與臺灣作家及臺灣學者對話、溝通的問題（見《關於建構民國文學史過程中難以迴避的幾個問題》，《當代作家評論》2012 年 5 期）。

〔註9〕 陳芳明、林惺嶽等著：《中華民國發展史‧文學與藝術》，臺灣政治大學、聯經出版公司 2011 年。

（1912-1949）。〔註10〕湯先生是中國大陸較早呼籲「民國文學史」研究的學者，在這一部近40萬字的著作中，他較好地體現了先前的文學史設想：回歸政治形態命名的歷史記事，上溯民國建立的文學發端意義，恢復民國時期文學發展的多元生態。可以說這都觸及到了「民國文學史」的若干關鍵性環節，《民國文學史研究》由「史觀建設」與「編史嘗試」兩大部分組成，前者討論了民國文學史寫作的必要性，後者草擬了「民國文學史綱」，嚴格說來，「史綱」更像是民國時期文學的「大事記」，似乎是湯先生進一步研究的材料準備，尚不能全面體現他的「民國文學史」面貌。

海峽兩岸的學者都開始彙集到「民國文學」的概念下追述歷史，這令人鼓舞，但目前的成果也再次說明，書寫一部完整的《民國文學史》，無論是史觀還是史料，都還有相當的欠缺，時機尚未成熟，同志仍需努力。

三

民國文學史，在沒有解決自己的史觀與史料的時候，實在不必匆忙上陣。在我看來，民國文學研究在今天的主要任務還是對民國社會歷史中影響文學的因素展開詳盡的梳理和分析，對現代文學歷史演變中的一些關鍵環節與民國社會各方面的關係加以解剖，如民國建立與新文學出現的關係、民國社群的出現與現代文學流派的形成、民國政黨文化影響下的思想控制與文學控制、民國戰爭狀態下的區域分割與文學資源再分配等等，至於文學自身力量也不能解決的文學史寫作難題當然更可以暫時擱置（如當代臺灣文學進入民國文學史的問題）。只要我們並不急於完成一部完整系統的民國文學史，就完全可以將更多的精力放在民國文學一個一個的具體問題之上，可供我們研究範圍也完全可以集中於民國建立至人民共和國建立這一段，我想，海峽兩岸的學者都可以認定這就是「民國歷史」的「典型」時期，這同樣可以為我們的雙邊交流營造共同的基礎。在民國文學史誕生之前，我們應該著力於歷史更多更豐富的細節，對細節的了悟有助於我們歷史智慧的增長，而歷史智慧則可以幫助我們最終解決這樣或那樣的歷史書寫的難題。

那麼，在一部成熟的《民國文學史》誕生之前，還有哪些課題需要我們清理和辨析呢？

〔註10〕湯溢澤、廖廣莉：《民國文學史研究》（1912～1949），吉林大學出版社 2011年。

我覺得在下列幾個方面，還有必要進一步研討。

一是「民國文學」研究究竟能夠做什麼。隨著近幾年來學界的倡導，對於「民國文學」研究的優勢大約已經獲得了基本的認識，但是也有學者提出了自己的疑慮：研討民國文學，對於那些反抗民國政府的文學該如何敘述？例如左翼文學、延安文學。或者說，民國文學是不是就是國統區追求民主、自由這類「普世價值」的文學，「民國機制」是不是與「延安道路」分道揚鑣？在我看來，「民國文學」就是一種近現代中國進入「民國時期」以後所有文學現象的總稱，既包括國統區的文學，也包括解放區的文學，因為「民國」不等於「黨國」，也代表了某種「革命者」共同的「新中國」的夢想，左翼文化、解放區反抗的是一黨專制的「黨國」，而不是民主自由均富的「新中國」，尤其在抗戰時期，當解放區轉型為民國的特區之後，更是恰到好處地利用了民國的憲政理想為自己開闢生存空間，為自己贏得道義與精神上的優勢，只有在作為「新中國」的「民國」場域中，左翼文學與延安文學才體現出了自己空前的力量，「延安道路」才得以實現。「民國文學」也不是歌頌民國的文學，相反，反思、批判才是民國時期知識份子的主流價值取向，所以，我們可以發現，「民國批判」往往是民國文學中引人矚目的主題，左翼文學精神恰恰是民國時代一道奪目的風景，儘管它的文學成就需要實事求是地估價。在這個意義上，民國文學史的研究肯定是中國近現代史學的組成部分，而不是大眾時尚潮流（如所謂「民國熱」）的結果。

民國文學研究更深入的理論問題還在於，這樣一種新的文學史研究範式的出現究竟有什麼深刻的學術意義？對整個文學史研究的進行有何啟發？我認為，相對於過去強調「現代性」時間意義的「中國現代文學史」而言，「民國文學史」更側重提醒我們一種「空間」的獨特性，也就是說，從過去的關注世界性共同歷史進程的「時間的文學史」轉向挖掘不同地域與空間獨特涵義的「空間的文學史」，以空間中人的獨特體驗補充時間流變中的人類共同追求，這就賦予了所謂「民族性」問題、「本土性」問題與「中國性」問題更切實的內涵，從此出發，中國文學研究的新範式也許可以誕生？

二是「民國文學」研究當以大量的具體文學現象的剖析為基礎。這一方面是繼續考察各類民國文化現象對於文學發展的重要影響，包括經濟、政治、法律、教育、宗教之於文學發展的動力與阻力，也包括各區域文化現象對於文學生長的有形無形的影響，包括民國時期一些重要的歷史事件對於文學的

特殊作用，例如國民革命。過去我們梳理中國現代的「革命文學」，一般都從
1927 年大革命失敗之後的無產階級文學倡導開始，其實「革命」是晚清以來
就一直影響思想與現實的重要理念，中國現代文學的「革命意識」受到了多
重社會事件的推動，從晚清種族革命到國民革命再到無產階級革命等等都在
各自增添新的內容，仔細追溯起來，「革命文學」一說早在國民革命之中就產
生了，國民革命也裹挾了一大批的中國現代作家，為他們打上了深刻的「革
命」意識，不清理這一民國的重要現象，就無法辨析文學發展的內在脈絡。
大量現代文學現象（特別是文學作品）的再發現、再闡釋是民國新視野得以
確立的根據。如果我們無法借助新的視野發現文學文本的新價值，或者新的
文學細節，就無法證明「民國視野」的確是過去的「現代文學視野」能夠代
替的。所幸的是，最近幾年，一些年輕的學者已經在「民國機制」的視野下，
發掘了中國現代文學的新的內涵。這裡僅以《文學評論》雜誌為例：顏同林
從「法外權勢的失落與村落秩序的重建」這一角度提出對趙樹理小說的嶄新
認識〔註 11〕，周維東結合延安文化，剖析了解放區文學「窮人樂」主題的意
味〔註 12〕，李哲發現了茅盾小說中沉澱的民國經濟體驗〔註 13〕，鄔冬梅結合
1930 年代的民國經濟危機重新解讀了左翼文學〔註 14〕，羅維斯發現了民國士
紳文化對茅盾小說的影響〔註 15〕，張武軍透過「民國結社機制」挖掘了從南
社到新青年同仁的作家群體聚散規律，賦予社團流派研究全新的方向〔註
16〕。在重新研討新文學發生過程的時候，李哲發現了北京大學教育「分科」
的特殊意義〔註 17〕，王永祥則解剖了民國初年的國家文化所形成的語境與氛
圍〔註 18〕。這樣的研究都在很大程度上突破了過去的「現代文學」研究視域，
通過自覺引入民國歷史視角而推動了文學史研究的發展。

〔註11〕 顏同林：《法外權勢的失落與村落秩序的重建──以趙樹理四十年代小說為
例》，《文學評論》2012 年 6 期。

〔註12〕 周維東：《解放區的天是明朗的天──延安時期的移民運動與「窮人樂」敘
事》，《文學評論》2013 年 4 期。

〔註13〕 李哲：《經濟‧文學‧歷史──〈春蠶〉文本的三個維度》，《文學評論》2012
年 3 期。

〔註14〕 鄔冬梅：《民國經濟危機與 30 年代經濟題材小說》，《文學評論》2012 年 3 期。

〔註15〕 羅維斯：《「紳」的嬗變──《動搖》的一種解讀》，《文學評論》2014 年 2 期。

〔註16〕 張武軍：《民國結社機制與文學的演進》，《文學評論》2014 年 1 期。

〔註17〕 李哲：《分科視域中的北京大學與「新文化運動」》，《文學評論》2013 年 3 期。

〔註18〕 王永祥：《〈新青年〉前期國家文化的建構與新文學的發生》，《文學評論》2013
年 5 期。

當然，類似的文本再解釋、歷史再發現工作還遠遠不夠，我們期待更多的研究者加入。

三是對於從歷史文化的角度闡釋現代文學的這一思路本身也要不斷反思和調整。在相當多的情況下，民國文學研究與現代文學研究都擁有相似的研究對象，相近的研究方法，不過，相對而言，「民國」一詞突出的國家歷史的具體情態，「現代」一詞連接的則是世界歷史的共同進程。所以，所謂的民國文學研究理所當然就更加突出民國歷史文化的視角，更自覺地從歷史文化的角度來分析解剖文學的現象，倡導文學與歷史的對話。鑒於民國歷史至今仍然存在諸多的晦暗不明之處，對於歷史的澄清和發現往往就意味著主體精神的某種解放，所以澄清外在歷史真相總是能夠讓我們比較方便地進入到人的內在精神世界之中，因而作為精神現象組成部分的文學也就得到了全新的認識。最近幾年，中國現代文學研究中較有收穫的一部分就是善於從民國史研究中汲取養分，詩史互證，為學術另闢蹊徑，文學研究主動與歷史研究對話，歷史研究的啟發能夠激活文學研究的靈感，「民國文學」的概念賦予「現代文學」研究以新機。雖然如此，我們也應該不斷反思和調整，因為，隨著歷史研究、文化研究在文學考察中的廣泛運用，新的問題也已經出現，那就是，我們的文學闡述因此而不時滑入到了純粹的歷史學、社會學之中，「忘情」的歷史考察有時竟令我們在遠離文學的他鄉流連忘返，遺忘了文學學科的根本其實還是文學作品的解釋。捨棄了這一根本，模糊了學科的界限，我們其實就面臨著巨大的自我挑戰：面向文學的聽眾談歷史是容易的，就像面對歷史的聽眾談文學一樣；但是，如果真的成了面對歷史的聽眾談歷史，那麼無疑就是學科的冒險！對此，每一位文學學科出身的學人都應該反覆提醒自己：我準備好了嗎？

在這個意義上，我們應該始終牢記，從歷史文化的角度研究文學，最終也需要回到「大文學本身」，民國文學研究對民國時期文學現象的研究，而不是以文學為材料的民國研究。將來我們可能要完成的也不是信馬由繮的《民國史》而是不折不扣的《民國文學史》。

沒有對這些研究前提、研究方法的反思，就不會有紮實的研究，當然最終的文學史是什麼樣子，也就難以預期了。闡釋優先，史著緩行，民國文學史的寫作，當穩步推進。

序

吳曉東

　　在李國華博士論文答辯會上，擔任答辯委員會主席的錢理群先生說他每拿到一本博士論文後，總喜歡先翻閱論文的後記。而李國華博士論文後記中的這樣幾句話給錢先生以深刻印象：「我不想成爲理論的俘虜，不想論文的寫作變成學院體制內部的有機生產，我希望我的論文背後，是對我親身經歷的社會現實的一點簡單的理解。」「我要通過我的論文表達現實關懷，卻又不信它能達成目的，輾轉間，自傷自憐之態，唾手可掬。我痛恨這種徙倚不定的論客勁兒，決意以後只在文字裡討生活，不讓文字變成我的生活。我就在俗世裡，在人間煙火中，老病，死去，灰飛煙滅。」「我只能讓自己的論文寫作也充滿人間煙火，拒絕被一些抽象的概念吞噬淨盡。」

　　說實話，國華後記中的這些表達也讓作爲導師的我感到震動以致慚愧，從而在答辯會的現場就暗暗反思自己是否已經成爲了「理論的俘虜」，多年來的所謂學術研究是否已經「變成學院體制內部的有機生產」，在「讓文字變成我的生活」的同時，也喪失了理解和關懷社會現實的能力，最終使所謂的論文寫作「被一些抽象的概念吞噬淨盡」。

　　而我同時感到欣慰的，是有著這種自覺和警惕的國華，或可在他將來同樣漫長的學術生涯中，避免重蹈導師所可能已經「踐履」的覆轍。國華對他已經從事的學術研究有著堪稱與眾不同的理解。也是在後記中，國華把自己的博士論文究竟「對學術研究有沒有貢獻」，看成是「餘事而已」，令我想到的是黃遵憲的詩：「窮途竟何世，余事作詩人。」國華的學術興趣的一大部分在晚清，他在做碩士論文階段即曾浸淫過在我看來頗爲佶屈聲牙的章太炎，以及留學日本時期用文言文寫作的魯迅，相信他也多少受到一些晚清的仁人

志士的鳶遠之思的濡染。梁啓超在《嘉應黃先生墓誌銘》中曾說：「古有以一人之用舍系一國之興亡者，觀于先生，其信之矣。」如生於晚清，或許國華也會把黃公度之「余事作詩人」奉爲座右銘吧，他所謂「我要通過我的論文表達現實關懷」，或許正是在學術研究越來越體制化的當今世代賦予他所即將從事的畢生志業以別樣的期許。

我不知道當初國華在本科階段選擇了北大的國際政治系，是否也是別有幽懷。不過本科畢業後轉投中文系讀現代文學的碩士生，這一被我戲謔爲「棄明投暗」的選擇，正是源于國華對文學的眞正熱愛和獨異理解。國華是在 2002年開始跟我讀碩士研究生，一年後我因爲赴日本做客座教師，他便轉到高遠東先生門下，在餘下兩年的碩士生涯中得到的是高遠東先生的眞傳，尤其在魯迅研究方面下了很大的功夫，也爲他日後的魯迅研究和教學打下了基礎。就國華已經發表的一系列關於魯迅雜文和魯迅舊體詩的研究文章而言，都表現出非常獨特的識見，假以時日，當有望在魯迅研究界獨樹一幟。2008 年，當了三年高校教師的國華又選擇回來跟我讀現代文學博士生。從 2002 年算起，我認識他已經有十幾年了。這些年裡，我感受最深的當是他對待文學以及文學研究的態度。在我看來，文學與他認知世界的角度，與他感受世界的方式，與他自己的情感世界的生成與表達，都形成了眞正切身的關係。也許，第一義的文學創作與第一義的文學研究都有賴於這種切身性的生成。文學研究也由此與研究者自身的「情感結構」相互生發，研究者自身的視界也構成了感受文學以及世界的出發點。從國華已經發表的研究論文來看，他追求的正是有體溫和有情熱的學術，即使在對標準化和規範化有著較強的要求的博士論文寫作中，也隱約閃現著「窮年憂黎元，歎息腸內熱」的杜甫式情懷。也正是這種情熱，使國華最終超越了立場和姿態意義上的意識形態「左」「右」之爭，眞正在「俗世裡，在人間煙火中」體驗到了學術與人間世的具體關聯性。

對文學世界的獨特理解也成就了國華對原創性的近乎偏執的追求。在我組織的一次次研究生的讀書會上，每每感到國華頗有些「語不驚人死不休」的勁頭兒。作爲我的第一個博士生，國華也自覺承擔起「大師兄」的使命，對師弟師妹們肩負著提攜與針砭的重任。他無法忍受同門中平庸與流俗的見解，對人云亦云和機械重複更是難以容忍，因此每每貢獻著屬於自己的眞知灼見，也因爲直率與鋒芒令師弟師妹不時產生刺痛之感。國華畢業離開北大

快三年了，他的直率和鋒芒，還有對與眾不同的識見的著意追求，既是作爲導師的我，也是他的師弟師妹們越來越懷念的。

國華自己的研究與寫作，更是希望在既有模式之外，另闢蹊徑，展開獨異的學術視野。他對魯迅和茅盾的研究，對舊體詩的領悟，對晚清的興趣，都試圖別開生面，言他人所未嘗言，見他人之所不曾見。把趙樹理的小說作爲博士論文的研究對象，最初在他是不太情願的選擇，「覺得趙樹理研究天地太小，仿佛自己手大腳大，騰挪不開似的，但我仍然接受了導師的建議，選擇了趙樹理小說作爲研究對象。但因爲立場的緣故，我不願意在故事、小說、文學、主流意識形態、延安、四十年代、現代性、知識份子、民間、廟堂……之類的範疇裡展開對趙樹理小說的解讀。雖然也與這些範疇糾纏，也捧出了形式、文學政治之類的詞彙，但這不過是便宜之計，寫給讀者看罷了。」我願意把國華後記中的這番「夫子自道」看成他對自己的更高的期許，表現出的是在既有話語體系中騰挪出自己一片新天地的抱負。這部趙樹理研究也的確展現出國華的多方面的自覺意識，既與體制對話，又能充分意識到既有體制自身的束縛；既能在既有學術話語和脈絡中生成自己的問題意識，又別有懷抱和訴求，繼而催生獨屬於自己的思考的視野和角度，從而致力於打開一番不同的學術天地。他的問題意識是從歷史、現實、文本、理論多方面綜合而來，同時又能把諸種維度打成一片，有所化而不拘泥，最終呈現了「趙樹理研究」這一天地的可能的寬度和廣度，也多少進一步證明了趙樹理研究領域問題的豐富性和獨特性。正像錢理群先生曾經說過的那樣，在中國現代眾多作家中，魯迅、趙樹理、沈從文是最土性化的三位，在文學作品中提供的是中國人理解和認知自己的社會和歷史的最具本土性的模式。而趙樹理與眾不同之處還在於，他以自己的文學實踐提供的問題視野，即使與魯迅和沈從文相比，也獨具自己的歷史性和現實性，也更深入地介入到 21 世紀的中國社會和歷史進程中。無論從後社會主義的立場出發，還是從三農問題的視野著眼，無論從 20 世紀本土性經驗的角度審視，還是從創造了無可替代的獨特文本形式的層面切入，趙樹理都具有值得重視的文學史意義。這或許正是趙樹理在新世紀以來的中國文學研究領域越來越獲得研究者矚目的原因之所在。國華的博士論文《農民說理的世界——趙樹理小說的形式與政治》也正充分表現出對上述學科問題的自覺。論文的核心構想，是試圖以形式爲中介，通過討論趙樹理小說與社會主義歷史實踐之間的關係，發掘趙樹理小說中的文

學政治。我最欣賞的是國華通過大量的文本細讀，發現趙樹理在討論新啓蒙和革命等堪稱重大的問題的同時，還集中思考了農民的情感、語言、娛樂以及權利、欲望、性格等問題，並希望通過創造農民喜聞樂見的新形式來喚醒農民自我言說的能力，進而主動參與構建中國農村社會的新秩序，並在經濟、政治、文學文化、道德倫理諸層面實現自我確立。這種自我確立的過程，爲國華在社會主義歷史實踐的宏觀視野中討論農民的主體性問題提供了文本和歷史的依據。而趙樹理小說的文學政治也由此被國華概括爲「農民說理的世界」，進而建構了關於趙樹理小說創作的別開生面的文學闡釋，在深入到趙樹理小說創作的內部肌理的同時，又與趙樹理小說創作具體的歷史和政治語境相結合，呈現了對趙樹理小說中農民與社會主義實踐之關係的新的理解。

關於國華的博士論文取得的成績，我願意引述錢理群先生的評價。錢老師認爲，李國華的博士論文，代表了目前趙樹理研究的最高成就。錢老師尤其重視李國華在研究中對於趙樹理「作爲一個關於農民問題的思想者的本色」的傳達，認爲國華由此呈現了一個以文學的方式思考中國農村問題的作爲思想者的趙樹理形象，這也是一個以思考和解決農民問題爲使命的眞正意義上的知識份子形象。同時錢老師還看重李國華把趙樹理筆下的鄉村世界，納入到中國社會主義的歷史和理念的大傳統中去的努力，從而使趙樹理傳統成爲思考社會主義傳統的重要組成部分，堪與毛澤東的社會主義理念和實踐形成眞正的對話性。

我還格外看重國華對文學形式的獨特的解讀和思考。通過形式中介去認知文學，藉以認知世界，似乎是文學研究者無法規避的使命，但形式問題又是最具有難度的。如何賦予文學形式以生命力和解釋力，如何通過形式看待趙樹理所面對的問題，是李國華的博士論文有創意的部分。國華認爲：「就趙樹理小說而言，所謂形式，乃是釋放構建社會新秩序的激情的一種文學政治。」論文對趙樹理獨特的文學世界的深入發掘，依我看，在很大程度上取決於國華對「形式」所賦予的這一內涵。由此，國華也較爲成功地解決了如下的問題：趙樹理如何創造出獨屬於他的文學形式和文學世界，從中又如何表達了趙樹理對於中國農村社會的他人無法替代的思考。

此外，我還讚賞國華對作家、作品進而對歷史所抱持的一種「理解的同情」的研究態度。這使得他對於作家、文本和人物都具有一種親和性。論文選擇的一些基本敍述單位，如：「世界」、「理」、「說」、「農民」，都建立在對

趙樹理文本世界的體貼與同情的基礎上，從而避免了運用西方文學理論和政
治理論對研究對象進行簡單比附的做法，真正做到了從文學作品出發，貼近
了研究對象。

　　上述這些學究式的評價，或許是李國華有所不屑的。然而博士畢業後繼
續執教高校的國華或許面臨必然的矛盾，既渴望超越體制，又必須生存於體
系之中，這一悖論性處境當是他早已警醒和自覺的，我也相信他有能力處理
兩者間的平衡。如何既保有獨特的創造力，又見容于他所求生的體制，是我
對國華的最後的期許。

　　是所謂序。

2015 年 5 月 4 日於京北

目次

導論：趙樹理小說的形式與
社會主義政治

一、趙樹理研究的問題性

二、農村認識與文學農村

三、農村小説形式的文學政治

四、研究思路及論述策略

一、趙樹理研究的問題性

　　1966 年末，趙樹理做了自己在「文化大革命」初期的第三次檢查。他在檢查的末尾要求「黨在數年之內」把他「放到個應放的地方」：

> 　　我不要求過早地加以區別，此次文化大革命是觸及每個人靈魂的事，文化界、文藝界的人們更應該是一無例外的。待到把和我共過事的人都接觸到，把問題都擺出來，我本人的全部情況也便隨之而出，搜集起來，便是總結。我以爲這過程可能與打撲克有點相像。在起牌時候，搭子上插錯了牌也是常有的事，但是打過幾圈來就都倒正了。我願意等到最後洗牌時候，再被檢點。〔註1〕

這一要求在他逝世後第八年兌現了。1978 年 10 月 17 日，北京八寶山公墓舉行了趙樹理骨灰安放儀式，致悼詞的是劉白羽。在這番政治上的洗牌之後，文學研究者也開始全面地重新檢點趙樹理的創作，尋找趙樹理的創作「應放

〔註 1〕 趙樹理：《回憶歷史 認識自己》，《趙樹理全集》第 6 卷，北京：大眾文藝出版社，2006 年，第 483 頁。

的地方」。在「去政治化的政治」〔註 2〕形成的過程中，趙樹理這張牌被不停地在搭子中插來插去，以至於文學史對於他的敘述都專設一個議題「趙樹理的『評價史』」〔註 3〕，2009 年更有博士論文專門討論趙樹理的闡釋史〔註 4〕。似乎是苦於無法將趙樹理放到「應放的地方」，研究者不得不刻意檢討研究本身，文學上的判斷似乎比政治洗牌還難以完成。而在有人表示「告別革命」〔註 5〕的今天，似乎尚未到「最後洗牌時候」，故而仍然難以確定趙樹理的創作「應放的地方」。

的確，趙樹理的創作「應放的地方」是難以確定的。早在 1946 年，郭沫若高度評價趙樹理及其作品時就強調：「看慣亭園花木的人，毫無疑問，對於這樣的作家和作品也會感覺生疏或厭惡的。這不單純是文藝的問題，也不單純是意識的問題，這要關涉到民族解放鬥爭的整個發展。」〔註 6〕要將趙樹理的創作放到「應放的地方」，必須在反思自己是否「看慣亭園花木」的基礎上，構建一個對於文藝、意識及民族解放鬥爭的整體理解。但情感的轉變與整體理解的構建談何容易？同為解放區作家，看到趙樹理成為解放區除毛澤東、朱德之外的最出名的人〔註 7〕，丁玲卻在 1948 年 6 月 26 日的日記中語帶暗諷地寫道，「這個正在走紅運的人」，然後強調他跟所有的作家一樣愛說話愛說自己，但卻「容易偏狹」。〔註 8〕丁玲日記的字裏行間的意思雖然可以歸於文人相輕，但也透露出丁玲不太能夠理解趙樹理的信息。丁玲對趙樹理的態度

〔註 2〕 參見汪暉：《去政治化的政治、霸權的多重構成與六十年代的消逝》，《開放時代》，2007 年第 2 期。

〔註 3〕 參見洪子誠：《中國當代文學史》，北京：北京大學出版社，1999 年，第 98～100 頁。洪子誠修訂《中國當代文學史》時，不但未取消「趙樹理的『評價史』」這一議題，而且增添了不少對於趙樹理研究的梳理。參見洪子誠：《中國當代文學史》（修訂版），北京：北京大學出版社，2007 年，第 88～90 頁。

〔註 4〕 朱凌：《趙樹理闡釋史》，福建師範大學博士學位論文，2009 年。最早就趙樹理研究史進行研究的是黃修己。參見黃修己：《不平坦的路——趙樹理研究之研究》，天津：天津教育出版社，1990 年。其後有碩士論文討論趙樹理的評價史，參見吳宇宏：《趙樹理評價史研究》，北京大學碩士學位論文，2000 年。

〔註 5〕 參見李澤厚、劉再復：《告別革命》，香港：天地圖書有限公司，2004 年。按，該書第 1 版 1995 年印行，2004 年印行的是第 5 版，增加了若干內容。

〔註 6〕 郭沫若：《關於〈李家莊的變遷〉》，見《論趙樹理的創作》，瀋陽：東北書店，1949 年，第 20 頁。

〔註 7〕 傑克·貝爾登：《中國震撼世界》，邱應覺等譯，北京：北京出版社，1980 年，第 109 頁。

〔註 8〕 丁玲：《丁玲全集》第 11 卷，石家莊：河北人民出版社，2001 年，第 345 頁。

是典型的。〔註9〕洲之內徹 1953 年曾轉述一個翻譯中國文學的人對趙樹理文學發表意見，開始時略帶困惑地說「好歹容易懂吧」，接著卻說「可是怎麼也不好理解啊」，〔註10〕可見對趙樹理作品感覺生疏者，最客氣的意見也不過如此。甚者如夏志清便赤裸裸地譏刺道：「趙樹理的蠢笨及小丑式的文筆根本不能用來敘述，而他的所謂新主題也不過是老生常談的反封建跟歌頌共黨仁愛的雜拌而已。」〔註11〕當然，與夏志清的審美品味中所顯露的意識形態思維不同，丁玲式的生疏主要緣於感情。〔註12〕如果說同時代的人因為距離太近而當局者迷，不能很好地理解趙樹理，那麼在趙樹理去世以後又如何呢？黃修己在 1985 年指出「感情上的隔閡會阻礙人們進入作品」，而這「在趙樹理研究中更為突出」。〔註13〕其實，時間並不能真正淡化理解趙樹理的困難，關鍵還在於郭沫若說過的情感轉變與整體理解的建構。

在「重寫文學史」〔註14〕的潮流中，有兩種研究趙樹理的學術思路值得注意。一種是發掘趙樹理及其文學的知識分子性或民間性，談知識分子性的以陳徒手、席揚等人為代表〔註15〕，談民間性的以陳思和、王光東等人為代

〔註9〕 趙樹理對丁玲也頗有微詞，視丁玲、艾青、沙可夫為「自然領導者」，認為「東總布胡同那一夥只是些說空話的」，「清談誤國」。參見趙樹理：《我的宗派主義》，《趙樹理全集》第 4 卷，第 493 頁，北京：大眾文藝出版社，2006 年。有關丁玲和趙樹理之間東西總布胡同之爭，參見蘇春生：《從通俗化研究會到大眾化文藝創作研究會──兼及東西總布胡同之爭》，《中國現代文學研究叢刊》，2003 年第 2 期；張霖：《兩條胡同的是是非非──關於五十年代初文學與政治的多重博弈》，《文學評論》，2009 年第 2 期。

〔註10〕 洲之內徹：《趙樹理文學的特色》，見黃修己編《趙樹理研究資料》，太原：北嶽文藝出版社，1985 年，第 461 頁。

〔註11〕 夏志清：《中國現代小說史》，劉紹銘等譯，香港：中文大學出版社，2001 年，第 411～412 頁。

〔註12〕 在理論和意識上，丁玲是親近趙樹理的。她曾在 1950 年的一篇文章中寫道：「當我第一次讀《李有才板話》的時候，它的形式的新穎，是非常使我喜悅過的。」見丁玲：《跨到新的時代來──談知識分子的舊興趣與工農兵文藝》，《丁玲全集》第 7 卷，石家莊：河北人民出版社，2001 年，第 203 頁。

〔註13〕 黃修己：《趙樹理研究》，太原：山西人民出版社，1985 年，第 8 頁。

〔註14〕 「重寫文學史」由王曉明和陳思和在 1980 年代末提出，對現代文學的研究產生了極為深遠的影響。參見楊慶祥：《「重寫」的限度：「重寫文學史」的想像與實踐》，北京：北京大學出版社，2011 年；李陀編：《昨天的故事：關於重寫文學史》，北京：生活·讀書·新知三聯書店，2011 年。

〔註15〕 陳徒手在《讀書》雜誌 1998 年第 4 期上發表了《一九五九年冬天的趙樹理》一文；席揚最早專門分析趙樹理的現代知識分子性質的文章是《角色自塑與意識重構──試論趙樹理的「知識分子」意義》，見《晉東南師範專科學校學報》，2001 年第 4 期。

表〔註 16〕，背後都是五四式的啓蒙眼光，即在理論和意識上肯定趙樹理，而在情感上則始終相隔一間。另一種是以反思「重寫文學史」的面目出現的「再解讀」〔註 17〕的思路。李揚 1993 年重新分析陳荒煤提出的「趙樹理方向」〔註 18〕，認爲：「對『社會主義現實主義』而言，究竟什麼是趙樹理方向的眞正意義呢？答案只能是陳荒煤提到的第二條——民族形式。這是趙樹理小說對敘事文學的最大貢獻，通過它，敘事文學找到了自己的形式，敘事在中國找到了自己的話語起點。而這是『五四』以來中國知識分子一直在追求的目標。」〔註 19〕李揚的觀點在一定程度上也可以說是對茅盾意見的重新闡釋，茅盾認爲《李家莊的變遷》是「走向民族形式的一個里程碑」〔註 20〕。2002 年以後，賀桂梅在著作和論文中皆曾論涉趙樹理文學的「現代性」問題，將「再解讀」的思路推得更遠，一方面通過趙樹理反省「已然被體制化的左翼文學本身被異化的悲劇」〔註 21〕，另一方面則認爲趙樹理小說創作及其文本爲討論「我們一直視爲價值評判標準的『現代性』本身」提供了展開的可能性〔註 22〕。賀桂梅的研究鈎沈了 1953 年洲之內徹與竹內好的分歧，並在竹內好認爲趙樹理以中世紀文學爲媒介「成功地超越了現代文學」〔註 23〕的基礎上，實現了

〔註 16〕陳思和在 1994 年開始以「民間」、「廟堂」等關鍵詞構建其關於 20 世紀中國文學的理解，趙樹理是他討論「民間」價值最重要的一環。參見陳思和：《民間的浮沉——對抗戰到文革文學史的一個嘗試性解讀》，《上海文學》，1994年第 1 期。王光東繼承了陳思和的一些思考，參見王光東：《「民間」的現代價值——中國現代文學與民間文化形態》，《中國社會科學》，2003 年第 6 期。

〔註 17〕「再解讀」在理論上與「重寫文學史」重返五四的方式不同，乃是以反思五四的方式重返五四，其討論問題的對象和文本也集中在 1940～70 年代。參見賀桂梅：《「再解讀」——文本分析和歷史解構》，見唐小兵編《再解讀：大衆文藝與意識形態》（增訂版），北京：北京大學出版社，2007 年，第 270～277頁。

〔註 18〕陳荒煤：《向趙樹理方向邁進》，見黃修己編《趙樹理研究資料》，第 196～201頁。

〔註 19〕李揚：《現實主義的現代轉型——「社會主義現實主義」研究》，北京大學博士學位論文，1993 年，第 66 頁。該論文改名《抗爭宿命之路——社會主義現實主義（1942～1976）研究》，由時代文藝出版社 1993 年出版，內容有增刪。

〔註 20〕茅盾：《論趙樹理的小說》，《文萃》第二年第 10 號，1946 年 12 月 20 日。

〔註 21〕賀桂梅：《轉折的時代——40～50 年代作家研究》，濟南：山東教育出版社，2003 年，第 325 頁。

〔註 22〕賀桂梅：《趙樹理文學的現代性》，見唐小兵編《再解讀：大衆文藝與意識形態》（增訂版），第 109 頁。

〔註 23〕竹內好：《新穎的趙樹理文學》，見黃修己編《趙樹理研究資料》，第 491 頁。

對多年以來籠罩在趙樹理文學頂上的「現代性」迷思的反省。從研究思路而言，李楊、賀桂梅的「再解讀」都試圖擺脫「現代性」視野帶來的盲視，而他們的研究對象趙樹理及其創作也似乎日益接近「應放的地方」。〔註24〕

有了上述學術研究的積澱，研究者似乎也開始自覺揭開「感情上的隔閡」，強調必須爲趙樹理量身定做一套有效的學術話語。楊天舒在她 2006 年完成的博士論文中便說：「對趙樹理小說的藝術研究，要求眞正擺脫『小說中心主義』的束縛，避開現代小說覆蓋性的價值判斷體系，才能進一步有所提升。」〔註25〕這種有意識地拒絕「現代小說」的立場，也許與她的論題是「趙樹理小說創作與民間文藝資源」有關，但並未妨礙她在具體的分析中涉及現代小說的價值判斷體系。而且，現代小說的價值判斷體系非止一家。在楊天舒之前，馬若芬（Josephine A. Matthews）即曾在其 1991 年完成的博士論文《藝術性與眞實性：趙樹理及其小說世界》（*Artistry and authenticity: Zhao Shuli and his fictional world*）中借助諾曼・弗里德曼（Norman Friedman）《小說中的視點：一個批評概念的發展》（*Point of view in fiction, the development of a critical concept*）提出的「多重敘述者」（multifarious narrator）分析小說《李家莊的變遷》的敘述策略，〔註26〕並在另文中借助伊瑟爾的讀者反映批評中提出的概念「內在聽眾」（inscribed audience）反駁那些認爲趙樹理遷就讀者便犧牲了藝術性的觀點，強調趙樹理小說獨特的審美效應〔註27〕。其後白春香在其 2008 年出版的博士論文《趙樹理小說敘事研究》中，也借助西方敘事學理論及本雅明的故事理論，更好地發現了趙樹理小說的隱含書場格局，並發現其小說敘述者是中國傳統小說與「五四」小說敘述者的雜糅。〔註28〕如果說白春香

〔註24〕 董之林以趙樹理小說爲例討論十七年文學研究，也屬於反思「現代性」的一種視角，不過主要是從文學史研究的角度介入的。參見董之林：《關於「十七年」文學研究的歷史反思——以趙樹理小說爲例》，《中國社會科學》，2006年第 4 期。

〔註25〕 楊天舒：《趙樹理小說創作與民間文藝資源》，北京大學博士學位論文，2006年，第 2 頁。最近孫曉忠更以「聲音的政治」討論相關的問題，見孫曉忠：《有聲的鄉村——論趙樹理的鄉村文化實踐》，《文學評論》，2011 年第 6 期。

〔註26〕 Josephine A. Matthews, *Artistry and authenticity: Zhao Shuli and his fictional world*, a dissertation of the Ohio State University, 1991, pp229～270.

〔註27〕 馬若芬：《意在故事構成之中，趙樹理的明描隱示》，見中國趙樹理研究會編《趙樹理研究文集》下卷「外國學者論趙樹理」，北京：中國文聯出版公司，1998 年，第 33～35 頁。

〔註28〕 白春香：《趙樹理小說敘事研究》，北京：中國社會科學出版社，2008 年，第25～44 頁。

的研究有意忽略了馬若芬的成果，蔣暉則無意地延續了馬若芬以「內在聽眾」解釋趙樹理小說審美效應的研究，但強調類似《李有才板話》中的小福的表兄那樣的人物，並不是「內在聽眾」，而是「讀者在場」，並進而強調趙樹理小說「不含有認知功能」。〔註29〕當然，蔣暉的抱負遠不止此，他在 2008 年完成的博士論文《從魯迅到趙樹理：中國文學現代性中的承認的政治，一種說書的譜系學》（*From Lu Xun to Zhao Shuli: the politics of recognition in Chinese literary modernity, a genealogy of storytelling*）中，借助本雅明的概念「說書人」（storyteller）和「游蕩者」（flaneur）研究趙樹理鄉村說書的政治美學，從而達成對於中國作家 20 世紀早期在小說中再現的民族國家、群眾及人民等社會幻象（social imaginaries about the nation, the masses and the people）的檢視。〔註30〕郭沫若 1946 年拈出的「文藝」、「意識」、「民族解放鬥爭」似乎作為一個整體在蔣暉的抱負中得到了回響，蔣暉所研究的可能已經不止是「現代性」問題，而是社會主義中國的問題。關於這一點，蔡翔 2009 年在他的趙樹理研究中說得更為直接。他認為趙樹理《地板》突出「勞力」的重要性，乃至神聖性，「超越了所謂『古代／現代』的範疇，而提供了一種極其偉大的烏托邦想像，並進而要求重新創造一個完全嶄新的世界，包括國家政權，乃至一種完全嶄新的文化形態，這也正是馬克思主義，尤其是列寧主義最為重要的社會實踐的意義所在」，〔註31〕這就與他 2010 年出版的論著《革命／敘述：中國社會主義文學——文化想像（1949～1966）》討論的「社會主義的危機及其克服危機的努力」主題〔註32〕構建了本質上的聯繫。的確，直面趙樹理小說與社會主義的內在關係，可能是討論趙樹理的文學政治的最有效的方式。

　　但是，正如倪文尖 2009 年重讀趙樹理時發現的那樣：「如何著手研讀趙樹理？拿『靠不住』的自己真實地面對『未完成』的趙樹理，一句句、一篇篇，認真地、紮實地讀；為什麼研讀出來的既是些『大問題』又是些『小碎

〔註29〕蔣暉：《〈李有才板話〉的政治美學》，《文藝理論與批評》，2006 年第 6 期。在行文中，蔣暉把「內在聽眾」翻譯成「內嵌讀者」。

〔註30〕Hui Jiang, *From Lu Xun to Zhao Shuli: the politics of recognition in Chinese literary modernity, a genealogy of storytelling*, a dissertation of New York University, 2008, pp1～8.

〔註31〕蔡翔：《〈地板〉：政治辯論與法令的「情理」化——勞動或者勞動烏托邦的敘述（之一）》，《文藝理論與批評》，2009 年第 5 期。

〔註32〕蔡翔：《革命／敘述：中國社會主義文學——文化想像（1949～1966）》，北京：北京大學出版社，2010 年，第 365～390 頁。

片』？這是趙樹理寫法的問題？還是我們的讀法的問題？答案，在繼續不斷地認眞紮實地研讀之中。」〔註33〕研究者所有的只是「『靠不住』的自己」，研讀出來的「既是些『大問題』又是些『小碎片』」，主客雙方暫時都構建不出整體理解。也許，正是在這個意義上，2010 年 10 月舉行的趙樹理學術研討會的會議主題被設定爲「重讀趙樹理：問題與方法」〔註34〕，研究者仍然還在集體摸索研究趙樹理的「問題與方法」。

　　自從 2006 年起，趙樹理研究或多或少呈現出一種熱鬧的局面，除了上述楊天舒、白春香、蔣暉等人的博士論文外，尙有王力《農民敘事的雙重幻象——趙樹理與四十年代農村小說研究》（2006）、喬亮《趙樹理文學：軌跡與「方向」》（2009）、朱金餘《從趙樹理到趙本山——鄉土民間文化的自我展現》（2011）等博士論文，以及郭文元《現代性視野中的趙樹理小說》（2009）、陳爲人《插錯「搭子」的一張牌——重新解讀趙樹理》（2011）等學術性論著。其他直接以趙樹理爲對象的期刊文章和碩士論文甚夥，比較深地論涉趙樹理的博士論文也爲數不少，或討論身體問題〔註35〕，或討論婦女問題〔註36〕，或討論暴力問題〔註37〕，或討論小說語言之得失〔註38〕，要皆不出「現代性」研究之範疇，不便一一敘及。

〔註33〕 倪文尖：《如何著手研讀趙樹理——以〈邪不壓正〉爲例》，《文學評論》，2009年第 5 期。

〔註34〕 該研討會於 2010 年 10 月 20～21 日在上海大學新校區召開，主辦單位爲上海大學當代文學研究中心、紐約大學中國研究中心及《現代中文學刊》雜誌社，與會者有黃子平、陳子善、蔡翔、張旭東、羅崗、吳曉東、董之林、王鴻生、倪文尖、姚丹、賀桂梅、孫曉忠、董麗敏、蔣暉、李海霞、張練紅、吳舒潔等，具體論題有「勞動生產的變遷與農業社會主義問題」（羅崗）、「喜劇世界的衝突」（蔣暉）、「《三里灣》的空間敘事及其現代性想像」（賀桂梅）、「韌性堅守與『小調』介入」（董之林）、「激進政治的日常化」（張練紅）、「作爲生產者的作家」（孫曉忠）、「婦女、勞動與革命——社會主義」（董麗敏）、「四十年代趙樹理寫作的『民間性』」（吳舒潔）等。會議規格與論題分量都表明了學術界帶著「問題與方法」的困惑重讀趙樹理的決心。

〔註35〕 李蓉：《「小說身體」的另一種「現代」：論趙樹理小說的人物寫法》，《文學評論》，2011 年第 3 期。

〔註36〕 董麗敏：《「勞動」：婦女解放及其限度——以趙樹理小說爲個案的考察》，《中國現代文學研究叢刊》，2010 年第 3 期。

〔註37〕 黎保榮：《暴力與啓蒙：晚清至 20 世紀 40 年代文學「暴力敘事」研究》，暨南大學博士學位論文，2009 年。

〔註38〕 王彬彬：《趙樹理語言追求之得失》，《文學評論》，2011 年第 4 期。

二、農村認識與文學農村

在上述難免掛一漏萬的對於研究現狀的簡單評介中，一個超越「現代性」範疇的將趙樹理小說放到「應放的地方」的可能已被觸碰到，即直面趙樹理小說與社會主義的內在關係。如果這一可能值得信賴，那麼接下來的問題就是，為何趙樹理小說與社會主義具有內在關係？

就文本的實際看，趙樹理小說很明顯是「三農文學」，〔註39〕敘及的都是農業、農村、農民問題，但這並不構成它與魯迅、沈從文甚至丁玲、周立波、柳青、梁斌等人的相關小說的區別。它們的區別不在於寫什麼，在於怎麼寫。而怎麼寫，首先是一個思想問題，然後才是一個文學問題，也即有怎樣的農村認識，才有怎樣的文學農村。這是一個由思想而形式的過程。按照賀仲明的敘述，怎麼寫的問題就是新文學與農民關係的變遷史，「30 年代之前，新文學與農民基本上處於疏離狀態，40 年代至 60 年代則是新文學與農民的『蜜月』期，相互之間存在著藉重的關係，也產生了深刻的影響關係，80 年代後，二者的關係從整體上變得有所疏遠，但內在中又存在著深入的自覺與深化，尤其是隨著 90 年代後中國社會的經濟和文化發生大的改變，二者的關係又進入到一個新的時期」。〔註40〕的確，雖然李大釗在 1918 年即認為農民不解放就是國民全體不解放，〔註41〕魯迅通過《阿 Q 正傳》等小說也表達了類似的觀念，但本質上並沒有意識到國民全體的解放來自於農民自覺的自我解放，而表達出「哀其不幸，怒其不爭」的精英立場。毛澤東 1927 年一定程度上深刻地超越了這樣的觀念和立場，他認為：「中國歷來只是地主有文化，農民沒有文化。可是地主的文化是由農民造成的，因為造成地主文化的東西，不是別

〔註39〕 2006 年 5 月 13～16 日，中國現代文學研究會與長治學院共同舉辦了「趙樹理誕辰 100 週年學術研討會」，會議主題為「趙樹理與三農文學」。與會學者吳福輝、張中良均對「三農文學」概念的有效性有所討論。見郭愛民、李拉利：《「趙樹理與三農文學」：紀念趙樹理誕辰 100 週年學術研討會綜述》，《中國現代文學研究叢刊》，2006 年第 4 期；吳福輝：《趙樹理文學的影響力何在》，《中國現代文學研究叢刊》，2006 年第 4 期；戴光中：《趙樹理給予「三農文學」的啟示》，《長治學院學報》，2006 年第 6 期；秦弓：《從中國文學史的背景看趙樹理的「三農」文學》，《北京師範大學學報（社會科學版）》，2008 年第 3 期。

〔註40〕 賀仲明：《一種文學與一個階層──中國新文學與農民關係研究》，北京：人民出版社，2008 年，第 9 頁。

〔註41〕 李大釗：《青年與農村》，《李大釗全集》第 3 卷，北京：人民出版社，1999 年，第 180 頁。

的，正是從農民身上掠取的血汗。中國有百分之九十未受文化教育的人民，這個裏面，最大多數是農民。農村裏地主勢力一倒，農民的文化運動便開始了。」〔註 42〕毛澤東以此將革命、農民與文化三者聯繫在一起，確立農民文化的從無到有，源自革命運動成敗；而農民文化運動是國民革命發展的內在邏輯結果。〔註 43〕但此時無論是寫《論革命文學》的郭沫若、寫《論無產階級藝術》的茅盾、寫《農民文藝的提倡》的郁達夫，還是主張普羅文學的蔣光慈、李初梨、錢杏邨，都並不能夠真正理解「農村裏地主勢力一倒，農民的文化運動便開始了」的由政治而文化的邏輯的有效性。因此，除了類似於《田野的風》、《蝕》三部曲這樣的革命加戀愛小說，便是茅盾《泥濘》式的對於農民革命的恐懼。

　　與此同時，一些認識到農村農民問題的重要性，但試圖通過非暴力革命的手段進行改變的思路出現了。1929 年前後，梁漱溟認為，「今日中國問題在其千年相沿襲之社會組織構造既已崩潰，而新者未立；鄉村建設運動，實為吾民族社會重建一組織構造之運動」，「作鄉村運動而不著眼整個中國問題，那便是於鄉村問題亦沒有看清楚，那種鄉村工作亦不會有多大效用。須知今日整個中國社會日趨崩潰，向下沉淪，在此大勢中，其問題明非一鄉、一邑或某一方面（如教育一面、工業一面、都市一面、鄉村一面等），所得單獨解決。所以鄉村建設，實非建設鄉村，而意在整個中國社會之建設，或可云一種建國運動」。〔註 44〕1934 年，晏陽初也說：「中國的農村運動的使命，到底是什麼？據我們很清楚的看來，它聳著巨大的鐵肩，擔著『民族再造』的重大使命。……它對於民族的衰老，要培養它的新生命；對於民族的墮落，要振拔它的新人格；對於民族的渙散，要促成它的新團結新組織。」〔註 45〕這種「建國運動」和「民族再造」的觀念，與沈從文敘述湘西人事以重建民族德性的小說寫作意圖，可謂如出一轍。熊佛西從事的「農民戲劇」運動更不在話下，他本來就和晏陽初一起，在河北定縣從事農民調查。相關的文化、文學思路，一直持續到 1949 年以後梁漱溟與毛澤東之間的分庭抗禮。

〔註 42〕　毛澤東：《湖南農民運動考察報告》，《毛澤東選集》第 1 卷，北京：人民出版社，1991 年，第 39 頁。

〔註 43〕　在國民革命的邏輯裏談論農民問題是大革命前後主要思路。參見譚平山：《國民革命中的農民問題》，《中國農民》第 1 卷第 1 期，1926 年 1 月 1 日。

〔註 44〕　梁漱溟：《鄉村建設理論》，重慶：鄉村書店，1939 年，第 17 頁。

〔註 45〕　晏陽初：《農村運動的使命》，《晏陽初全集》第 1 卷，長沙：湖南教育出版社，1992 年，第 294 頁。

　　另外，1934 年前後，從現代經濟發展的角度理解農業、農民、農村問題的思路也逐步拓展並成熟。陳翰笙 1933 年底在上海發起成立「中國農村經濟研究會」，次年出版機關刊物《中國農村》。〔註 46〕《中國農村》的發刊詞開頭寫道：「在近代史上新工業和新都市的勃興，沒有一個地方不是農村勞動力被犧牲的代價。並且工業資本發展到金融資本獨佔的時期，尤其是目前的恐慌時期，不要說是資本主義的前途，就是資本本身的命運，也完全要靠殖民地的市場來延續。中國晚近所以急速地殖民地化，就是因為國際資本的競爭比歐戰以前厲害得多。國際資本強烈地壟斷了世界原料市場，商品市場，資本市場，殖民地或半殖民地就沒有發展它們本身民族工業底希望；因此農村中破產的農民也就沒有走向城市被工業吸收的可能。」〔註 47〕這種內含著馬克思《資本論》資源的高屋建瓴的理論敘述，在繼承中國社會性質大論戰的成果的同時，對梁漱溟、晏陽初等人的思路形成了尖銳的批判，從而有效地支持了毛澤東「農村包圍城市」的革命設想。中國農民既然無法被城市和工業吸收，革命的基礎自然也就未必符合馬列的經典論述。與此相關的是茅盾「農村三部曲」、葉聖陶《多收了三五斗》、葉紫《豐收》等小說關於農村豐收成災及農村革命的敘述，都是在世界資本主義危機之下關於中國農村凋敝的敘述。

　　當然，從現代經濟發展的角度理解農業、農民、農村問題的思路不一定都導向馬克思主義與中國革命結合的結果。在「中國農村派」和「中國經濟派」的論爭之外，費孝通從田野調查的結果出發，在其師從馬林諾夫斯基期間完成的博士論文 Peasant Life in China, a Field Study of Country Life in the Yangtze Valley〔註 48〕中，雖然描述了與陳翰笙等人大致一樣的中國社會圖景，但強調的是地主與高利貸者並不邪惡，只要增加農民收入、發展鄉村工業、改變土地制度，就能從根本上避免農民起義。〔註 49〕費孝通 1939 年前得

〔註 46〕　參見馬世榮：《中國農村經濟研究會研究》，河北大學碩士學位論文，2009 年；汪效駟：《陳翰笙與「中國農村派」》，《中國黨史資料》，2007 年第 2 期。

〔註 47〕　《中國農村》創刊號，1934 年 10 月 10 日。

〔註 48〕　該書中文譯名《江村經濟——中國農民的生活》，中文版由戴可景 1985 年譯畢，費孝通自己做了「必要的修正」。參見費孝通：《江村經濟》「前言」，《江村經濟——中國農民的生活》，北京：商務印書館，2002 年，第 1～4 頁。

〔註 49〕　Hsiao-tung Fei, *Peasant Life in China, a field study of country life in the Yangtze valley*, London: Routledge, 1939, pp282～286.

出的這番結論，雖然與「延安道路」〔註 50〕有眾多互通款曲之處，但他終究不願意象毛澤東那樣做政治上的敵友判斷，反而試圖通過道德倫理上對地主和高利貸者的肯定，將中國農村問題的癥結視爲飢餓。因此，儘管具體的描述和意見相通，費孝通對民族國家主體和未來歷史的想像在本質上是與毛澤東等人完全不一樣的。而倫理上的是非態度，則比較地與沈從文的湘西敘述更爲相似；至於飢餓問題，則多多少少與張愛玲《秧歌》有些相近，雖然二者的政治選擇是截然不同的。

但這些浮光掠影式的歷史描述並不是強調一定的文學農村總是直接與一定的農村認識有關，而是試圖突出一定的文學農村背後總是有具體的思想背景，也即有具體的農村認識。趙樹理的文學農村同樣建基於一定的農村認識，一種也許是他自己從未直接表達過的對於農村的認識。就趙樹理小說文本的實際而言，雖然並沒有丁玲、周立波、柳青、梁斌等人的小說那麼明顯，但仍然可以清楚地發現趙樹理的敘述與毛澤東所代表的農村認識之間的關聯。毛澤東後來發展了 1927 年在國民革命的框架下對於農村的思考，進一步將農村問題與馬列主義的中國化問題緊密聯繫在一起，進入對於新民主主義革命理論的建構。1939年，他以深有體會的方式寫信給周揚說：「就經濟因素說，農村比都市爲舊，就政治因素說，就反過來了，就文化說亦然。我同你談過，魯迅表現農民著重其黑暗面，封建主義的一面，忽略其英勇鬥爭、反抗地主，即民主主義的一面，這是因爲他未曾經驗過農民鬥爭之故。由此，可知不宜於把整個農村都看作是舊的。所謂民主主義的內容，在中國，基本上即是農民鬥爭，即過去亦如此，一切殖民地半殖民地亦如此。現在的反日鬥爭實質上即是農民鬥爭。農民基本上是民主主義的，即是說，革命的，他們的經濟形式、生活形式、某些觀念形

〔註 50〕 作爲一個學術性的命題，「延安道路」最早由馬克·塞爾登提出，「它首先特別表示在中國西北的黃土地區政治經濟條件下，共產主義統治下出現的傑出的軍事和政治風格及它的綜合制度，它們最終構成了以延安爲首府的陝甘寧邊區」，但它「是一個鬆散的概念，指的是使黨、農民和地方精英形成新的關係的革命思想和實踐」，「既指民族解放戰爭道路，也指政治、經濟和社會方面的變化。而這些變化並不是局限於戰時根據地的暫時現象，而是涉及全世界邊緣地區的發展和農業社會的轉變等一系列問題」，故「提出了中國以及大批後殖民農業國家面對發展的挑戰適當開展戰時團結的必要性」，「打破了把中國的共產主義看成是對蘇聯共產主義盲目倣仿的觀點；打破了把外部來源問題看成是社團組織和技術擴散的現代理論；還打破了把群眾的民族主義與固有的社會問題相分離的觀點」。參見馬克·塞爾登：《革命中的中國：延安道路》，魏曉明、馮崇義譯，北京：社會科學文獻出版社，2002 年，第 4～5 頁及第 264～267 頁。

態、風俗習慣之帶著濃厚的封建殘餘，只是農民的一面，所以不必說農村社會
都是老中國。當前，新中國恰恰只剩下了農村。」〔註51〕毛澤東雖然承認農民
「帶著濃厚的封建殘餘」，卻強調「新中國恰恰只剩下了農村」，農村在政治和
文化上都是比都市要新的，這便不僅在革命的敵友判斷上確立了農民、農村的
重要性，而且在文化上確立了農民、農村的方向性。在這個意義上，毛澤東所
構建的新民主主義革命、社會主義革命和建設的合法性都與農民、農村的方向
性緊密相關。甚至不妨說，社會主義問題就是農民、農村問題。他真正承認的
只有農村經濟「比都市為舊」。應當說，此時毛澤東已經遠遠超越了 1927 年的
國民革命論，正在嘗試構建一種全新的政治和文化。這種嘗試的具體展開是他
1940 年發表的《新民主主義論》。在《新民主主義論》中，毛澤東說：「新民主
主義的文化是大眾的，因而即是民主的。它應為全民族中百分之九十以上的工
農勞苦民眾服務，並逐漸成為他們的文化。……革命文化，對於人民大眾，是
革命的有力武器。革命文化，在革命前，是革命的思想準備；在革命中，是革
命總戰線中的一條必要和重要的戰線。」〔註52〕文化問題成為更內在於革命的
一種實踐行為。因此，毛澤東的《在延安文藝座談會上的講話》所討論的「普
及與提高」的辯證法，「從工農兵的現有文化水平與萌芽狀態的文藝的基礎上去
提高」〔註53〕，其實就是構建新的文化、文學的辯證法，也即社會主義文化、
文學的辯證法。〔註54〕也只有在這個意義上理解，他在「講話」中所敘述自己
的情感轉變的故事才不僅動人，而且深刻，富有遠見。

〔註51〕 毛澤東：《致周揚（1939 年 11 月 7 日）》，《毛澤東文藝論集》，中共中央文獻
研究室編，北京：中央文獻出版社，2002 年，第 259～260 頁。

〔註52〕 毛澤東：《毛澤東選集》第 2 卷，北京：人民出版社，1991 年，第 708 頁。

〔註53〕 毛澤東：《在延安文藝座談會上的講話》，延安：解放社，1943 年，第 19 頁。

〔註54〕 當然，所謂普及和提高，另有一重含義，也是毛澤東自己說出來的。在 1944
年寫給周揚的信中，毛澤東說：「第十頁上『藝術應該將群眾的感情、思想、
意志聯合起來』，似乎不但是指創作時『集中』起來，而且是指拿這些創作到
群眾中去，使那些被經濟的、政治的、地域的、民族的原因而分散了的（社
會主義國家沒有了政治原因，但其他原因仍在）『群眾的感情、思想、意志』，
能借文藝的傳播而『聯合起來』，或者列寧這話的主要意思是在這裡，這就是
普及工作。然後在這個基礎上，『把他們提高起來』。」（毛澤東《致周揚》，《延
安文藝叢書》第一卷《文藝理論卷》，長沙：湖南人民出版社，1984 年，第
72 頁。）這是一種非常典型的、自覺的以文藝為構建「想像的共同體」的手
段的主張。在這個意義上，安德森對現代民族國家構建過程的考察無疑是相
當準確的。參見本尼迪克特·安德森：《想像的共同體：民族主義的起源與散
佈》，吳叡人譯，上海：上海人民出版社，2008 年，第 21～33 頁。

　　相形之下，即使遲至 1943 年，趙樹理對於農村的認識還停留在與五四啓蒙知識分子博弈的層面上。針對當時一些知識分子對農民飲食、生活習慣的嘲笑，趙樹理強調他們是「建設新中國的支柱」，並說：「我們的工作越深入，所發現的愚昧和貧苦的現象，在一定時間內將越多（即久已存在而未被注意的事將要提到我們的注意範圍內），希望我們的同志，哀矜勿喜，誘導落後的人們走向文明，萬勿從文明自傲，弄得稍不文明一點的人們坐也不是站也不是也！」〔註 55〕除了認為農民正在為「建設新中國」而流汗流血，不能嘲笑，趙樹理要求知識分子「哀矜勿喜」，「誘導落後的人們走向文明」，與魯迅五四時期對待農民的態度很難說有什麼區別。「文明」與「落後」對應尤其說明趙樹理承認農民「落後」，而「文明」是為知識分子所掌握的。這種思路顯然是毛澤東的文化、文學構想要從根本上取替和超越的一種思路；至少在延安時期是這樣的。但是，值得注意的是趙樹理的觀念和意識的背後所流露出來的對於農民情感上的維護和認同，這與毛澤東在「講話」中所敘述的情感轉變故事有著內在的一致性。因此，儘管在觀念和意識上，趙樹理不如毛澤東深刻和富有遠見，二者還是由於情感上的原因，對於社會主義文化、文學的想像有著極為重要的一致之處。而正是這一致之處，制約著趙樹理的文學農村後來的發展路徑，使其小說與社會主義發生內在的關聯。托洛茨基說：「根據科學的綱領性目標對幼年起開始形成的情感世界進行改造，這是內心的一件最困難的工作。並非每個人都能這樣做。因此，世界上就有不少這樣的人，他們像革命者一樣思考，感情上卻像小市民。」〔註 56〕趙樹理在最困難的地方反而最容易，因此在感覺自己的寫作被「講話」批准的激動之情中，他雖未完全理解毛澤東的文化、文學設想，〔註 57〕但卻開始借用毛澤東的觀念和概念表述自己對文學農村的理解；甚至終其一生都未完全理解，也沒妨礙他越來越深地借用。在 1947 年寫作的《藝術與農村》一文中，趙樹理說：「廣大的群眾翻身以後，大家都有了土地，這土地不但能長莊稼，而且還能長藝術。」〔註 58〕

〔註 55〕　趙樹理：《平凡的殘忍》，《趙樹理全集》第 2 卷，北京：大眾文藝出版社，2006年，第 209 頁。

〔註 56〕　托洛茨基：《文學與革命》，劉文飛等譯，北京：外國文學出版社，1992 年，第 132 頁。

〔註 57〕　趙樹理：《我的第二次檢查》，《趙樹理全集》第 6 卷，第 458 頁。

〔註 58〕　趙樹理：《藝術與農村》，《趙樹理全集》第 3 卷，北京：大眾文藝出版社，2006年，第 229 頁。

這種表述內在地隱藏著新的藝術發胎於新的經濟、政治事實的邏輯，與毛澤東所謂「萌芽狀態的文藝」的確有異曲同工之妙，不能不說趙樹理對於文學農村的理解已經開始被捲入毛澤東關於社會主義文化、文學的建構邏輯中。此後，趙樹理在 1958 年 9 月一次曲藝座談會上發言說：「評書（以及曲藝中的其他曲種）直接和群眾在一起，是和群眾沒有脫離關係的文學形式，我們小看它就會犯錯誤。」〔註 59〕小看評書這種「和群眾沒有脫離關係的文學形式」「就會犯錯誤」，這與毛澤東「普及與提高」的辯證法簡直如出一轍，即都是在一定的意識形態要求之下對於文化、文學構建的具體意見，也即都是社會主義文化、文學的建構問題。在這裡，趙樹理對於文學農村的認識已經基本上完全內在於毛澤東的邏輯之中了。當然，需要指出的是，情感、觀念、意識與具體的小說文本之間，尚有一定的距離，趙樹理對於文學農村的認識，並不能取代他的文學農村敘述。實際上，他的文學農村的敘述，尤其是他的小說與社會主義的關係，要遠遠複雜於他的情感、觀念、意識與毛澤東的關係。因此，趙樹理小說的形式與社會主義政治的關係，是一個更為重要、誘人的命題。

三、農村小說形式的文學政治

托洛茨基在《文學與革命》中討論「風格」的形成時認為：

「風格即階級」，——這不僅表現在藝術中，而且首先表現在政治中。而政治是無產階級真正創造出自己風格的唯一領域。然而是怎樣創造的呢？絕不是通過以下簡單的三段論法：每一階級都有自己的風格；無產階級是一個階級；無產階級便委派某一無產階級團體規定它的政治風格。不！道路要複雜得多。無產階級政治的形成，經歷了經濟上的罷工、為結成聯盟而進行的鬥爭，經歷了英國和法國的空想社會主義者，經歷了工人們在資產階級民主派的領導下參加革命戰鬥的行動，經歷了《共產黨宣言》，經歷了社會民主黨的建立（然而這個黨卻自然而然地順應了其他階級的「風格」），經歷了社會民主黨的分裂和共產黨人的自立門戶，經歷了共產黨人為建立統一戰線而進行的鬥爭，而且還要經歷未曾到來的一系列階段。無

〔註 59〕趙樹理：《從曲藝中吸取養料》，《趙樹理全集》第 5 卷，北京：大眾文藝出版社，2006 年，第 262 頁。

產階級的全部精力，除用來滿足最起碼的生活需要外，全都用在對
這種政治「風格」的培養上。〔註60〕

這樣的邏輯同樣適用於毛澤東及中國共產黨政治風格的形成，即同樣經歷了
「一系列階段」，才在 1940 年代構建完成「新民主主義論」，並在文藝上提
出「普及與提高」的辯證法。這樣的邏輯也適用於趙樹理小說風格的形成，
即趙樹理自身是通過「一系列階段」如《白馬的故事》、《盤龍峪》、各類通
俗故事的寫作及參加「通俗化」的討論、與異己辯論等才實現 1940 年代小
說風格的成熟的，而趙樹理同時置身在一定的關於農村的小說敘述傳統之
中，是這一傳統通過「一系列階段」在趙樹理小說中實現了風格的成熟。茅
盾說《李家莊的變遷》是「走向民族形式的一個里程碑」，陳荒煤提出「趙
樹理方向」，便是對於趙樹理小說處於傳統發展的「一系列階段」之中的一
些具體描述和判斷。但是，正如托洛茨基強調共產黨人「還要經歷未曾到來
的一系列階段」一樣，1940 年代的趙樹理小說也尚未完成。同時，趙樹理小
說所隸屬的關於農村的小說敘述傳統以及中國共產黨的政治風格，也「還要
經歷未曾到來的一系列階段」。或許是意識到了這些複雜的關係構架的狀
況，近些年來的左翼政治、文化、文學研究越來越強調打破文學與政治各有
分區的研究思路。有的論者認為：「革命不是單靠政治行動能夠完成和鞏固
的，各種與之相呼應的社會、文化、道德運動構成它的重要組成部分。而且
有許多政治革命意識不到或難以處理的問題常在文化、思想等領域凸現出來
並首先得到處理，隨後轉化為革命汲取的資源。就此而言，文化、思想領域
內的工作之於革命絕非單純的配合關係，它們一直內在於中國革命的脈絡。」
〔註61〕更有論者提出具體的結論性意見：「農民革命文學（特別是以趙樹理
為代表的）提供了一種從下往上觀察社會的方式，也即是左翼的底層視角，
同時還提供了一種從內向外肯定自我的邏輯，也即是左翼（仍然以趙樹理為
參照）的文化的偏保守的立場。」〔註62〕以此言之，研究趙樹理小說，是發
掘文學政治的可能性、尤其是左翼文學政治的極為有效的方式之一。但是，
鑒於趙樹理小說並不止步於 1940 年代，而是內在地隨同社會主義革命及建

〔註60〕托洛茨基：《文學與革命》，第 192 頁。
〔註61〕程凱：《尋找「革命文學」、「左翼文學」的歷史規定性》，《鄭州大學學報》，
2006 年第 1 期。
〔註62〕蔣暉：《中國農民革命文學研究與左翼思想遺產的創造性轉化》，《文藝理論與
批評》，2004 年第 3 期。

設一起變化，發展，故而研究趙樹理小說，乃是發掘社會主義文學政治的有效方式之一。

所謂文學政治，按照雅克‧朗西埃的解釋，並不是作者的政治，不涉及作者對社會的、政治的問題和鬥爭的個人評論，也不涉及他們作品中再現政治事件或社會結構和鬥爭的模式。朗西埃說，文學政治意指文學將政治當成文學（literature「does」politics as literature），在政治運作方式與文學寫作實踐之間有著特殊的關聯。他進一步解釋道：文學政治就是文學，它展現文學性的力量（it displays the power of literariness），顛覆再現機制的等級和原則，在「無聲的字母」（mute letter）中構建元政治；文學政治就是文學，還表現在「無聲的字母」的文學性的政治和症候性閱讀的政治之間的衝突上。朗西埃舉薩特評價福樓拜的例子說明自己的觀點。薩特認為福樓拜小說的冷靜（petrification）寫法是中產階級反對民主的一種策略，朗西埃則指出福樓拜同時代人已注意到福樓拜小說的冷靜的寫法，且視為民主的症候。〔註 63〕這種對於同一作家作品截然相反的症候性閱讀，在朗西埃看來，就是文學政治的表現。而以趙樹理小說的研究來說，朗西埃對於文學政治的看法是值得借鑒的。趙樹理小說採用評書的體式以及不同於五四新文學的敘述語言，的確在顛覆五四以來形成的再現機制的等級和原則，展示出文學性的力量。而且，趙樹理小說的解讀存在眾多分歧，也表現出朗西埃理解的文學政治意味。不過，即使借用朗西埃的文學政治概念，在討論趙樹理小說的具體過程中，也不能排斥外在於趙樹理小說的社會、政治問題及其在小說中的再現模式。畢竟，趙樹理是一個寫作目的性非常強的作家，其目的性與小說的文學性之間的關係如何，也是文學政治的重頭好戲。因此，文學政治雖然不是作者的政治，但在分析趙樹理小說的文學政治的具體過程中，討論作者的政治是必要的。〔註 64〕

文學政治作為一個強調文學性的力量的概念，其出發點是文學的形式，

〔註 63〕 See Jacques Rancière, *The Politics of Literature*, Substance, Vol. 33 No.1, 2004; Jacques Rancière, *The Politics of Literature*, Malden: Polity Press, 2011, pp1～30. 按，朗西埃所謂無聲的字母，是指字母處於無聲狀態，字母組合（成文學）構成何種意義，有待於解密。

〔註 64〕 關於文學政治，還有許多其他看法。參見黃旭：《文學政治與二十世紀八十年代中國激進主義》，復旦大學博士學位論文，2008 年，第 20～42 頁。按：黃旭論文中使用的文學政治，英語作 literary politics，源自託克維爾的用法。

中間的過程是政治，終點則重新回到文學的形式。這意味著研究特定作家作品的文學政治，必須以形式為中介。值得注意的是，這裡所謂的形式，需要做特殊的理解。伊格爾頓說：

> 我想指出，形式通常至少是三種因素的複雜統一體：它部分地由一種「相對獨立的」文學形式的歷史所形成；它是某種占統治地位的意識形態結構的結晶……；……它體現了一系列作家和讀者之間的特殊關係。馬克思主義批評所要分析的正是這些因素之間的辯證統一關係。因而，在選取一種形式時，作家發現他的選擇已經在意識形態上受到限制。他可以融合和改變文學傳統中於他有用的形式，但是這些形式本身以及他對它們的改造是具有意識形態方面意義的。一個作家發現手邊的語言和技巧已經浸透一定的意識形態感知方式，即一些既定的解釋現實的方式；他能修改或翻新那些語言到什麼程度，遠非他的個人才能所能決定。這取決於在那個歷史關頭，「意識形態」是否使得那些語言必須改變而又能夠改變。〔註65〕

伊格爾頓對於形式的理解，基本上能夠切合研究特定作家作品的文學政治的需要。正如1958年趙樹理強調評書是和群眾沒有脫離關係的文學形式一樣，形式也是發掘趙樹理小說的文學政治不得不使用的中介。在趙樹理的強調中，透露出形式是多重因素的複雜統一體。趙樹理提出「評書」，即意味著「『相對獨立的』文學形式的歷史」，提出「群眾」，即同時意味著「某種占統治地位的意識形態結構的結晶」和「一系列作家和讀者之間的特殊關係」，因為「評書」雖為五四文化所衝擊但仍在延續，而「群眾」則不僅是其時占統治地位的毛澤東思想的結晶，而且蘊涵著趙樹理思考作家作品與讀者關係的最重要的方式。在1949年寫作的《也算經驗》中，趙樹理便意識到自己「不得不與農民說話」，故「盡量照顧群眾的習慣」，「以為只要能叫大多數人讀，總不算賠錢買賣。至於會不會因此就降低了作品的藝術性，我以為那是另一問題」。〔註66〕這種談文學之用（「大多數人讀」）而棄文學之體（「作品的藝術性」）的思路，充滿意識形態性，即「作家發現他的選擇已經在意識形態上受到限制」。當然，在這裡，正如伊格爾頓說的那樣：「意識形態不是一套教義，而

〔註65〕 特里・伊格爾頓：《馬克思主義與文學批評》，文寶譯，北京：人民文學出版社，1986年，第30～31頁。

〔註66〕 趙樹理：《也算經驗》，《趙樹理全集》第3卷，第350～351頁。

是指人們在階級社會中完成自己的角色的方式，即把他們束縛在他們的社會職能上並因此阻止他們真正理解整個社會的那些價值、觀念和形象。……一切藝術都產生於某種關於世界的意識形態觀念。」〔註67〕趙樹理創造的農村文學形式的意義，既源於「作家發現他的選擇已經在意識形態上受到限制」，一種形式層面的意識形態自覺，也源於作家對文學形式歷史的把握及與讀者關係的理解。而在三者構成的形式的複雜統一體中，意識形態是最重要的，因為「一切藝術都產生於某種關於世界的意識形態觀念」。在這個意義上，趙樹理小說形式的文學政治與社會主義的關係就被有效地建立起來了。

趙樹理1930年代開始關注特定的形式問題，即通俗化，1943年寫作《小二黑結婚》前並已進行大量通俗化實踐，留下一些值得關注的作品，如《有個人》、《盤龍峪》、《變了》。這是周揚說他未創作前即已成熟的原因。但趙樹理農村小說形式的真正圖景，需要從《小二黑結婚》開始勾勒，因為從此趙樹理小說的形式與社會主義政治之間的特殊關係才得以展開。

對於趙樹理而言，小說作為形式，在他二十二年（1943～1964）的創作生涯中，發展出如下內涵：

1）小說是一種具有生產性的實踐形式，是用以解決農村工作中不能輕易解決的問題的有效工具。這主要表現在《小二黑結婚》、《李有才板話》等小說上。但形式與社會主義政治實踐之間必然存有很大的距離，作者的意圖與形式傳達出來的結果，也未必一致。因此，小說形式成為分析文學政治的必然部分。

2）小說是一種具有生產性的認知形式，是用以辨清變動中的農村社會關係的有效手段。這主要表現在《李家莊的變遷》、《地板》、《傳家寶》、《邪不壓正》等小說上。這意味著文學將政治當成了文學，小說形式本質上就是文學政治。

3）小說是體會政治脈搏的形式，不再是解決問題的有效工具，而是想像問題解決的一種方式。這主要表現在《三里灣》、《「鍛鍊鍛鍊」》、《老定額》、《套不住的手》等小說上。因此，小說形式在處理作者的政治、與主流意識形態博弈的同時，構成了形式實踐對於政治運作的戲仿，使得小說再現的機制和原則發生了變化。

4）小說失去體會政治脈搏的功能，變成一種較為純粹的文學形式。這主

〔註67〕特里・伊格爾頓：《馬克思主義與文學批評》，第20頁。

要表現在《互作鑑定》、《賣煙葉》等小說上。小說形式在綻露政治症候的同時，導向對寫作本身的質疑，即小說形式應循何種再現機制和原則，才能保證再現的眞實性。從其對於現實政治的影響而言，小說形式的作用已經極度萎縮。而從其對於現實政治的症候性反應而言，小說形式此時表現爲一種高度緊張的文學政治，值得深入分析。

這些內容大致以前後相繼的方式出現在趙樹理的小說創作中，是導致趙樹理小說「不像小說」的具體原因。而從根本上說，則是因爲趙樹理小說與其關於農業、農村、農民問題的直接經驗，尤其是瑣碎的細部經驗，有著深度的血脈聯繫。趙樹理自敘從不寫眞人眞事，但又強調自己作品的任何一個部件都是眞人眞事，這種充分緊張的關係使其小說難以徹底小說化，於是只能「不像小說」。而「不像小說」，正是趙樹理小說最有價值之處，也是最具文學性、政治性之處。因此，以形式爲中介發掘趙樹理小說的文學政治，的確有相當的效果。

更進而言之，趙樹理小說的形式，乃是釋放構建社會新秩序的激情的一種方式，而且是一種集體事業，並非個人事業。趙樹理不僅以此處理個人與政治之關係，而且試圖喚醒所有農民，構建一種集體政治。這使他作品中的人物形象更多的不是以個人或個性的面目，而是以集體或集體的符號的面目出現，使其讀者不僅能夠尋找個人進入集體及新秩序的路徑，而且能夠發生構建社會新秩序的激情。於是，趙樹理作爲作者的政治，讀者的症候性閱讀的政治，趙樹理作品本身文學性的力量，一起交纏在趙樹理小說的形式上，構成豐富的文學政治內容。

作爲作者，趙樹理如何感知自己與現實政治之間的關係，並尋找到表述這種關係的手段以及檢驗表述是否有效與合法的程序，這是趙樹理小說的文學政治的重要內容。在不同的歷史時期（或即創作階段），趙樹理的核心思路是一致的，即做生活的主人，主動把握政治，而非變成現實政治政策的追趕者或闡釋者。因此，政治的潮動就是其形式創生和變化的重要驅動力。這種驅動力不是外在的，而是內在於趙樹理個人的、小說的。簡言之，趙樹理的小說及其創作實踐就是文學政治及其實踐。因爲這樣的原因，趙樹理的小說世界不僅不同於沈從文，而且比魯迅、茅盾有著更爲明確的文學政治意味及開放性。趙樹理的形式世界是始終向現實政治開放的。這種開放性導致其小說形式有著與眾不同的特點：其一是文體的通俗性，傾向於適應農民的欣賞

習慣，即所謂老百姓喜歡，政治上起作用。其二是文體上的不完整性，或缺乏內在的統一邏輯，表現如經常性地在文本內呼喚讀者的參與，任意地結束小說，隨時改換文體敘述同樣的故事，等等。其三是每一個文本往往都在多重主題的矛盾關係中生成，使其小說表現出違背其創作初衷的曖昧性。其四是文體風格上的不穩定性。這些特點既是體會政治脈搏的結果，又形成了與現實政治的博弈關係。這種博弈關係既包含有意為之的部分，也包含無意識或潛意識的部分。

就階段性的狀況而言，趙樹理小說的形式與社會主義政治的關係表現出下列演變過程：

1949 年前趙樹理的小說創作實踐具有行動性、創造性和天然的合法性，能夠引領社會新秩序的構建。魯迅農村小說中的哀矜之氣、茅盾農村小說中的怖畏之情，不存於趙樹理此時的小說中。

1950 年至大躍進期間，趙樹理一方面堅信趕任務之可以避免，另一方面則試圖以助業作家的方式擺脫追趕現實政治政策的窘境，故其時趙樹理的小說創作表現出極為明顯的被動性。他努力體會政治政策的脈搏，事實上卻慢慢變成圖解者，甚至是落後者。當然，所謂圖解和落後，乃是趙樹理文學政治與家國大計之間的矛盾關係的一種反映。儘管趙樹理的政治判斷失去了與主流意識形態的一致或和諧，但其小說創作作為文學政治的一種形式，反而開始提供更為豐富的內容，其中就包括如何克服社會主義的內在危機問題。比如此時期集體化成為趙樹理小說的一個關鍵詞。趙樹理試圖以集體化作為克服危機的方案，但在形式中卻展示了這一方案極為複雜微妙的處境。因此，其時的文學政治無疑在形式中達至了更為豐富的內涵和可能。不過，一方面是形式的內涵和可能的豐富，另一方面則是創作主體趙樹理在主體意識上的深度焦慮。

大躍進結束以後，他開始擔心自己的作品能否為廣大的農民朋友讀到，即能否真正意義地「下鄉」？他原來所自信的與農民心心相映的、具有某種天然性的關係，這時候無疑被極大地打破了。因此，加上對現實政治政策的不理解，他對自己的寫作，尤其是小說寫作的有效性發生了懷疑。表現在小說形式中，首先在於小說敘述形式的變化，即敘述態度離評書體有了較遠的距離，寫作時的擬想讀者也有了變化，在故事與小說之間，也有一些把捉不住二者的界限。而最根本的是，他似乎開始以小說的方式探討寫作本身如何

可能的問題，即寫作能夠眞實地再現歷史嗎？寫作能夠準確地傳達意圖嗎？寫作的意圖與讀者的接受之間沒有距離嗎？小說形式或語言果眞是透明的嗎？從而果眞能圓融無礙地成爲文學政治的實踐嗎？在寫作生涯的最後時間，趙樹理的確還在探討形式體會政治脈搏的可能，甚至不惜一切地改換文體和寫作方式，以實現自己與政治脈搏的共振，也始終在介入社會主義危機如何克服的現實政治問題，但在另外的層面上，卻不由自主地對文學政治本身發生了懷疑，對形式的生產性、實踐性發生了根本的信任危機。而且，在新的文學政治崛起的面前，他終於痛感自己無法跟上新人新事，曾有的形式上的自信崩潰了。如果說他曾以不重複他人而自豪，最後則以未能重複自己作品曾有的文學政治而痛苦了。趙樹理這一狀況本身，作爲文學政治的一種症候，是引人深思的。至少，它可以指向兩個向度，一是現實政治政策缺乏有效地構建社會新秩序的能力，二是小說形式作爲一種文學政治的有限性。形式並不能總是在具體的歷史時空扮演合法的角色，化作構建社會新秩序的驅動力。

不管怎麼說，趙樹理的文學政治爲後來的文學、歷史研究提供了豐富的闡釋空間，爲後來的文學政治的進一步發展或重新發展提供了豐富的積澱。這可能是趙樹理小說最爲根本的意義所在。

四、研究思路及論述策略

在建立趙樹理小說形式的文學政治與社會主義的有效關係之後，還是有必要再一次強調他與他所內在於其中的社會主義問題、尤其是毛澤東及中國共產黨的社會主義文化、文學構想之間的分歧。例如與趙樹理有關係的通俗化主張是這樣的，即通俗化「應該是『文化』和『大眾』中間的橋梁，是『文化大眾化』的主要道路；從而也可以說是『新啓蒙運動』一個組成部分——新啓蒙運動，一方面應該首先從事拆除文學對大眾的障礙；另一方面是改造群眾的舊的意識，使他們能夠接受新的世界觀」〔註68〕，這就試圖使文學、文化變成改造大眾的實踐行爲，使大眾革命化。當然，這裡的區別也是存在的，即並不強調革命運動所造成的農民對於文化創造的內在需要，反而強調「群眾的舊的意識」對農民革命化的障礙，從而表現出與五四新文化的農民

〔註68〕趙樹理：《通俗化「引論」》，《趙樹理全集》第 2 卷，第 68 頁。

想像的血脈聯繫，比如魯迅式的「哀其不幸，怒其不爭」。這或許可以解釋爲什麼趙樹理1949年1月17日寫信給周揚時還感慨：「封建思想之海的農村，近十餘年來只是沖淡了一點，尚須花很大氣力才能使它根本變轉了顏色。」﹝註69﹞而且，這也造成他的小說中多落後農民形象。因此，趙樹理關於農民問題的思考，與毛澤東及中國共產黨的社會主義構想既有內在關係，又有重大分歧。

更深刻的分歧在於，農民問題在毛澤東的政治構想中，是隸屬於國民革命、新民主主義革命或社會主義革命的一個部分，而趙樹理可能直接當作了問題本身。他在大約1966年末作的檢查中說：「檢查我自己這幾年的世界觀，就是小天小地鑽在農村找一些問題唧唧喳喳以爲是什麼塌天大事。」﹝註70﹞雖然作爲在特殊年代做出的自我批評，難免過甚其詞，但的確道出了趙樹理作爲一個關於農民問題的思想者的本色，其深刻與膚淺皆在於是。孫犁說：「趙樹理中後期的小說，讀者一眼看出，淵源於宋人話本及後來的擬話本。作者對形式好像越來越執著，其表現特點爲：故事行進緩慢，波瀾激動幅度不廣，且因過多羅列生活細節，有時近於賣弄生活知識。遂使整個故事鋪攤瑣碎，有刻而不深的感覺。」﹝註71﹞這是趙樹理注重直接經驗的思想在小說寫法上的展現。趙樹理注重自身農村生活的直接經驗，使其有關農民問題的思考達到了驚人的深刻，但也造成了寫作中無法抓住重大主題。因此，相比較而言，梁漱溟、晏陽初、費孝通等人關於鄉村建設問題的思考，倒在具有大局觀的意義上，與毛澤東的政治構想形成了更爲確切的對應關係。他們因此與趙樹理既傳承五四新文化的啓蒙精神，又內在地屬於中國共產黨社會主義構想的思考，有文化、文學政治上的重大分歧。在這樣的分歧中，趙樹理作爲農民問題的思想者，其小說所表現出來的文學政治更爲值得分析，即一個與農村、農民有著更爲直接、深入聯繫的，同時與西方現代啓蒙傳統關係相對疏遠的作家（儘管通過五四新文化與之發生一些聯繫），其小說的文學政治何以深刻地內在於中國共產黨的社會主義構想？這當然首先是因爲趙樹理執著於自身直接的農村經驗，每一個農民都是具體的，各有不同的喜怒哀樂，其次才是

﹝註69﹞ 趙樹理：《致周揚》，《趙樹理全集》第3卷，第328頁。

﹝註70﹞ 趙樹理：《回憶歷史 認識自己》，《趙樹理全集》第6卷，第474頁。

﹝註71﹞ 孫犁：《談趙樹理》，《孫犁全集》第5卷，北京：人民文學出版社，2004年，第112～113頁。

因為他在執著的過程中意識到，農民問題不只是文化、文學或道德問題，而且還是經濟、政治權利問題，必須以某種革命的方式才能真正得到理解和解決。

因此，除了在一般意義上討論新啟蒙問題和革命問題，趙樹理主要思考的是農民的情感、語言、娛樂以及權利、欲望、性格，並希望通過創造一些農民能夠接受的新形式來喚醒農民自我表述的能力和行為，以內在的、而非外在的邏輯，構建社會新秩序，在經濟、政治、文化、文學、道德倫理諸層面自我樹立。趙樹理小說的文學政治的可能性集中體現為「農民說理的世界」。他通過小說創作體會農民「說」的欲望，教會農民「說」的能力，最終把住「理」，主動地建設「理」的「世界」。趙樹理小說中重複出現最頻繁的主題是「理」與「勢」的關係以及如何「說理」的問題。「勢」指現實的權力關係及歷史發展的趨勢，即權力關係在空間、時間兩個維度的狀況；它構成趙樹理小說文本內部的背景。「理」在「勢」所構成的背景上運行，「理」是什麼，或者是否有「理」，「把得住理」，合「理」，則是趙樹理小說情節的落腳點。在合不合「理」的關節處，小說出現情節的停頓、延宕、逆轉和最後的完結。「理」構成了趙樹理小說的敘述節奏。農民被歷史發展的「勢」頭推動著參加革命、參加合作化，被經濟窘困的形「勢」逼得離家出走或參加革命，被權力階層中的壞分子的「勢」力壓迫急了終於說話，都為的是合「理」，有「理」，說「理」。這也就意味著，不管歷史如何發展，階級如何更替，生產製度如何構建，趙樹理筆下的農民始終尋求的是一個「理」字，是農村秩序的平衡；「好」、「壞」的倫理與政治的「是」、「非」因此成為潛在的一組矛盾。而「說」既是作家趙樹理如何進行小說敘述及讓小說教會讀者「說」的問題，也是小說人物在一定的「勢」下，能不能「說」，如何「說」以及「說」了又如何的問題。「說」是本能，欲望，也是權力關係的一種表現方式。「說」構成了趙樹理小說情節發展的基本過程。因此，「說」、「理」、「勢」等詞語出現的地方，是把握趙樹理構建小說的形式感的關鍵，而「農民」的形象和「世界」的意義也在「說」「理」的過程中逐漸清晰。在這裡，關於趙樹理農村小說形式的文學政治的四個關鍵詞已經浮現，即：「農民」、「說」、「理」和「世界」。

雷蒙・威廉斯曾以一系列關鍵詞進行他的文化與社會研究，並在說明與詞典之學的區別時說：「我稱這些詞為關鍵詞，有兩種相關的意涵：一方面，

在某些情境及詮釋裏，它們是重要且相關的詞。另一方面，在某些思想領域，它們是意味深長且具指示性的詞。」〔註72〕「農民」、「說」、「理」和「世界」四個關鍵詞，也同樣表現類似的兩種相關的意涵，即它們在趙樹理小說文本中是值得進行文本挖掘（Text Mining）〔註73〕的「重要且相關的詞」，共同構成了趙樹理小說文本的敘述情境和詮釋空間，同時在社會主義構想及社會主義危機克服的意義上，表現出「意味深長且具指示性」的內涵。因此，圍繞「農民」、「說」、「理」、「世界」四個關鍵詞展開趙樹理小說的文學政治的討論，不失為值得嘗試的論述策略。當然，對於這些關鍵詞的分析，不僅將以趙樹理小說文本的敘述情境和詮釋空間為基礎，而且將以它為邊界，目的是通過分析這些關鍵詞，釐清它們在趙樹理小說文本中的含義，構建趙樹理小說的形式與社會主義政治的具體關聯。那麼，對這些關鍵詞進行分析，一方面是在話語分析的層面上進行的，另一方面則通往關於趙樹理小說的形式分析。這些關鍵詞不僅具有小說話語的意義，而且承擔著趙樹理小說的形式構成的功能。簡單來說，「農民」不僅是趙樹理小說文本中的主體形象問題，也牽涉趙樹理小說的預設讀者問題，「說」不僅是趙樹理小說文本中的「農民」如何表達及能不能表達權利、意識、情感、欲望的問題，也是趙樹理小說如何敘事、如何接受的問題，「理」不僅是趙樹理小說文本中的「世界」的規定性如何及「農民」的價值、情感、欲望的秩序如何的問題，也是趙樹理小說的敘述節奏、敘事者的價值認同的問題，「世界」不僅是對於趙樹理小說文本內部的「農民」具有重要意義和功能的詞彙，也是趙樹理小說在敘述上的紐

〔註72〕 雷蒙・威廉斯：《關鍵詞：文化與社會的詞彙》，劉建基譯，北京：生活・讀書・新知三聯書店，2005年，第7頁。

〔註73〕 文本挖掘（Text Mining）也稱為文本知識發現（Knowledge Discovery in Text），是一個以半結構（如 WEB 網頁）或無結構（如純文本）的自然語言文本為對象的數據挖掘，是從大規模文本數據集中發現隱藏的、重要的、新穎的、潛在的有用的規律的過程。它的基本思想是：首先利用文本切分技術，抽取文本特徵，將文本數據轉化為能描述文本內容的結構化數據，然後利用聚類、分類技術和關聯分析等數據挖掘技術，形成結構化文本，並根據該結構發現新的概念和獲取相應的關係。文本挖掘是一個邊緣學科，由機器學習、數理統計、自然語言處理等多種學科交叉形成，在智慧商務（Business Intelligence）、信息檢索（Information Retrieval）、生物信息處理（Bioinformatics）等方面都有廣泛的應用，如客戶關係管理（Customer Relationship Management）、互聯網搜索（Web Search）等。有關文本挖掘的介紹，可參考程顯毅、朱倩編著的《文本挖掘原理》（北京：科學出版社，2010年）一書。

結，形式上的症候。因此，必須強調，對於這些關鍵詞的分析，即使是話語分析，也是通往形式分析的話語分析；僅僅釐清這些關鍵詞的含義是不夠的，還要更進一步，尋找這些關鍵詞背後的形式線索。在具體的分析過程中，呈現趙樹理小說文本的編織狀況，勾連小說的文學政治與作者的政治的關係，都是必要的。

準此，本書參用雷蒙‧威廉斯研究關鍵詞的思路，並通過進行簡單的文本挖掘，以下述邏輯來具體展開趙樹理小說的文學政治的討論：

首先，分析「世界」的意義和功能，並進一步分析「世界」的敘述情境和詮釋空間，在小說再現的層面上說明趙樹理小說文本的編織狀況。

其次，分析「理」、「勢」、「情」在趙樹理小說文本中的結構關係，說明這些結構關係對小說形式的影響。

再次，分析「說」在趙樹理小說文本中的基本狀況，並勾連「說」與小說形式的關係。

第四，分析「農民」的主體性問題，釐清「農民」的主體形象，並通過分析作者的政治及症候性閱讀的政治對趙樹理小說中的「農民」主體問題的闡釋，尋找文學政治展現文學性力量的縫隙。

第五，在上述分析的基礎上，檢討趙樹理小說創作的困境，集中討論趙樹理小說的形式與社會主義政治的關聯。

最後，以較為簡單的方式檢討全書的研究範式、研究結論，說明本研究的限度和可能。

第一章 「世界」及其再現

一、「世界」的意義與功能

二、再現的階級結構和政權結構

三、政治情感的疾病隱喻

　　自從《小二黑結婚》問世之後，趙樹理有 8 篇小說使用了「世界」一詞（詳見表格 2），其中《李家莊的變遷》更是使用 27 次（詳見表格 1），頻率相當高。而更為關鍵的是，細察「世界」在趙樹理小說文本中的位置，就會注意到，它總是出現在小說敘事的關鍵之處，或標示著小說敘事線索的變化，或隱藏著作者的敘事意圖和小說的主旨，或代表著小說內部的價值認同標準，的確非常值得進行深度的文本分析。同時，「世界」又總是與「說」「理」發生關聯，隱藏著趙樹理小說中一系列重要的問題，如小說遠景、文學政治、小說形式與社會主義政治的關係等。因此，釐清「世界」在趙樹理小說中的意義和功能，分析趙樹理小說再現「世界」的結構，對於解讀趙樹理小說的形式與社會主義政治的關係，是非常必要的。

　　就趙樹理小說提供的文本事實而論，「世界」一詞不僅指向一定的地理空間，而且指向一定的地理空間中的政治統治秩序和倫理秩序，故而在文本中發揮著世界觀、價值觀、意識形態、社會政治理想等功能。在一些特殊的語境下，「世界」還是一個心靈慰藉的符碼，喚醒農民的革命激情，對農民進行革命教育，等等。因此，在趙樹理小說中，「世界」絕不是單純的地理學名詞，它有著形而上的意義和價值。〔註1〕有鑒於此，追索「世界」一詞何以具有如

〔註1〕劉禾判斷說：「『世界』與英文詞『world』的等同過程，乃以日語 sekai 為中介，而且重要的是，『世界』一詞的這一世界化過程，成功地取代了早期漢語對於時空界限的概念性命名過程，如 tianxia『天下』。」見劉禾：《跨語際實踐：文學、民族文化與被譯介的現代性（中國，1900～1937）》，宋偉傑等譯，北京：生活‧讀書‧新知三聯書店，2002 年，第 430 頁。

此重要的意義和功能，就是非常重要的問題。從趙樹理小說文本的編織脈絡來看，「世界」一詞所以具有如此重要的意義和功能，是因爲它處於編織小說文本的階級結構、政權結構和情感結構的核心，文本內部的各類意義線索都要與「世界」發生關係。因此，分析再現「世界」的階級結構、政權結構和情感結構，不僅能更準確地把握「世界」意義與功能的生成機制，而且能夠構建一系列理解趙樹理小說的範疇，理解農民自覺、村政民主與社會主義政治的關係，把握趙樹理作者的政治與趙樹理小說的文學政治之間的一些複雜狀況。

一、「世界」的意義與功能

在趙樹理小說文本中，「世界」除了泛指所有地方或具體村落之外的地方，還意味著政治統治秩序和倫理秩序，並承擔著重要的功能。首先，「世界」一詞的出現提示著敘事流向的轉變或終結。其次，「世界」還發揮著世界觀、價值觀、意識形態、社會政治理想等功能。第三，「世界」喚醒了農民的革命激情。最後，「世界」還因其意義可以不斷複製，承擔了革命教育功能。關於「世界」的這些功能，本節主要以《李家莊的變遷》爲文本分析的基礎。另外，本節還注意到「世界」與「世道」、「年頭」不同，「世道」、「年頭」的變遷不一定能夠解決「世界」的問題。這意味著在趙樹理小說的文學政治中，時間和空間不能互換，趙樹理小說關於現代中國農村的敘述主要是一個空間意義上的敘述。

1. 泛指所有地方

在趙樹理小說中，「世界」最簡單的含義是泛指所有地方。《富貴》、《劉二和與王繼聖》和《登記》都有用例。富貴家道敗落，臉面丟盡，又遇到日本侵略，這時村裏有人勸富貴的妻子銀花改嫁，銀花不肯，有人說：「世界上再沒有人了，你一定要守個忘八賊漢賭博光棍啦？」[註2]「世界」在此當然包括富貴、銀花生活的村莊，也泛指所有可能的地方，即雖然不一定是地球上每一個角落，但可以是。當王光祖在飯桌上物色人選陪自己的兒子出村上高小時，李恒盛說：「世界上什麼也沒有念書好。」[註3] 李恒盛所謂「世界」

〔註 2〕趙樹理：《富貴》，《趙樹理全集》第 3 卷，2006 年。
〔註 3〕趙樹理：《劉二和與王繼聖》，《趙樹理全集》第 3 卷，第 193 頁。

也是泛泛而談，無具體指向。因爲與張木匠結婚前曾與保安有戀愛關係，小飛蛾落得被婆婆嫌，丈夫打，娘家遺棄，更不能見保安，「全世界上再沒有一個人跟小飛蛾是一勢了」；〔註4〕張家莊的民事主任評價女人的好壞，認爲「世界上的女人接近男人就是壞透了的行爲」。〔註5〕所謂「世界」自然泛指所有地方，尤其是「全世界」，其泛指的語義是相當明顯的。不過，這個泛指不僅不排除張家莊，相反，大部分含義可能都要落實到張家莊上。也就是說，敘事者眼中的「全世界」及民事主任眼中的「世界」，主要都是張家莊，趙樹理以此凸顯張家莊人眼界的狹小，尤其是凸顯民事主任思想的封建性質。因此，即使是泛指所有地方時，「世界」一詞還是別有含義，帶有一種價值評判的意味。

2. 具體村落之外的地方

相對而言，當「世界」指具體村落之外的地方時，其意義要較爲複雜一些。在《邪不壓正》中，聚財爲了將軟英嫁給劉忠時說：「男人大個十四五歲吧，也是世界有的事。」軟英反駁：「做小老婆使女都是世界有的事，聽高工作員說自己找男人越發是世界上有的事！難道世界上有的如意事沒有我，倒楣事就都該我做一遍？」〔註6〕在這裡，「世界」泛指下河村以外的地方。不過，雖然是泛指，聚財、軟英父女倆所理解的「世界」具體所指並不一致。相同的地方在於，「世界」從父女倆嘴裏說出來，都不是地理名詞，而是文化修辭，用以解決應對雙方面臨的困境。聚財試圖以「世界」爲說辭，勸使女兒嫁給劉忠，軟英則通過呈現「世界」的複雜性來拆解父親的修辭意圖，從而爲自己爭取自由婚嫁的權利。而且，聚財所謂「世界」，或多或少傾向於對下河村現狀的無奈認同，而軟英所謂「世界」，則無疑傾向於對現狀的改變。當然，所謂改變現狀，軟英是從改變自身命運看起的。

在《三里灣》中有類似的用例。畫家老梁請大家對自己畫的三里灣提意見，玉生問現在還沒有的東西能不能畫，老梁說：「你說的是三里灣沒有呀，還是世界上沒有？」〔註7〕這段問答頗有深意，但「世界」一詞的含義相對簡

〔註4〕 趙樹理：《登記》，《趙樹理全集》第4卷，北京：大眾文藝出版社，2006年，第8頁。

〔註5〕 趙樹理：《登記》，《趙樹理全集》第4卷，第23頁。

〔註6〕 趙樹理：《邪不壓正》，《趙樹理全集》第3卷，第299頁。

〔註7〕 趙樹理：《三里灣》，《趙樹理全集》第4卷，第261頁。

單,即指三里灣以外的地方。當然,它不包括所有三里灣以外的地方,而主要指實現了一定程度的機械化生產的蘇聯集體農莊,這在《三里灣》的上下文中是很明顯的。這也就意味著,相對於《邪不壓正》而言,趙樹理在《三里灣》中賦予了「世界」更為確切的內容。這一變化值得推究,因其內含作家思想變遷的線索。一般地說,以1949年為界,此前趙樹理的農村理解較為含混、模糊,此後則較為具體、清晰。

3. 政治統治秩序

當「世界」指政治統治秩序時,其含義有著相當的複雜性和重要性。它首先意味著階級對立與更替,其次則意味著本質上的混沌不明,最後還意味著使用「世界」一詞之人的願望、欲望及處境、能力。

趙樹理1943年創作了劇本《兩個世界》,其題目就暗示著「世界」不是一個普通的詞彙。該劇寫以金虎銀虎兄弟為首的抗日軍民與石甫接旺代表的敵偽之間的折衝樽俎,劇中村副聽說了邊區政府派軍糧的情形之後說:「你們那裡可真是另一個世界!」〔註8〕而當金虎他們剷除了村裏的敵偽政權之後,村民說:「這又成咱們的世界了!」〔註9〕很明顯,「兩個世界」意味著兩種不同的政治統治秩序,意味著階級對立以及一個階級取代另一個階級。就劇本本身而言,「兩個世界」還意味著民族對立嫁接為國內的階級對立,「世界」因為外部因素(民族對立)的激發而從內部分化為「兩個世界」(階級對立)。而且,民族對立的因素與階級對立的因素相互參雜在一起,嚴重地影響著「世界」的意義,使「世界」指向政治統治秩序時,不僅意味著階級政治與民族國家建構的關聯,而且意味著世界政治與民族國家建構的關聯,從而至少在兩個向度上展開了「世界」的複雜性。不過,正像在《兩個世界》中將民族對立嫁接為國內的階級對立一樣,趙樹理很少在小說中直接處理民族對立的話題。即使是在《李家莊的變遷》這樣一部篇幅比較長的小說中,故事發生的年代是抗戰前到抗戰勝利結束,作家對於民族對立問題也只是一筆帶過。這就意味著,民族對立問題只能構成「世界」意義的背景,雖然不可能不發生作用,但主要應該考慮的是,當「世界」指政治統治秩序時,趙樹理在借助小說表達他對階級對立與更替的關心及理解。

而且,這種關心和理解,透露出的是作家及其筆下的人物對於未來社會

〔註8〕 趙樹理:《兩個世界》,《趙樹理全集》第2卷,第337頁。
〔註9〕 趙樹理:《兩個世界》,《趙樹理全集》第2卷,第344頁。

圖景的一種樂觀想像。在《李有才板話》中，老楊同志調查閻家山的村政之後提出要讓閻恒元徹底倒臺，小明認爲「能弄成那樣，那可眞是又一番世界」。〔註10〕「又一番世界」首先意味著階級更替，農民取代地主，成爲政治統治秩序的掌控者，其次則意味著對於農民取代地主之後的社會圖景的樂觀想像。不過，這一樂觀並不是盲目的，而是內含著對於更替過程之殘酷及未來建設之艱辛的思考的。在《李家莊的變遷》中，當小常來到李家莊組織革命之時，春喜發現：「現在多少跟從前有點不同，不完全是咱的世界了——自那姓常的來了，似乎把鐵鎖他們那夥土包子們慫恿起來了，你從前那滿腦一把抓的辦法恐怕不能用了。」〔註11〕「不完全是咱的世界」意味著階級更替不是一瞬間發生的，而是有一個敵我雙方力量進行犬牙交錯的較量的過程。在這一過程中，「世界」將會失去其完整性，分裂爲不同的力量板塊。當不同的板塊相互撞擊時，必然是暴力、血腥及大量的人的死亡，例如小常被活埋了，李如珍被活撕了，這種殘酷性是「世界」重歸完整的應有之義。

　　階級的對立和更替意味著「世界」經常綴在不同的所有格後面，本質上處於有待於定義的混沌不明狀態。這也就是說，「世界」到底是什麼，「世界」像不像個「世界」，須由修飾它的所有格來確定。「不完全是咱的世界」即是一例，「世界」的本質由「咱的」來規定，只有「咱的」這個所有格確定了，「世界」才是確定的，其社會政治秩序和倫理秩序才是確定的。否則，「世界」就混沌不明，人也就處於無法思考「世界」的狀態。因此，在《李家莊的變遷》中，鐵鎖第一次與小常交流之後的晚上進行的關於「世界」的思考非常有意義。小說中寫鐵鎖「也覺著不把這些不說理人一同打倒另換一批說理的人，總不成世界，只是怎樣能打倒他還想不通，只好等第二天再問小常。這天晚上是他近幾年來最滿意的一天，他覺著世界上有小常這樣一個人，總還算像個世界。」〔註12〕很明顯，離開了人，也即離開了修飾「世界」的所有格，鐵鎖無法思考什麼是「世界」。甚至與其說鐵鎖是在思考「世界」是什麼，怎麼才能「成世界」、「像個世界」，不如說鐵鎖在期待什麼樣的人主宰「世界」才能讓自己以及像自己一樣的被壓迫者過上如意的生活。不過，需要辨明的是，也正因爲「世界」混沌不明，原無常主，所以才能發生階級的對立和更

〔註10〕趙樹理：《李有才板話》，《趙樹理全集》第 2 卷，第 293 頁。
〔註11〕趙樹理：《李家莊的變遷》，《趙樹理全集》第 3 卷，第 77 頁。
〔註12〕趙樹理：《李家莊的變遷》，《趙樹理全集》第 3 卷，第 35 頁。

替，才有關於「世界」的一系列理解和想像。與此同時，一旦使用「世界」
一詞，人的願望、欲望以及能力、處境，才會表露無遺。鐵鎖的思考表明，
作為一個被壓迫者，他希望「世界」能夠得到改變，他希望「世界」能滿足
自己生存的欲求，他雖然不知道如何使用自己的力量，但他感覺到自己有能
力改變世界，他眼下的弱勢處境是會發生變化的。類似鐵鎖思考「世界」或
使用「世界」一詞的情形，在趙樹理小說中經常出現，構成了重要的意義。
簡單地說，當「世界」處於某種亟待改變或正在改變的狀態時，將可能發生
地位變化的人群，總是會說出「世界」一詞，並且隨之吐露他們對於「世界」
的政治訴求或倫理訴求。

4. 倫理秩序

當使用「世界」一詞變成倫理訴求時，它就有了倫理秩序的含義。在《孟
祥英翻身》中，孟祥英的婆婆無法理解婦女何以要求解放，發生了一段複雜
的感想：「這不反了？媳婦家，婆婆不許打，丈夫不許打，該叫誰來打？難道
就能不打嗎？二媳婦（就是指孟祥英，她的大孩子跟大媳婦在襄垣種地）兩
隻腳，打著罵著還纏不小，怎麼還敢再放？女人們要打起柴來擔起水來還像
個什麼女人？不識字還管不住啦，識了字越要上天啦！……這還成個什麼世
界？」〔註13〕孟祥英的婆婆抱怨的核心內容是，媳婦的家庭位置發生了變化，
變得難以理解了。家庭位置的變化，雖然也跟政治、經濟形勢的變動相關，
但主要表現形式是夫婦關係、婆媳關係的變化，因此直觀上是倫理秩序的變
化。孟祥英的婆婆質疑「這還成個什麼世界」，主要便是從倫理秩序的意義上
對「世界」的變化表示不可理解，且難以接受。

在更普泛一些的意義上，「世界」的意義指向人性或人道主義，即一種更
為普遍的倫理秩序問題。例如在《陪黑鬼打牌記》中，一個賭博光棍告訴「我」
漢奸來順欺男霸女的故事後，感慨道：「先生呀！你看這是什麼世界？我趕緊
跑出來，不知這會鬧得怎麼樣了。」〔註14〕「你看這是什麼世界」透露的信
息包括民族的災難、不平等和戰爭的血腥，但主要的則是關於人性的呼喚，
或者對於道德底線的質詢。這一點在《李家莊的變遷》中有更為突出的表現。
二妞向戰火中重逢的冷元等人講述小喜血洗李家莊的行為時說：「不講了！沒

〔註13〕趙樹理：《孟祥英翻身》，《趙樹理全集》第 2 卷，第 384 頁。
〔註14〕趙樹理：《陪黑鬼打牌記》，《趙樹理全集》第 1 卷，北京：大眾文藝出版社，
2006 年，第 314 頁。

世界了！捉了一百多人，說都是共產黨，剁手的剁手，剜眼的剜眼，要錢的
要錢⋯⋯龍王廟院裏滿地血，走路也在血裏走。」〔註15〕二妞的目的當然在
於敘述反革命行爲的極端恐怖，但敘述的手段則是凸顯白色恐怖的完全缺乏
人道主義關懷，滅絕人性。在這裡，「世界」本身變成了人性的法則和意義，
變成了倫理道德的底線。「世界」可以風雲變換，你方唱罷我登場，但如果「沒
世界了」的話，則一切推倒重來的革命之必要，也就不言而喻了。因此，「世
界」的倫理指向更爲嚴肅、深刻地觸及了中國現代社會的問題，即政治統治
秩序的更替不過是社會病症的臨床表現，眞正的病竈在文明或文化的某些肌
理深處。這裡使用疾病隱喻式的推演，除了是一種表達上的借力，也因爲趙
樹理小說普遍地利用疾病來隱喻中國現代社會政治與人生之間糾纏不清的關
係，在最高的程度上甚至達到了某種疾病的政治學的意味。

　　尚需進一步指出的是，「世界」的倫理指向與政治指向、地方指向互相混
雜在一起，共同構成了「世界」複雜的意義。即使是最簡單的一些用例，如
前引《三里灣》「你說的是三里灣沒有呀，還是世界上沒有？」，就在簡單之
中仍然有值得進一步追問的內容，其所謂「世界」是指中國、蘇聯還是地球，
便不太簡單。當然，「世界」的複雜意義不是每一次都源於趙樹理或趙樹理小
說中的人物的自覺行爲，只是不自覺的那些地方，也許潛藏了更爲值得分析
的無意識內容。那麼，適度的分析和有力的批判，是燭照幽隱，發掘趙樹理
小說中「世界」的意義的可能及可行的路徑之一。因此，除了注意到「世界」
的多層含義之外，還必須探究，「世界」在趙樹理整個小說脈絡及一些具體篇
目中處何等位置，又起何種作用，是否構成了某種機制性的東西。

5.「世界」的功能

　　由於「世界」具有上述四個層面的含義，且四層含義相互混雜在一起，
故在趙樹理小說中扮演了極爲有意味的角色，或者說發揮著重要的功能作
用。首先，不同「世界」之間的對立或相互轉換，構成了趙樹理大部分小說
的基本線索，「世界」一詞往往出現在小說情節的轉折之處，成爲連接不同敘
述內容的樞紐和橋梁。或者說，「世界」一詞的出現提示著敘事流向的轉變或
終結。以《李家莊的變遷》言之，該小說情節每告一段落，「世界」一詞就及
時出現。《李家莊的變遷》中總共出現了 27 次「世界」，它們與小說情節變化

〔註15〕趙樹理：《李家莊的變遷》，《趙樹理全集》第 3 卷，第 103 頁。

的關係如表格 1 所示。表格 1 情節欄中的十一個情節基本上能串起《李家莊的變遷》所有大大小小的情節，並且起承轉合，構成了小說的敘事主線。而在起承轉合之間，是「世界」一詞的頻繁出現。尤其越是在關鍵性的情節轉變處，「世界」一詞出現的頻率越高。鐵鎖遇見小常無疑是小說最關鍵的情節，鐵鎖個人的成長，小說敘事線索的變化，都與這一情節密切相關。表格 1 清楚地表明，圍繞這一情節，「世界」一詞總共出現了 17 次，而且尤以鐵鎖第一次遇見小常出現的次數多，共 8 次。幾乎所有與「世界」的意義有關的話題，都可以圍繞鐵鎖與小常的相遇展開。事實上，就小說文本而言，李家莊變遷的關鍵也在於鐵鎖與小常的相遇。如果不遇到小常，鐵鎖及李家莊的村民可能永遠不知道依靠自己的力量建立一個不同的世界，而只會寄希望於李如珍們的上層官僚能夠垂憐下情，稍微地說一說理。由此可見，「世界」一詞凝結了極其重要的敘事意義和功能，既是紐結，也是橋梁。

表格 1：本表引文不求周詳，但以說明問題為要；每段引文後面的數字
為《趙樹理全集》第 3 卷的頁碼。

情　　節	「世界」
春喜借「說理」訛詐鐵鎖，鐵鎖有理變無理。鐵鎖家道從此中落。	鐵鎖想：「打了我老婆，還要來教訓我，這成什麼世界？」（8）
鐵鎖太原打工遇小常，起念革命。	「如今的世界就是這樣，一點也不奇怪！」（34） 「世界要就是這樣，像我們這些正經老受苦人活著還有什麼盼頭？」（34） 「自然不能一直讓它這樣，總得把這夥仗勢力不說理的傢夥們一齊打倒，由我們正正派派的老百姓出來當家，世界才能有真理。」（34） 他也覺著不把這些不說理人一同打倒另換一批說理的人，總不成世界，…… 他覺著世界上有小常這樣一個人，總還算像個世界。（35） 他才覺著世界上只小常是第一個好人，可是只認識了一天就又不在了。（35～36） 從這天晚上起，他覺著活在這種世界上實在沒意思，……（36）

情　　節	「世界」
鐵鎖家道沒落，在村裏宣傳小常，革命意念越發明顯。村民開始相信共產黨。	每遇上看不過眼的事，就想起小常向他說的話：「總得把這夥仗勢力不說理的傢們一齊打倒，由我們正正派派的老百姓出來當家，世界才能有眞理。」（47） 大家成天聽小喜說共產黨見人就殺，見房就燒，早就有些不大信，以為太不近情理，以為世界上那有這專圖殺人的人，現在聽鐵鎖這樣一說，才更證明了小喜他們是在那裡造謠。（48） 「他們自然要防共，因為共產黨不來是他們的世界，來了他們就再不得逞威風了，他們怎麼能不反對啦？」（49）
鐵鎖出獄後再遇小常，加入犧盟會，開始組織李家莊農民革命。	覺著世界變了樣子。（51） 他連連點頭暗道：「這就又像個世界了！」（52） 你不是說過「非把這些壞傢夥們打倒，世界不能有眞理」嗎？你不是說過「有個辦法能叫大家齊心」嗎？（53） 他……又是仰天大叫道：「這就又像個世界了！」 可是說了之後，反叫全村人都知道世界上有小常這樣一個好人了。（54） 最後鐵鎖又告她說世界變了，……（55）
冷元白狗等村民也加入犧盟會，開始革命。	冷元說：「……我看這世界已經變了些了，要不小常這些人怎麼能大搖大擺來組織咱們來？」（65）
鄉村商人王安福也準備參加革命，開始信任共產黨。	當時是反共時期，他不敢公開贊成，只是暗暗稱讚，因為他也早覺著「非把那些仗勢欺人的壞傢夥一齊打倒，世界不會有公理」，只是聽說小常是共產黨，這點他不滿意。（70）
犧盟會減租減息，李如珍等人搞破壞。	「現在多少跟從前不同，不完全是咱的世界了……」（77）
日軍侵略，漢奸當政，八路軍反擊。	「村裏又成了人家李如珍和小毛的世界了！」（88） 「村裏成了維持會的世界了，李如珍的會長，小毛是狗腿……」（89）

情　　節	「世界」
小喜等捲土重來，小常被活埋，李家莊被血洗。村民流散。	二妞擺擺手道：「不講了！沒世界了！」（103） 「一旦世界再有點變動我還要回去！」（107）
八路軍收復李家莊，全村公審李如珍等漢奸。	「他要沒有真心改過，咱的江山咱的世界，幾時還殺不了個他？」（120）
日本投降，李家莊開群眾慶祝大會。	「打總說一句：這裡的世界不是他們的世界了！這裡的世界完全成了我們的了！」（127）

　　其次，「世界」不僅有著橋梁、紐結的功能，還發揮著世界觀、價值觀、意識形態、社會政治理想等功能。且以鐵鎖初遇小常的八次「世界」用例來進行分析：當小常說「如今的世界就是這樣」，而鐵鎖覺得「活在這種世界上實在沒意思」，其中的「世界」即意味著對社會生活及精神的總體判斷及根本理解；雖然它不包括對自然、宇宙的理解，但也遠比社會歷史觀、人生觀、價值觀複雜，因此發揮著近乎世界觀的功能。當然，嚴格地從哲學意義詢問世界觀的內容，這裡的「世界」缺乏足夠的承受能力。畢竟，它只是作家趙樹理賦予他筆下的人物言說社會人生時的一個語碼，最多也只能轉化成一個有其象徵含義的符碼，不能轉化為哲學思辨的表達和理解。而當小常說：「自然不能一直讓它這樣，總得把這夥仗勢力不說理的傢夥們一齊打倒，由我們正正派派的老百姓出來當家，世界才能有真理。」「世界」在此所承擔的便主要是意識形態功能，不過小常有意避免使用地主階級、農民階級、無產階級等意識形態話語，另以「世界」為重編意識形態話語的符碼，實現了「世界」的意識形態功能。同樣地，鐵鎖所謂「世界上有小常這樣一個人，總還算像個世界」也有著明確的意識形態功能，「世界」被推向某種具有本源意義的政治統治秩序，「世界」本來應當是某個樣子，因為小常的存在，總還算像它本來應當是的那個樣子了。第一個「世界」是鐵鎖認為沒意思的「這種世界」，是「不說理的傢夥們」統治的，第二個「世界」則是本源意義上的世界，有合理的政治統治秩序。不過，鐵鎖的第二個「世界」不僅是意識形態的符碼，而且是他人生觀、社會政治理想（如果承認初遇小常之時鐵鎖已有某種朦朧的社會與政治理想的話）的折射。鐵鎖不是通過「世界」來理解人，而是通過具體的個人小常來理解「世界」，因此其所謂「世界」首先是一種人生觀，

然後才是意識形態和朦朧的社會政治理想。鐵鎖能做出清晰、確切的判斷的是小常這個具體個人，並據此對「世界」做出籠統的理解和判斷，表現出明顯的倫理性。這也就是「世界」一詞能夠指向倫理秩序的原因。在這個意義上，「世界」也就發揮著價值觀的功能。二妞說「沒世界了」，其所承擔的價值觀功能尤為明確。而一旦「世界」由意識形態功能的承擔者轉化為價值觀功能的承擔者，它就變成一個心靈慰藉的符碼，發揮意識形態和倫理安撫作用。這也便是鐵鎖每遇不過眼之事，就想起小常的「世界」敘述的原因。同樣地，冷元、王安福進一步追問小常所敘述的「世界」圖景，也是在尋求心靈慰藉，尋求意識形態及倫理的安撫。當然，他們的追問中也一樣投射著各自的人生觀及社會政治理想。

第三，更為重要的是，「世界」喚醒了李家莊農民的革命激情。從開始鐵鎖說「打了我老婆，還來教訓我，這成什麼世界？」到村長說「打總說一句：這裡的世界不是他們的世界了！這裡的世界完全成了我們的了！」，「世界」的內容遷徙流轉，含義也由混沌變得清晰，分步驟地承擔了下列任務：最初是讓鐵鎖意識到「世界」的不平等、無理可說，接著是發現別一個「世界」的存在及更替這一個「世界」的可能，而打倒這一個「世界」的方法隨之出現，農民的革命激情被喚醒，自覺參加有組織的革命活動，於是「世界」終於「完全成了我們的了」，「世界」變得真實可信，而且有具體踐行的步驟。《李家莊的變遷》通過「世界」的變更，成功地敘述了李家莊農民的革命成長史。就趙樹理的寫作目的而言，它既有可能配合上具體的政治任務，也有可能解決具體的問題，敘述了一種農民集體走上革命道路的方式。而且，這一方式是可以效法、能夠重複的。

最後，「世界」因其可重複性，而實現了革命教育功能。同樣以《李家莊的變遷》為例，鐵鎖對於「世界」的認識在小常那裡得到了回響，而小常對於「世界」的敘述又在冷元、王安福等人那裡引起了共鳴，「世界」的意義不斷複製。小常恰逢其會地添加了打倒一個「世界」另建一個「世界」的內容，使「世界」的意義在不斷複製的過程中逐步向他的意識形態圖景傾斜，從而實現了「世界」內涵的改寫，並進一步實現了革命教育功能。

6.「世界」與「世道」、「年頭」

「世界」的意義雖然已經相當複雜，但仍與「世道」、「年頭」有本質性的區別。趙樹理通過「世界」主要傳達的是一種空間問題，而不是時間問題。

這也就是說，階級更替、倫理變遷只是「世界」內部秩序的一種調整，並不一定與時間發生關聯。雖然趙樹理也使用「進步」、「落後」等詞彙表達對時間、時代問題的理解，但他的核心關注點並不在時代的變化，而在於時代變化中的日常生活及時代變化後「世界」秩序的穩定或均衡。《劉二和與王繼聖》中關於「世界」和「年頭」的用例很好地說明了這些問題：

　　他（按指聚寶）越嚷越起勁：「只叫你們活吧！東西樓上、拜亭上、臺上、臺下，滿廟裏都成了你們的世界，那還有別人活的地方？」〔註16〕

　　王光祖說：「頂死你活該！這年頭那裡是你的衙門？」……「對著啦！這年頭誰的是誰的？」……「人家罵得對！這年頭麼？」

　　……小胖停住了攤麥，兩隻眼盯住了王光祖說：「老漢，這年頭怎麼樣？」〔註17〕

很顯然，聚寶所謂的「世界」指向階級結構，是對同一個空間內部秩序的規劃有不同要求，而王光祖、小胖爭論的「年頭」指向時代，是對一個時代接受、理解和拒絕。當然，「年頭」裏面有「世界」問題，「世界」裏面也有「年頭」問題，但二者的側重點是不一樣的。趙樹理擅用「世界」而少用「年頭」，正透露其對於時代風雲的浮皮潦草的態度，卻斤斤計較於一個「世界」內部的秩序安排。

　　同樣地，趙樹理小說中也只有《傳家寶》出現了「世道」一詞，是在小娥的丈夫為了幫金桂，勸慰岳母李成娘時用的。他說：「老人家！如今世道變了，變得不用吃糠了！」〔註18〕李成娘質疑的是空間秩序，即婆媳關係，小娥的丈夫提供的則是時間軸線，於是「世界」的問題便以「世道」的方式解決了，空間轉換為時間，規避了「世界」的內部矛盾。但小說文本提供的事實是，李成娘失去了「世界」中的位置，既沒有了領導權，也改變了自己的生活方式，「世界」問題只是被暫時替換了，並未得到解決。換言之，趙樹理可能並不相信，「世道」的變遷就一定能夠解決「世界」的問題。至少在小說文本中，他無法提供能夠自我信服的敘述。

　　因此，注意到「世界」與「世道」、「年頭」的區別是非常重要的。這意

〔註16〕趙樹理：《劉二和與王繼聖》，《趙樹理全集》第 3 卷，第 199 頁。
〔註17〕趙樹理：《劉二和與王繼聖》，《趙樹理全集》第 3 卷，第 215 頁。
〔註18〕趙樹理：《傳家寶》，《趙樹理全集》第 3 卷，第 341 頁。

味著注意到了趙樹理的政治無意識層面，即拒絕時間和空間的互換，而悉心於在空間的意義上分析和敘述現代中國農村，並尋找解決一系列具體問題的可能。

二、再現的階級結構和政權結構

　　為了實現「世界」的意義，趙樹理在小說中主要使用了下列再現結構。其一是農民與地主之間的階級結構，其二是國家與村級政權之間的政權結構，其三是政治與疾病之間的情感結構。這三種結構分別通向趙樹理對「世界」的階級對立與更替、政治秩序的重建、倫理秩序的綿延與構想等諸問題的思考。當然，趙樹理的思考是以小說的方式進行的。本節分析階級結構和政權結構，情感結構留待下一節「政治情感的疾病隱喻」集中處理。

　　階級結構指的是農民與地主之間兩個「世界」的對立。趙樹理將「世界」一詞植入農民與地主的二元結構，首先考慮的是地主控制的政治統治秩序內在的崩壞，然後才是農民與地主之間矛盾的激化狀態。「世界」崩壞的第一動因不是來自被統治階級農民，而是來自統治階級地主。當「世界」出現危機，農民的第一反應是維繫既有「世界」的存在，只有在「世界」無可救藥時，農民才發生革命的自覺。在「世界」再現的階級結構中，趙樹理當作根本問題來關心的顯然不是階級更替，而是農民自覺。政權結構指的是國家與村級政權之間的結構關係。這是趙樹理小說再現「世界」更為恆定的方式，趙樹理試圖從中尋找農民自主、自治與自覺的可能。

1. 階級結構

　　農民與地主的關係是趙樹理小說很重要的主題；更確切地說，這一主題是農民推翻地主的統治，翻身做主人。通過敘述農民與地主之間的矛盾，作家將「世界」區分為兩個不同的部分，並且確立了不同部分之間相互對立與更替的關係。儘管「世界」有混沌不明、原無常主的含義，趙樹理大多數時候是在農民與地主的二元關係中展開「世界」敘述的。如同其話劇《兩個世界》所明示的那樣，「世界」首先被再現為「兩個世界」，然後才是一個「世界」替代另一個「世界」。因此，「世界」的再現結構首先是農民與地主之間的二元對立。當然，這種二元對立並不凝固，而是隨著趙樹理體會政治脈搏的過程發生衍變。

　　「世界」一詞的出現及其頻率，與趙樹理小說是否處理農民與地主的矛盾，有一定的關係。趙樹理小說「世界」一詞使用情況如表格2。在成名作《小二黑結婚》中，趙樹理並未直接觸及農民與地主的矛盾，《李有才板話》雖有所涉及，但主要敘述的是閻家山農民如何建設村政權的問題，正面且主要敘述農民與地主矛盾的是《李家莊的變遷》，而比較多地涉及了農民與地主關係的是《劉二和與王繼聖》、《邪不壓正》。《小二黑結婚》未使用「世界」一詞，表格 2 顯示《李有才板話》、《李家莊的變遷》、《劉二和與王繼聖》、《邪不壓正》分別使用了「世界」一詞的次數是 1、27、2、5，這看起來有些偶然，似乎越是直接、主要地敘述農民與地主的矛盾，趙樹理越是頻繁地使用「世界」一詞。另外，表格 2 還表明，趙樹理 1949 年以後的小說只有《登記》和《三里灣》分別使用了 2 次和 1 次「世界」，「世界」從小說文本的字面上消失。這也是值得注意的，本書第五章第二節將對此有所分析。

表格 2：本書僅討論《小二黑結婚》及其後的小說，故本表未統計此前「世界」一詞的使用情況

使用了「世界」的作品	使用次數
李有才板話	1
孟祥英翻身	1
李家莊的變遷	27
富貴	1
劉二和與王繼聖	2
邪不壓正	5
登記	2
三里灣	1

　　趙樹理將「世界」一詞植入農民與地主的二元結構，首先考慮的是地主控制的政治統治秩序內在的崩壞，然後才是農民與地主之間矛盾的激化狀態。當然，矛盾激化狀態是趙樹理小說主要的敘述內容，但這種與時代關係更為緊密的敘述內容，也許遮蔽了趙樹理小說隱秘而複雜的匠心，因此必須對趙樹理小說敘述地主統治內在崩壞的過程做出細緻的分析。《李家莊的變遷》以春喜「說理」開端，詳細介紹了李家莊「說理」的慣例：

從前沒有村公所的時候，村裏人有了事是請社首說理。說的時候不論是社首、原被事主、證人、廟管、幫忙，每人吃一斤面烙餅，趕到說完了，原被事主，有理的攤四成，沒理的攤六成。民國以來，又成立了村公所；後來閻錫山巧立名目，又成立了息訟會，不論怎樣改，在李家莊只是舊規添上新規，在說理方面，只是烙餅增加了幾份——除社首、事主、證人、幫忙意外，再加上村長副、閭鄰長、調解員等每人一份。〔註 19〕

這是一個不盡合理的慣例，頗有些「衙門八字開，有理無錢莫進來」及「吃了被告吃原告」的意味。但就是這樣一個慣例，春喜他們也沒有遵守。「村長下了斷語：茅廁是春喜的，鐵鎖砍了桑樹包出二百塊現洋來，吃烙餅和開會的費用都由鐵鎖擔任，叫鐵鎖討保出廟。」〔註 20〕春喜他們不僅硬生生地欺負了鐵鎖，訛財訛物，而且要鐵鎖承擔原來四六開的說理費用，破壞了說理的慣例，撕破了說理的偽裝。地主已經無視他們自己制定的「世界」規範，從內部破壞了他們自己的「世界」，但卻自以爲得計，進一步鞏固了他們的政治統治秩序。鐵鎖在說理的過程中開始質疑「世界」，備受欺辱之後計劃「到縣裏再跟他滾一場」〔註 21〕。這說明農民開始並未對「世界」絕望，通過將「世界」分割爲村政權（李家莊）與國家（縣裏），試圖在地主的政治統治秩序內部挽回「世界」。不過，春喜他們爲了維護自己的臉面，阻止鐵鎖上告到縣裏，再次恫嚇鐵鎖他們，強調他們崖頭砸死春喜的設想是響馬舉動。小喜動用保衛團丁捆走了鐵鎖、二妞和冷元，鐵鎖不得不以錢了事，從此家道中落。地主再一次從內部破壞「世界」，但鐵鎖他們似乎還是在努力相信「世界」。鐵鎖在太原修工時偶遇小喜，小喜請他吸煙，「他覺著『受寵若驚』，恭恭敬敬接住」，小喜問長問短，得知他暫時沒有工作，讓他給自己當勤務兵，他便認爲小喜「說得很自己，也願意受他的照顧」。〔註 22〕此時，鐵鎖並沒有意識到，「世界」已經徹底崩壞了，還試圖從內部尋找「世界」的根據。但此後當勤務兵的經歷使他親眼見到了太原統治階層的腐敗和混亂，才眞正發生了對

〔註 19〕趙樹理：《李家莊的變遷》，《趙樹理全集》第 3 卷，第 2～3 頁。
〔註 20〕趙樹理：《李家莊的變遷》，《趙樹理全集》第 3 卷，第 9 頁。
〔註 21〕趙樹理：《李家莊的變遷》，《趙樹理全集》第 3 卷，第 11 頁。
〔註 22〕趙樹理：《李家莊的變遷》，《趙樹理全集》第 2 卷，第 22～23 頁。按，本處引述文字有異文，本處所引爲《趙樹理全集》腳註注引的《李家莊的變遷》原版文字。

於「世界」的質疑。鐵鎖已經察覺到「世界」的不可救藥，只是還不敢相信而已；而小常的點撥讓他確信，農民在地主的「世界」裏已經沒有什麼盼頭了。這意味著，農民起初有著比地主更為真誠、堅韌的耐性相信「世界」，並維護「世界」，只是「世界」已經內在地分崩離析，無從挽救而已。當然，對這種耐性背後的意識形態內容，還需要更為深入的分析。正如馬克思和恩格斯討論德意志意識形態時發現的那樣：「統治階級的思想在每一個時代都是占統治地位的思想。這就是說，一個階級是社會上占統治地位的物質力量，同時也是社會上占統治地位的精神力量。支配著物質生產資料的階級，同時也支配著精神生產的資料，因此，那些沒有精神生產資料的人的思想，一般地是受統治階級支配的。」〔註 23〕鐵鎖作為沒有精神生產資料的人，一開始受地主階級思想的支配，分享其關於「世界」的想像，並在「世界」出現危機之時，循既有思想之慣性以維繫「世界」的持續存在。但是，一旦他接觸到小常這樣的新的思想來源，則很快以自身經驗為基礎，努力衝破地主階級思想的支配，構建符合自身需要的思想並努力實踐之。趙樹理在《李家莊的變遷》中的敘述表明，既有「世界」的崩毀，第一動因並不源於被統治階級，而是源於統治階級；而且，當「世界」敗象初現時，不敢相信並努力遵守既有秩序的不是統治階級，而是被統治階級。只有當矛盾激化以後，被統治階級才會主動尋找新的意識形態資源，重建關於「世界」的想像。因此，當「世界」在農民與地主構成的階級關係中得以再現時，趙樹理首先注意到了農民與既有「世界」之間無法輕易剝離的、深刻的主奴關係。而且，他意識到，除非創深痛極，農民是不可能主動從這種主奴關係中自覺掙脫出來的。

在《邪不壓正》中，趙樹理進行了更為深刻、細緻的敘述。《邪不壓正》表面上是軟英的婚姻故事，實際上則是王聚財如何從主奴關係中掙扎出來的故事。王聚財深受劉錫元、小旦欺負，內心並不情願將女兒軟英嫁給劉錫元的兒子劉忠，但屈從於劉的勢力，只好應婚。其後八路軍解放下河村，劉家被清算，劉錫元也已經死去，但王聚財卻並不打算放棄婚事，要等等看，看時勢如何變化。後來土改時，農會主席小昌仗勢欺人，不僅將聚財劃成封建尾巴，而且要替兒子強娶軟英，聚財害怕報復，再次選擇忍氣吞聲。直到土地法大綱頒佈後，工作團來到下河村，原來只會聽天由命的安發，這時做了

〔註 23〕馬克思、恩格斯：《馬克思恩格斯全集》第 3 卷，北京：人民出版社，1960年，第 52 頁。

貧農組組長，聚財卻還是「不想太得罪人」，〔註24〕不過是見小旦也老實了之後，說了兩句淡話，就覺得自己再沒什麼不舒服了。從王聚財整個心理變化過程來看，他習慣了自己在地主「世界」中的奴從位置，即使社會已發生根本性的變遷，他也始終無法掙脫自己對於權勢的恐懼，從而慣性地選擇「不想太得罪人」，認低服小，等待著「世界」為他而降臨。他從未想過主動地爭取「世界」的改變，也未試圖改變自己的思想和行為。「世界」變了，他卻還在他固有的軌道上生活。這就是說，雖然「邪不壓正」，但王聚財在主奴關係的掙扎中，只是希望有某種較為理想的狀態出現，並沒有顛覆或廢止主奴關係的自覺。趙樹理曾在《對改革農村戲劇幾點建議》一文中沉痛地指出：「舊藝人個人方面，由於舊社會不給他們以平等地位，造成他們對自己人格的不重視，苟且求得一點小便宜就算，根本不想爭取在社會上做人。」〔註25〕王聚財的表現正是「根本不想爭取在社會上做人」，缺乏掙脫主奴關係的願望與能力。或者說，趙樹理意識到，儘管有孟祥英、李有才、鐵鎖等主動求變的農民形象，也有一部分農民是沉淪在主奴關係之中，借用胡風的概念來說，即為「精神奴役的創傷」所困。胡風在《論現實主義的路》中說：「反帝反封建的鬥爭，沒有對於解放要求的熱切的感受，固然不可能，但沒有對於精神奴役的創傷的痛切的感受，也同樣是不可能的；任何一面都是以另一面為基礎，但在實際的過程裏面，倒反而大多數是在對於精神奴役的火一樣的仇恨這個要求裏面開始的。」〔註26〕胡風與趙樹理同時期做出來的理論思考，的確與趙樹理小說形成了極為相關的對應關係。雖然不能說二者之間存有影響關係，如同胡風與路翎之間的關係那樣，但可以肯定的是，趙樹理和胡風分別以小說和理論的形式發展了魯迅「立人」的思想命題。趙樹理在階級結構的變遷中，洞察到了政治統治秩序變更難以觸及的心靈角落，從而使其小說不僅成為一種政治形式，而且成為心靈形式，同時承擔了胡風所謂感受「解放要求」和「精神奴役的創傷」的任務，有效地提升了其小說品格或文學性。而這些應當是趙樹理的思想意識在小說形式上的具體反映。在 1949 年寫給周揚的信當中，他感慨道：「封建思想之海的農村，近十餘年來只是沖淡了一點，

〔註24〕趙樹理：《邪不壓正》，《趙樹理全集》第 3 卷，第 310 頁。

〔註25〕趙樹理：《趙樹理全集》第 3 卷，第 320 頁。

〔註26〕胡風：《胡風全集》第 3 卷，武漢：湖北人民出版社，1999 年，第 554～555 頁。

尚須花很大力氣才能使它根本變轉了顏色。」〔註27〕在「世界」再現的階級結構中，趙樹理當作根本問題來關心的顯然不是階級更替，而是農民自覺。

1949 年以後，隨著新中國政權在全國範圍內的建立，趙樹理認為階級矛盾不再是主要矛盾，「不是去宣傳無產階級在國家生活中的領導作用，而是故意把階級面貌模糊起來，甚而遷就了非無產階級觀點」，〔註28〕自覺放棄了當時成為主流再現方式的階級結構。趙樹理有意模糊階級面貌，與孫犁、梁斌、柳青等人的小說拉開距離，不僅意味著他當時「小天小地鑽在農村找一些問題唧唧喳喳以為是什麼塌天大事」〔註29〕，而且意味著他對從階級觀點理解農村和農民，也是與當時的主流意識形態存在博弈關係的。正如他在文化大革命初期做的第二次檢查中所自省的那樣，「在思想意識是把農民也當作封建代表者反在內的」，〔註30〕趙樹理關心的問題仍然與五四啟蒙思想一脈相承。

2. 政權結構

相比較而言，國家與村級政權之間的結構關係是趙樹理小說再現「世界」更為恒定的方式。從《小二黑結婚》始至《賣煙葉》終，趙樹理小說貫穿性地處理了一個問題，即如何在國家與村級政權的二元關係中尋找農民自主、自治與自覺的可能。

問題始源於趙樹理對民族戰爭造成的權力真空的察覺。早在 1941 年寫作的章回小說《再生錄》中，趙樹理即發現：「自從敵人攻打平漢，縣政府、聯保主任、保長們都各個逃生，一任土匪潰兵漢奸們到處橫行。游擊隊來到這裡，地方上的負責行政人員一個也找不見，因此就動員當地民眾，就地選舉村級負責人，另外派人代理縣政府行政人員。」〔註31〕他還在小說中寫了一個急公好義的老漢王魁，主動出來承擔村級負責人的工作。其後，在 1943 年創作的劇本《兩個世界》中，趙樹理更借銀虎之口道出村級政權建設的重要意義：「今年秋天——就是前一個多月——八路軍來了，把敵人打跑了。把維持會嚇得跑的跑了，散的散了，捉的捉了，我們就建立了抗日新政權。這樣我們老百姓本來應該能活啦，可是專署、縣、區都有了政權了，村政權還沒

〔註27〕趙樹理：《致周揚》，《趙樹理全集》第 3 卷，第 328 頁。

〔註28〕趙樹理：《我與〈說說唱唱〉》，《趙樹理全集》第 4 卷，第 113 頁，

〔註29〕趙樹理：《回憶歷史 認識自己》，《趙樹理全集》第 6 卷，2006 年，第 474 頁。

〔註30〕趙樹理：《我的第二次檢查》，《趙樹理全集》第 6 卷，第 459 頁。

〔註31〕趙樹理：《再生錄》，《趙樹理全集》第 1 卷，第 376 頁。

有建立起來，弄得村裏有許多要緊事不能辦，所以還活不下去。」〔註32〕趙樹理提出問題的結構是別有深意的。這一結構首先將村級政權與其所有上級政權區分開來，其次強調老百姓生活與村級政權的緊密關聯，最後還強調村級政權的在地性，即所謂動員民眾就地選舉。村級以上政權作爲國家的代表，因爲缺乏在地性，與老百姓生活相對疏遠，從而與村級政權形成複雜的結構關係。

儘管對具有在地性質的村級政權更爲重視，趙樹理首先是從批判村級政權並同時肯定國家的角度進入「世界」的再現的。在《小二黑結婚》中，趙樹理塑造了金旺、興旺兩個混入村級政權的流氓形象。小說敘述兩人所以能混入村級政權，是因爲「大家也巴不得有人願幹」〔註33〕，缺乏最基本的政治判斷能力和參與熱情。後來，區政府代表國家調查兩人的犯罪事實，開群眾大會，村民還心存畏懼，不敢說話。群眾大會之後，金旺、興旺都獲刑十五年。於是，「村裏人也都敢出頭了。不久，村幹部又都經過大改選，村裏人再也不敢亂投壞人的票了」〔註34〕。據董均倫解釋，《小二黑結婚》之所以由區長、村長支持著弄了個大團圓，是因爲革命初期群眾性勝利的事例不多，「除了到上級去解決，趙樹理沒有想到其他的辦法」。〔註35〕但與其強調趙樹理沒有想到「其他的辦法」，不如強調趙樹理對村級政權建設的艱辛有深刻體會，所以才沒有使用「其他的辦法」。「村裏人再也不敢亂投壞人的票了」意味著村裏人在國家的控制之下，按照國家的意願投票，所以「不敢亂投壞人」。「不敢」二字用得可謂別有深心，說明投票與村裏人的願望無直接關聯，只是他們對時勢的一種判斷。在如此情形之下，趙樹理顯然無法對群眾性的勝利所構成的「其他的辦法」有什麼信心，從而選擇了批判村級政權並肯定區政府自上而下清理村級政權污跡的敘事導向。

不過，趙樹理並不滿足於敘述農民自覺意識的匱乏，而是試圖在國家與村級政權的二元結構關係中尋找農民自覺的可能。這一點首先表現在《李有才板話》中。在這篇稍後於《小二黑結婚》創作的小說中，趙樹理集中精力敘述了閻家山村級政權自我更新的全過程。抗日戰爭前，閻恒元年年連任村

〔註32〕趙樹理：《兩個世界》，《趙樹理全集》第 2 卷，第 341 頁。
〔註33〕趙樹理：《小二黑結婚》，《趙樹理全集》第 2 卷，第 218 頁。
〔註34〕趙樹理：《小二黑結婚》，《趙樹理全集》第 2 卷，第 234 頁。
〔註35〕董均倫：《趙樹理怎樣處理〈小二黑結婚〉的材料》，《文藝報》，1949 年第 10 期。

長，抗戰以來，閻喜富「趁著兵荒馬亂搶了個村長」〔註36〕，但離不開閻恒元背後撐腰。後來，閻喜富被上級撤職，閻恒元又在背後操縱選舉，讓乾兒子劉廣聚當上了村長。不過，此時李有才、小元、小保、小福、馬鳳鳴等人已經覺醒，聯合起來參加上級派出的章工作員主持的選舉，其中小元、馬鳳鳴順利進入村政權，分享閻恒元的統治權力。但他們很快就被閻恒元團弄住了，小元「自己架起胳膊當主任」〔註37〕，各項村政工作都向閻恒元他們傾斜。縣農會主席老楊同志來了以後，一改章工作員的方法，對村級政權中各幹部不予理睬，直接與老秦、小順、李有才等人聯繫，經過深入調查，發現閻家山實際上還是控制在閻恒元等人手裏，於是組織農救會，讓小順寫板話動員大家起來鬥爭，最終徹底推翻了閻恒元的統治，小保當上了村長。在這裡，趙樹理不僅敘述了村級政權的權力真空問題（閻喜富「趁著兵荒馬亂搶了個村長」），而且通過閻恒元這一角色說明，地主是填補權力真空的頑固對手。因此，村級政權建設的第一步就是從地主手裏奪權。奪權也不是簡單的，需要進行長期、曲折的鬥爭。而且，鬥爭不僅是政治的，也是思想的。趙樹理通過小元的變化和老秦的保守，深刻地表達了村級政權建設也是思想建設這一命題。小元被腐化，說明封建思想對新興農民依然具有不可小看的誘惑性和腐蝕性；老秦保守，不敢越雷池一步，卻又崇拜權力，視老楊同志等人為救命恩人，說明封建思想頑固地盤踞在一部分農民的意識中。這些都說明農民尚未從主奴關係中掙脫出來，需要自上而下的引導。因此，一方面相對於《小二黑結婚》而言，趙樹理著意發掘農民自覺的意識和能力，敘述李有才、小保、小元、小福、小順等人主動聯合起來反對閻恒元，並參加村級政權，另一方面，趙樹理又始終別有擔心，極力批判農民之難以從主奴關係中掙脫出來。

村級政權建設的第二步是奪權之後政權的鞏固和發展。就此問題，趙樹理在《李家莊的變遷》中做出了極為深刻的敘述。簡單地說，《李家莊的變遷》敘述的也是村級政權自我更新的過程，只不過比《李有才板話》更為深廣罷了。同樣是在國家與村級政權所構成的二元關係中再現「世界」，《李家莊的變遷》從農村本身發現了建構村級政權的真切的力量。它首先明確地刻畫了農民所以維護地主統治的「世界」，乃是因為沒有對國家失去信心。鐵鎖面對

〔註36〕趙樹理：《李有才板話》，《趙樹理全集》第 2 卷，第 256 頁。
〔註37〕趙樹理：《李有才板話》，《趙樹理全集》第 2 卷，第 278 頁。

李如珍、春喜赤裸裸的壓迫，開始並無階級鬥爭之念，而是試圖到縣上去告狀。這意味著他雖然否定村級政權，卻信任國家，認爲國家是他與李如珍共享的，不至於偏袒一方。據全志輝的研究，社會主義中國農民的國家觀念第一個鮮明特點是「國家（中央政府）與基層政府的分立」，〔註38〕鐵鎖作爲虛構中的民國農民，其國家觀念也是相似的。不過，趙樹理顯然有意打破鐵鎖等人對於國家的幻象，敘述鐵鎖太原之行觀察山西上層社會軍事、政治、倫理等諸方面的腐朽沒落，使他意識到村級政權的腐朽不是個別問題，而是國家總體腐朽的一般表現。因此，「世界」要成個「世界」，也有待於總體性的變革。鐵鎖的國家觀念由此從二元轉換爲一元，並積極主動地尋求新的意識形態資源，即主動找小常談「世界」問題。而且，當李家莊的村級政權經過反覆拉鋸之後終於掌握在鐵鎖等人手裏時，中央軍和閻錫山軍進攻解放區的消息傳來，他們沒有裹足不前，而是馬上出村參戰。他們已然明白，李家莊內在於解放區這個總體，只有總體存在，李家莊才是他們的「世界」。

當然，這種一元論的溫馨，或多或少是趙樹理觸摸現實政治需要所造成的假象。他曾經說過《李家莊的變遷》「是揭露舊社會地主集團對貧下中農種種剝削壓迫的，是爲了動員人民參加上黨戰役的（這一任務沒有趕上）」〔註39〕，這有力地說明小說爲什麼以抗戰爲背景卻並未重點敘述民族矛盾，反而重點敘述階級矛盾。更爲重要的是，《李家莊的變遷》如果以村長關於李家莊變遷的總成績的概括和村民的自由講話爲結尾，本來就起訖完整，是典型的趙樹理式的大團圓，但卻贅上鐵鎖帶來壞消息、村民踴躍參軍等簡短的內容，則完全是因爲趙樹理創作的初衷是趕任務，「動員人民參加上黨戰役」。因此，鐵鎖他們是否擁有了一元論的國家觀念，並不能夠完全就小說文本本身做出判斷。考慮到趙樹理此後三年創作的《邪不壓正》再次以村級幹部的腐化需要國家清理爲敘述內容，不能不說，趙樹理始終是在國家與村級政權的二元論結構中進行嚴肅思考的。同時，他敘述的人物也始終未能在一元論的「世界」裏安息。

另外，趙樹理在贅加的段落裏，敘述了二妞、巧巧、王安福遞補村幹部參戰後留下的權力空間，透露出其對於如何建設村級政權的一些新思考，即

〔註38〕 全志輝：《農民國家觀念形成機制的求解——以江西遊村爲個案》，《中國鄉村研究》第 4 輯，北京：社會科學文獻出版社，2006 年，第 192 頁。

〔註39〕 趙樹理：《回憶歷史 認識自己》，《趙樹理全集》第 6 卷，第 466 頁。

農民自主、自覺、自治的可能。它們在趙樹理 1949 年以後的小說中得到進一步發展，尤其是在《三里灣》和《「鍛鍊鍛鍊」》中。前者寫於 1955 年，時屆「社會主義高潮」，後者寫於 1958 年，時屆大躍進。對於農村而言，這兩個時期有共同的政策性要求，即毛澤東 1955 年 7 月 31 日做的報告《關於農業合作化問題》。毛在報告中開宗明義地批評：「在全國農村中，新的社會主義群眾運動的高潮就要到來。我們的某些同志卻像一個小腳女人，東搖西擺地在那裡走路，老是埋怨旁人說：走快了，走快了。過多的評頭論足，不適當的埋怨，無窮的憂慮，數不清的清規和戒律，以為這是指導農村中社會主義群眾運動的正確方針。」〔註 40〕不難發現，毛澤東對農村工作幹部的批評以及對農村社會主義群眾運動的想像，是《三里灣》中的范登高被負面敘述的政策性原因。范登高搞個人商業經營，千方百計阻撓修渠，堅持自願入社，無疑是毛澤東所謂「像一個小腳女人」的小說化；王聚海在《「鍛鍊鍛鍊」》中尋摸群眾性格、到處做老好人的表現，也可以算作「像一個小腳女人」的小說化。不過，即使是在如此貼近一時之政策，或如此意識形態化的瞬間，趙樹理也在繼續展開關於村級政權建設的新思考。在《三里灣》中，趙樹理尚未擺脫對於國家與村級政權二元結構的依賴，敘述范登高從資本主義道路上回頭重新跟著群眾走社會主義道路，讓縣委承擔了非常關鍵的推動作用。但是，趙樹理花費了更多的篇幅來敘述王金生、張樂意、張永清對范登高的監督和勸阻，而且增加了范登高女兒范靈芝與馬有翼之間的治病比賽，試圖以村政民主及群眾監督的方式改變村長范登高的執念。其中，趙樹理還特別敘述了村裏的輿論對於王金生等人執意勸轉范登高的影響。而在治病比賽中，范靈芝、馬有翼作為農村新一代的代表，逐漸成長起來。這樣，趙樹理就構建了一個村政民主、農民自覺、新人成長的村級政權建設環境。在此環境中，建設中出現的問題便主要以自主、自治的方式解決，國家只是在宏觀的意義上起作用了。而在《「鍛鍊鍛鍊」》中，「爭先農業社」一直解決不了的問題，是在支書王鎮海、主任王聚海外出時由副主任楊小四領導解決的。楊小四和高秀蘭一樣，是村裏選舉出來的幹部，是村政民主的成果，他們順利解決「小腿疼」和「吃不飽」的問題，意味著村級政權建設是連續的，而且完全可以在自覺、自主、自治的層面上進行。國家在此退隱到了更為深刻的

〔註40〕 毛澤東：《關於農業合作化問題》，《毛澤東文集》第 7 卷，北京：人民出版社，1999 年，第 418 頁。

背景上去了，趙樹理似乎將再現「世界」的天平嚴重傾斜向了村級政權一方。

不過，不妨重新看待陳思和提出的問題。他認爲趙樹理在《「鍛鍊鍛鍊」》中「正話反說，反話正說，明眼人都能看出，他揭露的仍然是農村基層幹部中的『壞人』」，「那些爲了強化集體勞動和割資本主義尾巴的基層幹部，不但作風粗暴專橫，無視法律與人權，而且爲了整人不惜誘民入罪，把普通的農村婦女當作勞改犯來對待」。〔註41〕楊小四、高秀蘭設置陷阱讓「小腿疼」、「吃不飽」去偷棉花的行爲，的確談不上光明磊落，但很難說趙樹理是正話反說，反話正說，將他們栓在了「壞人」的鏈條上。無論如何，楊小四、高秀蘭並非如金旺、興旺、小元、小昌等人一般假公濟私，而「小腿疼」、「吃不飽」的偷竊行爲早在楊、高設伏之前即已多次發生，並非無中生有，純屬羅織。因此，更穩妥的說法或許是，在特殊的經濟生產條件下，楊、高無力、也不可能展開集體主義、社會主義可能有的意識形態魅力，只能訴諸權力的欺騙與恫嚇，而以動機和目的的純潔、正義規避手段的醜陋。趙樹理恐怕並無陳思和所謂站在「民間」，就全力反抗主流意識形態的用心；他當然不一定完全贊同楊、高的行爲，但他可能更多的只是憂心如何才能催生集體主義、社會主義的活力，規避社會主義的危機。準此，趙樹理就更深廣地思考了國家與村級政權一元所帶來的問題。楊、高是在與國家高度同構的情形下實現「爭先農業社」自主、自治的，「世界」被國家化了，農村幹部、尤其是普通農民將何以自處？這的確是趙樹理1958年以後思考的問題，不過他是以表述國家與集體的矛盾來進行的。在 1959 年寫給陳伯達的信中，他說：「農業合作化以來，國家工作人員（區、鄉幹部）對農村工作逐漸深入是好事，但管得過多過死也是工作中的毛病——會使直接生產者感到處處有人掣肘，無法充分發揮其集體生產力。……計劃得不恰當了，它是亽服從規定的。什麼也規定，好像是都納入國家規範了，就是產量偏不就範。」〔註42〕趙樹理與國家自上而下制定計劃並要求實施計劃的思路截然相反，是從「直接生產者」開始自下而上思考問題的。他希望國家不要過於深入，村級政權自主自治，乃是爲了構建國家與「直接生產者」之間的緩衝地帶，在維護「直接生產者」利益的基礎上維護國家利益。所謂「直接生產者」，毫無疑問，更多地應當是指向

〔註41〕陳思和：《民間的浮沉——對抗戰到文革文學史的一個嘗試性解釋》，《上海文學》，1994 年第 1 期。

〔註42〕趙樹理：《致陳伯達（二封）》，《趙樹理全集》第 5 卷，第 341 頁。

每一個具體的農民個體。趙樹理以小說《老定額》對上述議題進行了形式化處理。老定額是星火大隊的大隊長林忠的外號，因為他合作化以後恪守國家計劃，認為「定額是管理生產的大關」〔註43〕，把大部分精力消耗在隨時修改定額上。小說敘述的則是定額無法應對的意外，一是李大亨借定額牟私利，一是突然的雷雨讓麥收無法按計劃進行，林忠只好放棄定額。在這裡，趙樹理似乎放逐了國家，但其實卻是在另一層面上回到了國家。林忠重視定額的行為在小說中被指向自私自利。當林忠說突擊搶收不在乎定額工分時，村民說：「這話真不像你這『老定額』說的呀？你一家出動著四個勞動力，難道不嫌吃虧嗎？」〔註44〕支書李占奎重提革命往事，林忠才意識到自己久已缺乏革命時有過的「革命精神」，決定重新拾起。這就是說，一個具有「革命精神」的個體，本質上就是與國家、與社會主義建設同構的，故而無需介意程序上是否制定額，論工分，恪守國家計劃。在國家與村級政權難以兩全或構成一元論溫馨之時，趙樹理訴諸「革命精神」以規避困境。當然，這一點可能比有限的制度建設更為繁難。

三、政治情感的疾病隱喻

所謂「革命精神」，實質上是對於「世界」的情感認同與自我犧牲。趙樹理訴諸「革命精神」以規避困境，便在個人的情感意義上再現了「世界」的日常（政治）層次。這一再現也是從一開始就隱藏在趙樹理不同時期的小說敘述中的，且主要以政治與疾病為兩極形成「世界」再現的情感結構。需要先說明的是，此處的政治是一個較為寬泛的概念，可以指向文化政治，也可以專門指向具體政策或政權代表，其內涵隨趙樹理小說觸摸的具體政治內容的變化而有所規定。

1. 三仙姑的轉變問題

首當其衝的是《小二黑結婚》敘述三仙姑裝病。〔註45〕三仙姑歷來是一個存在認識分歧的人物形象，最近有研究者從民間巫文化的角度出發，認為小說中三仙姑病症並不明顯，只是「將其情緒的焦灼採取『稱病』這一發泄

〔註43〕 趙樹理：《老定額》，《趙樹理全集》第 5 卷，第 354 頁。
〔註44〕 趙樹理：《老定額》，《趙樹理全集》第 5 卷，第 366 頁。
〔註45〕 《小二黑結婚》還有小二黑真病被誣的情節，與本書論題關係較遠，故不論列。

的途徑來表現」。〔註46〕的確，趙樹理有意識地在小說中以疾病來表徵人物情感比較極端的狀態，而非單純視疾病為生理問題。《小二黑結婚》開其端緒，而《李家莊的變遷》、《劉二和與王繼聖》、《小經理》、《邪不壓正》、《三里灣》、《「鍛鍊鍛鍊」》、《互作鑒定》、《賣煙葉》等揚其波流，形成了趙樹理小說極為豐富的情感結構態勢。就《小二黑結婚》文本本身而言，三仙姑病的原因很簡單，即婚姻不幸。但趙樹理將三仙姑的病敘述為裝病，「她也哼哼唧唧自稱吾神長吾神短」，〔註47〕卻有更重要的文化政治原因。有論者比較曹七巧和三仙姑，認為趙樹理對三仙姑缺乏同情和理解，將她處理成扁平性格，不僅降低了人物的文學意義，而且影響了作品的主旨。〔註48〕這種意見不無道理，但未對趙樹理敘述的文化政治關懷給予足夠重視。貝爾登曾經記錄成名不久的趙樹理的一些言論，其中有這樣的內容：「從我為農民寫作以來，我寫小說，寫劇本。過去，我使用的語言和現在不一樣，我的東西只有少數知識分子看。後來我想到，農民能看的書盡是些極端反動的書，這些書向農民宣揚崇拜偶像，敬鬼神，宣揚迷信，使農民聽憑巫婆的擺弄。我想，我應該向農民灌輸新知識，同時又使他們有所娛樂，於是我就開始用農民的語言寫作。」〔註49〕由此可見，當時趙樹理為農民寫作的首要目的是「向農民灌輸新知識」，使農民不再聽憑巫婆的擺弄。這就決定他也許理解、但卻必然不能同情具有巫婆身份的三仙姑。又因為他「用農民的語言寫作」，「使他們有所娛樂」，自覺疏離「少數知識分子」讀者，勢必不能展開三仙姑感覺婚姻不幸時的心理內容，而以敘述其裝病的方式暗示出來。趙樹理曾多次舉歌劇《白毛女》中喜兒的唱詞「昨晚爹爹轉回家，心中有事不說話」，說明他想像中的農民的興趣在此，而不在豐富、細緻的心理描寫。〔註50〕因此，趙樹理只能以疾病隱喻的方式一筆帶過三仙姑這一人物所可能蘊涵的豐富性，將三仙姑的情感作為一種疾病狀態編織進更為宏大的情感結構中去。這一更為宏大的情感結構是在「灌輸新知識」的導向下構建起來的，致使三仙姑漫畫化，成為病態情感的符碼，

〔註46〕 焦曉君：《「巫」者的悲哀——〈小二黑結婚〉中三仙姑的重新解讀》，《洛陽師範學院學報》，2010年第1期。

〔註47〕 趙樹理：《小二黑結婚》，《趙樹理全集》第2卷，第213頁。

〔註48〕 陳興：《三仙姑與曹七巧人物形象辨析》，《山西師大學報（社會科學版）》，1994年第2期。

〔註49〕 傑克・貝爾登：《中國震撼世界》，第116頁。

〔註50〕 趙樹理：《「起碼」與「高深」》，《趙樹理全集》第6卷，第218頁。

不但以裝神弄鬼的方式逼迫女兒小芹嫁給退職軍官吳先生，而且嫉妒女兒比自己更能夠吸引青年。但趙樹理並未惡之欲其死，而是在小芹小二黑「以生理上的愛慕爲基礎」〔註51〕的情感關係得到制度化的承諾、確認和保護之後，敘述了三仙姑放棄巫婆身份，完成對她的去符碼化，從而使其得以健康的心靈融入宏大的未來情感結構中。

通過敘述人物的改變、而非通過敘述人物的死亡來確保「世界」情感的健康，正是趙樹理的特出之處。趙樹理當然是在解放區婚姻法的要求下將三仙姑處理成一種疾病隱喻的，但其敘述改變而非死亡的方式，則充分表明了疏離具體政治政策要求的個人文化政治訴求。據徐懋庸的回憶，趙樹理創作《小二黑結婚》前後，八路軍一二九師政治部和中共太北區黨委聯合邀請太行區文化界四百餘人開座談會，指出當時太行山的主要問題是封建會道門的猖獗，認爲文藝作品應反映對封建會道門的鬥爭。〔註52〕這可以說是對毛澤東在《新民主主義論》中提出的「民族的科學的大眾的文化，就是人民大眾反帝反封建的文化，就是新民主主義的文化，就是中華民族的新文化」〔註53〕的具體詮解和地方實踐。趙樹理當時積極參與了詮解和實踐，創作了《萬象樓》、《假關公》、《告區長》、《小二黑結婚》等反迷信思想的文本，無論從主觀上看，還是從客觀上看，都是具體政治政策的直接觸鬚。尤其劇本《萬象樓》對組織古佛道的何有德，趙樹理設置了他被農民抓獲送到部隊的下場，可以說是一種從思想到肉體的消滅。同樣在《新民主主義論》中，毛澤東說「清理古代文化的發展過程，剔除其封建性的糟粕，吸收其民主性的精華，是發展民族新文化提高民族自信心的必要條件」，〔註54〕趙樹理對何有德便採取了剛硬的「剔除」態度。但對三仙姑這樣一個同樣愚弄農民、甚至不惜葬送自己女兒的人物，趙樹理卻並未以「剔除」的方式敘述三仙姑之死，反而敘述三仙姑之變，這不能不說作家從階級政治走向了階級倫理，視三仙姑爲被壓迫者，從倫理的意義上敘述三仙姑的轉變，使其進入健康的情感「世界」，從而展現出對她更爲深刻的理解和同情。顯然，將一個普通的婦女封鎖在「沒

〔註51〕趙樹理：《我的第二次檢查》，《趙樹理全集》第 6 卷，第 458 頁。

〔註52〕徐懋庸：《徐懋庸回憶錄》，北京：人民文學出版社，1982 年，第 144～145 頁。

〔註53〕毛澤東：《毛澤東選集》第 2 卷，北京：人民出版社，1991 年，第 708～709 頁。

〔註54〕毛澤東：《毛澤東選集》第 2 卷，第 707～708 頁。

有光的所在」〔註55〕，或者敘述其無法得到理解和原諒〔註56〕，或直接「剔除」，並不是趙樹理個人的文化政治訴求，因而也就不可能構成趙樹理小說敘述的基本因素和動力。三仙姑在成為誇飾的嘲諷對象之後，很快便隨著健康的情感「世界」的確立而轉變成心理正常的普通婦女，而趙樹理小說的喜劇性和方向性也隨之生成，雖深刻而輕鬆，實現了「灌輸新知識」的同時讓農民「有所娛樂」的基本創作理想。

趙樹理這種倫理化的文化政治訴求在《孟祥英翻身》中有更為精彩的體現。在小說中，孟祥英的婆婆等人始終是以反面形象出現的，但在結尾設置的答讀者問卻寫道：

> 有人問：你對牛差差和孟祥英的婆婆、丈夫，都寫得好像有點
> 不恭敬，難道不許人家以後再轉變嗎？
>
> 答：孟祥英今年才二十三歲，以後每年開勞動英雄會都要續寫
> 一回，誰變好誰變壞，你怕明年續寫不上去嗎？〔註57〕

表面上，趙樹理似乎不太確信這些反面人物能否轉變，事實上卻是堅信他們能夠通過自我轉變的方式融入新的「世界」，不僅是在政治意義上，而且是在情感意義上，認同新的「世界」。如果說這一結論還存有揣測的成分，《李家莊的變遷》便直接證實了它。在「咱的世界」建立之後，如何處理狗腿子小毛，白狗說：「只要他還有一點改過的心，咱們何必要多殺他這一個人啦？他要沒有真心改過，咱的江山咱的世界，幾時還殺不了個他？」〔註58〕在這裡，趙樹理的敘述融合著人性本善的倫理判斷與中國革命必勝並必然穩定發展的政治信心，二者互為因果，很難說孰輕孰重，但共同指向了「豈在多殺傷」及人人平等的倫理「世界」。康濯曾經頗為動情地回憶趙樹理對農業合作化時期一位老農打算退社而最終未退的品評：

> 農村有句話，叫「泡一泡，就好了」，那老漢就這麼回事。許是
> 他碰到了什麼不痛快，嘔了氣，要拿退社出出氣吧！過幾天，氣消
> 了，還不就沒事兒了！農民是不會不信黨和社會主義，不會輕易退

〔註55〕 張愛玲：《金鎖記》，《傾城之戀》，北京：北京十月文藝出版社，2006年，第173頁。

〔註56〕 《我在霞村的時候》便著力強調貞貞成為全村的敵人，這或許是丁玲本人倫理假想敵的肉身化。

〔註57〕 趙樹理：《孟祥英翻身》，《趙樹理全集》第2卷，第390頁。

〔註58〕 趙樹理：《李家莊的變遷》，《趙樹理全集》第2卷，第120頁。

社的。……不過農民也並不是共產主義者。將來他們會是，現在還

不是。現在的農民總是農民，總是中國農民。〔註59〕

趙樹理不僅對黨和社會主義有著堅定的信心和理解，對中國農民也總是保持
樂觀的理解，而且肯定地認為二者之間是相輔相成的關係，農民對黨和社會
主義的信任，不單純是意識形態的召喚，因為他們自己將來就會是共產主義
者。不過，在樂觀的理解和想像當中，包孕的是趙樹理對中國農民的特殊同
情，他相信「泡一泡，就好了」，但也知道「現在的農民總是農民，總是中國
農民」，不能因為對黨和社會主義的信任，就操之過急。這也就是說，趙樹理
期待人人平等的倫理「世界」的實現，並相信其最終將成為現實，但決不主
張為此付出「多殺傷」的代價，以反倫理的方式實現倫理。在《三里灣》中，
通過對副支書張永清「炮轟」王申的批評，趙樹理將上述觀念寫入了小說中。
張永清說：「組織起來走社會主義道路是毛主席的號召。要是不響應這個號
召，就是想走蔣介石路線。」王申說：「我報名是我的自願，你們可不要以為
我的思想是張永清給打通了的！全社的人要都是他的話，我死也不入！我就
要看他怎麼把我和蔣介石那個忘八蛋拉在一起！」〔註60〕王申有自願走社會
主義道路的覺悟，但並不認同張永清「你死我活」式的階級政治思維。這意
味著在趙樹理看來，自願是階級政治的基礎和根本，否則就是自絕於農民。
因此，自願、自主成為趙樹理再現「世界」的情感結構的基本維度。

2. 疾病的政治療愈

相對於白描式地敘述三仙姑疾病治癒的過程而言，趙樹理對鐵鎖疾病治
癒的過程是充分展開的。在《李家莊的變遷》中，作家首先細緻地展開了鐵
鎖得病的政治原因，即被春喜等人訛奪田產和房產，然後寫他住在喂過牲口
的房子裏，「每天起來看看對面的新漆大門和金字牌匾，如何能不氣？不幾天
他便得了病，一病幾個月，吃藥也無效」，「心病還須心藥醫」，後來聽說小喜
春喜三爺都被叫到省城關起來了，「心裏覺著痛快了一下，病也就慢慢好起來
了」。〔註61〕但實際上心病難了，直到李家莊變遷之後，成了「咱的江山咱的
世界」了，鐵鎖的疾病才真正痊癒。在此意義上，《李家莊的變遷》是關於鐵

〔註59〕 康濯：《寫在〈趙樹理文集續編〉前面》，見《趙樹理文集續編》，北京：工人
　　　　 出版社，1984年。
〔註60〕 趙樹理：《三里灣》，《趙樹理全集》第4卷，第336頁。
〔註61〕 趙樹理：《李家莊的變遷》，《趙樹理全集》第3卷，第20～21頁。

鎖得病及病癒的政治隱喻文本。當然，儘管趙樹理詳細地敘述了鐵鎖得病的緣由及病癒的過程，還是沒有對病中鐵鎖的心理內容作任何展開，只是通過鐵鎖與小常在滿洲墳的對話做了有限的暗示。這是與敘述三仙姑類同的地方，但趙樹理明確地將鐵鎖的病指為心病，則意味著不同的內容。三仙姑得病是諷刺性的，而鐵鎖得病則是嚴肅的政治現實，這意味著趙樹理需要通過敘述鐵鎖得病來喻指地主統治秩序的不健康狀態，說明地主「世界」政治與情感的嚴重衝突，政治只是試圖懾服情感，已然無法贏得情感的認同了。而這一結構失衡的狀態，在趙樹理看來，只有通過階級更替的方式才能解救。因此，他無意詳述鐵鎖病中的心理活動，反而一再描寫鐵鎖與小常對話後衝動、喜悅的心理狀態，都是為了求得治癒鐵鎖心病的心藥。這一心藥，就是新的統治秩序的建立。由此可見，趙樹理將政治歸政治，情感歸情感，並未從鐵鎖個人性格、經驗的層次上向內追索其疾病治癒的可能，而是從階級、政治的層次上向外追索農民疾病被普遍治癒的可能，即從「世界」的結構關係入手，而非孤立地看待農民個體。正因為如此，趙樹理才能將鐵鎖心病得到療救的過程，敘述為冷元、白狗、王安福等人集體覺醒的過程，個體不是單獨得救，而是在集體的成長中得救。也正因為如此，鐵鎖在《李家莊的變遷》後半部分泯然眾人，不再以所謂圓型人物的面目出現。福斯特說，「一部內容複雜的小說，往往既需要圓型人物，也需要扁型人物」，又說，「我們必須承認，就塑造人物的成就來說，扁型人物本身並不和圓型人物一樣地巨大。而且我們也得承認，扁型人物被塑造成為喜劇性角色的時候最為出色」。〔註62〕這對現代中國的小說研究影響至深，但用來評價趙樹理小說的人物塑造，卻是錯位，正如不便使用以評價卡夫卡小說的人物塑造一樣。竹內好注意到，趙樹理小說的新穎之處即在於通過敘述「小常和鐵鎖是在完成典型的同時，與整體溶合在一起的人物」，「既包含了現代文學，同時又超越了現代文學」。〔註63〕這種對於趙樹理的肯定雖然是日本思想界為對抗虛無主義、存在主義而做出的有意探尋，但也不能不說更直接地貼近了趙樹理小說提供的文本現實。趙樹理的確無意於沈從文式的心理描寫，從而通過疾病隱喻構建起政治秩序與情感認同之間的堅實關係。

〔註62〕 參見福斯特：《小說面面觀》，朱乃長譯，北京：中國對外翻譯出版公司，2001年，第185～191頁。
〔註63〕 竹內好：《新穎的趙樹理文學》，見黃修己編《趙樹理研究資料》，第486～489頁。

　　而且，對於政治秩序與情感認同之間的關係，趙樹理也非止於一端地進行構建。他注意到，有鐵鎖式的主動，也有聚財式的等待，更有范登高式的抗拒。相較於鐵鎖式的主動，趙樹理更關心的是聚財式的等待，因為他理解「現在的農民總是農民，總是中國的農民」，需要「泡一泡」才能好。在《邪不壓正》中，趙樹理敘述道：

> 聚財本來從劉家強要娶軟英那一年就氣下了病，三天兩天不斷肚疼，被鬥以後這年把工夫，因為又生了點氣，伙食也不好，犯的次數更多一點，到了這年（一九四七）十一月，政府公佈了土地法，村裏來了工作團，他摸不著底，只說是又要鬥爭他，就又加了病——除肚疼以外，常半夜半夜睡不著覺，十來天就沒有起床，趕到劃階級，把他劃成中農，整黨時候幹部們又明明白白說是鬥錯了他，他的病又一天一天好起來。趕到臘月實行抽補時候又賠補了他十畝好地，他就又好得和平常差不多了。〔註64〕

王聚財的病就像政治晴雨錶一樣標識著自身政治處境。更為關鍵的是，這段敘述暴露出王聚財的基本處世哲學，就是在腹誹中等待。通過王聚財的等待，趙樹理洞隔照隙地呈現了不同的政治秩序致病的同一原理，即權力的奴役和神秘。王聚財「摸不著底」既說明普通農民無法知悉權力的秘密，無從分享權力，也說明掌權者有意無意將權力變成了奴役他人的工具。而當「幹部們又明明白白說是『鬥錯了他』」，袪除權力的神秘性，並「又賠補了他十畝好地」，使權力得以盡可能公平的分享時，「他就又好得和平常差不多了」。這就是說，政治是致病之由，也是療病之方，必須從政治上著手，落實權力和利益的合理分配，才能使王聚財從等待的腹誹中覺醒過來，形成對新的政治秩序的情感認同。《李家莊的變遷》中小常提出的命題「沒有權，看見國家大事不是自己的事」〔註65〕由此進一步被趙樹理通過小說形式提供了解題的可能和不解題的窘困。在趙樹理看來，一個缺乏足夠和有效的情感認同的政治秩序，顯然是合法性不足的，因此1949年以後，他花了更多精力敘述一些范登高式的人物如何從抗拒的疾病中痊癒過來，對新的政治形成情感認同。

　　《三里灣》是疾病及其治療的大全手冊，主要事件是范登高裝病、常有理訛稱馬有翼生病及眾人給范登高治病。其中尤以范登高裝病和給他治病為

〔註64〕趙樹理：《邪不壓正》，《趙樹理全集》第3卷，第310頁。
〔註65〕趙樹理：《李家莊的變遷》，《趙樹理全集》第3卷，第61頁。

要，廣泛地涉及了各個方面如何對新的政治秩序形成情感認同的問題。首先是范登高自己，作爲一個老革命，在革命勝利以後，成了一個失去革命精神的人。一方面，他雇傭王小聚趕騾子做生意；另一方面，他千方百計阻撓王金生等人主持的擴社工作，以自願入社爲名，不但自己不積極入社，而且暗地裏支持馬多壽一家不入社。總之，他消極抗拒農業合作化運動的進行，在三里灣造成了非常不好的影響。有些群眾因爲范登高是老資格的黨員，就提出「買上兩頭騾子雇上一個趕騾子的，是不是社會主義道路」、「共產黨的規定，是不是小黨員走社會主義道路，大黨員走資本主義道路」〔註66〕等問題。金生組織黨支部會議對范登高進行批評，范登高將此理解爲金生個人的行爲，是利用權力捏弄自己。於是又一次開會的時候，他故意裝出少氣無力的樣子對叫他參加會議的玉梅說：「叔叔昨天夜裏回來傷風了，頭痛得擡不起來。」〔註67〕范登高以裝病的方式拒絕對農業合作化表達政治認同。此後經過多次支部會議，縣委出面，老黨員壓臺，群眾批評，「范登高在馬虎不過的情況下，表示了以後願意繼續檢查自己的思想」。〔註68〕趙樹理關於范登高的正面敘述到此結束，意味著范登高最後認同農業合作化雖然不是不可能，但在思想情感上還有漫長的路要走。因此，政治異見成爲范登高難以去除的病竈，而趙樹理治病乏術，只能選擇讓范登高表達繼續自我檢查的意願。與此相關的是，在《「鍛鍊鍛鍊」》中，趙樹理寫「小腿疼」、「吃不飽」害怕被送交法院，屈服於權力而認錯，更進一步地表明他無法敘述意識形態的魅力，而只是敘述了意識形態借助政權表現出來的威力。這便是趙樹理再現「世界」的情感結構最大失衡之一。當然，不妨認爲，這是趙樹理有意爲之，因爲他相信農民是需要「泡一泡」的。

不過，相對於表現范登高、「小腿疼」等老一輩人物輸出情感認同的艱難，趙樹理寫范靈芝、馬有翼、王蘭等新一代人物，就乾脆利落多了。對於范登高的抗拒，范靈芝從一開始就知道這是一種病，而且必須治病救人：

范登高老婆說：「你爹供你念書可供得不上算——要不你還不會挑他的眼！」靈芝說：「媽！這不叫挑眼！這叫治病！我爹供得我會給他治病了，還不上算嗎？」〔註69〕

〔註66〕趙樹理：《三里灣》，《趙樹理全集》第4卷，第284頁。
〔註67〕趙樹理：《三里灣》，《趙樹理全集》第4卷，第272頁。
〔註68〕趙樹理：《三里灣》，《趙樹理全集》第4卷，第306～309頁。
〔註69〕趙樹理：《三里灣》，《趙樹理全集》第4卷，第207頁。

靈芝使用的疾病隱喻，毫無疑問問源自延安整風運動時期的毛澤東。其時，毛澤東說整風運動的宗旨是「懲前毖後，治病救人」，十多年之後，趙樹理將它化入小說敘述，構成《三里灣》的基本情節和敘述動力。范靈芝不僅使用了疾病隱喻，而且對父親產生了倫理上的逆轉。在母親看來，女兒批評父親走資本主義道路是挑眼，是一種倫理危機，「不上算」，而范靈芝則視為「上算」，是拯救父親，是維繫倫理。當她發現自己無力治父親的病時，決定「把這病公開擺出來，讓黨給他治」〔註70〕，意味著范靈芝將家庭倫理讓渡給了意識形態。但她並未放棄家庭，只是試圖通過意識形態重建家庭倫理。後來，范登高有所轉變，「在靈芝認為不順眼的事都消滅了」，靈芝很想對他說：「這不是就像個爹了嗎？」〔註71〕這意味著范靈芝將情感認同輸出給意識形態之後，並沒有放棄基本倫理的打算，只是希望通過意識形態的洗禮，家庭倫理以新的面貌出現。小說最後寫范靈芝和王玉生結婚以後，沒有另立戶口，而是吃在食堂，穿在裁縫鋪，唯獨晚上住在一塊，建立了一種新的婚姻生活模式。不能不說，這是農村進行社會主義勞動分工之後，趙樹理設想的一種嶄新的倫理生活。趙樹理不僅敘述范靈芝對社會主義逐步付出了全部的認同，而且在認同的基礎上建立了一種嶄新的倫理生活，從而再現了「世界」情感結構的未來可能的走向。當然，趙樹理並不以此為唯一走向，他還同時敘述馬有翼和王玉梅結婚之後，作為革命夫妻，依然照顧著老人，與馬多壽夫婦生活在一起，共同組建家庭生活。趙樹理並未要求情感認同呈現齊頭並進的態勢，對情感結構進行一刀切。從這裡出發，趙樹理敘述王金生、張永清等人代表黨對范登高的病的態度時，不免有一些微諷的意思。尤其是張永清，正如他炮轟王申一樣，他熱衷的是呈現或擁抱意識形態的威力，對於集體生產是否優於個體生產，可以說他毫無理解，因此也無力表述農業合作化的魅力。

總之，通過以政治與疾病為兩極再現「世界」的情感結構，趙樹理以小說形式提出了一些政治導致和治癒疾病的可能，希望構建某種適應意識形態變化的新的倫理生活。儘管他的設想未必能夠解決政治致病又治病的危機，但他總算以小說形式進行了實踐。

〔註70〕趙樹理：《三里灣》，《趙樹理全集》第 4 卷，第 284 頁。
〔註71〕趙樹理：《三里灣》，《趙樹理全集》第 4 卷，第 314 頁。

第二章 「理」的辯證法

一、「老直理」與「眞理」：民意及其變異

二、「勢力就是理」：「理」與「勢」的結構關係

三、「理」的分裂：人文地理、家庭倫理及個人心理

四、救贖「理」的暴力：事理、情理及私情

在進入「世界」的具體認識、想像和建構時，趙樹理在小說敘述中創造了「理」的辯證法。「理」字在趙樹理小說文本中出現的頻率遠遠高於「世界」一詞。從字面上來看，「理」通常構成「老直理」、「眞理」、「道理」、「情理」、「說理」、「說理不走理」、「勢力就是理」、「各有各的道理」、「人情是人情，道理是道理」等詞語和句子，也構成了遠遠比「世界」複雜的意義體系。而與此同時，「理」字與「世界」一詞一樣，往往處於趙樹理小說敘事的關節點，有著重要的敘事意義和功能，這意味著「理」的意義和功能，也有與「世界」相類之處。由於對「世界」的意義和功能已有較詳細的分析，故而對於「理」的意義和功能，可以存而不論那些與「世界」相近的地方。同樣的邏輯也適用於「說」，故「說」的意義和功能，與「世界」相近之處，也存而不論。本章集中討論趙樹理小說中「理」的辯證法，以「老直理」、「眞理」、「勢力就是理」、「各有各的道理」和「人情是人情，道理是道理」爲核心，說明「理」與民意的關係，分析「理」與「勢」的結構性存在，討論在「世界」秩序的變動中「理」的分裂，最終解釋趙樹理在小說文本中提供的救贖「理」的暴力的方案，構建「理」所無法規定的「世界」的情感與欲望問題。在具體的分析過程中，形式與社會主義政治的關係是本章必須時時注意的。當然，本章涉及的主要是形式作爲意識形態結構的結晶這一內涵，要說明的是階級革命、共產黨、群眾、社會主義等語彙及語彙背後的相關意識形態問題以何種方式編織進趙樹理小說文本，從而對趙樹理小說的文學政治有所發掘。

　　就小說的發表順序來看，趙樹理首先敘述了「老直理」與「眞理」的某種存在狀態或應然狀態。而在農民與現狀的緊張關係中，他敘述「勢力就是理」以取替「老直理」和「眞理」，進入「理」的辯證法的第二個層面，並順勢帶出對第三個層面的敘述，即「各有各的道理」。最後，針對「理」中可能附著的各類暴力因素，趙樹理敘述了一種救贖的方案，即「人情是人情，道理是道理」。這種耦合現代中國社會、政治、情感問題的順序，具有內在的邏輯性，故本章即以此爲思路，分析趙樹理小說中的「理」的辯證法。

一、「老直理」與「眞理」：民意及其變異

　　在趙樹理小說中，民意的表現形式是「老直理」，它是眞實的事理，是統治者與被統治者之間話語交鋒的結果。因此，趙樹理小說敘述的三個相關問題就是：「世界」何以逆「老直理」而行？如何使「世界」循「老直理」而行？「世界」本有「老直理」否？但《李家莊的變遷》、《邪不壓正》等都表明，「老直理」不能完全釋放被統治者久被壓制的欲望和憤怒，不能使「世界」的狀況明朗化，從欲望和暴力的劫持中得到解救。因此，爲了將「世界」從不明朗的狀況中解救出來，趙樹理動用了階級色彩更爲明顯的「眞理」一詞。民意由此發生變異，與階級政治、革命政權發生關聯。鐵鎖、王安福的經歷表明「眞理」是民意與革命聯繫的中介，孟祥英的經歷表明在「理」的兩端，普通農民與革命政權是相互平等、互相救援的關係。民意一旦認同「眞理」，就發現「老直理」「太不文明了」，從而進入一種文明話語所規定的「世界」。趙樹理在此展示了樸素的人道主義思想，並與中國共產黨認爲自身領導的革命比歐美資產階級革命高明的自我定位發生關聯。

1.「老直理」

　　在趙樹理小說中，「老直理」一詞最早見於《李家莊的變遷》。李家莊村民要求把漢奸小喜、春喜霸佔他人的產業發還原主，鐵鎖把意見上報到區，區報到縣，最後閻錫山回電並派員調查。派來的經濟委員在調查會上「給小喜春喜兩個人扯謊」，引起白狗、冷元的譏嘲，群眾紛紛離會。委員指責李家莊的工作「眞是一塌糊塗」，「老百姓連個開會的規矩都不懂」，鐵鎖回敬道：「山野地方的老百姓，說話都是這直來直去的，只會說個老直理，委員還得包涵著些！」〔註1〕與經濟委員（統治者）別有用心的謊言相對，老百姓（被

〔註 1〕 趙樹理：《李家莊的變遷》，《趙樹理全集》第 3 卷，第 95～96 頁。

統治者）說的是「直來直去的」「老直理」〔註2〕，這意味著「老直理」首先不是謊言，而是眞實的事理，其次則是統治者與被統治者話語交鋒的結果。閻錫山的統治需要以曲折的謊言來維持，而其治下的老百姓則以「老直理」戳穿了其假面。趙樹理借鐵鎖之口說「老直理」屬於「山野地方的老百姓」，是「直來直去的」，將老百姓樸素的求眞實的意識悄悄地轉化爲基本的階級意識和農民立場。「山野地方的老百姓」不僅指向官民的對立，而且指向文野的對立。老百姓處山野之間，「連個開會的規矩都不懂」（沒有文化），卻不像懂規矩（有文化）的委員扯謊，反而能「說個老直理」，說明在趙樹理看來，有些所謂的規矩（文化）不過是實現「世界」之「理」的障礙。

趙樹理通過《劉二和與王繼聖》及《邪不壓正》兩篇小說進一步豐富了「老直理」的內涵。在《劉二和與王繼聖》這篇未完成的小說中，趙樹理是用「老直理」來說明聚寶的性格特點的：

> 這聚寶原來是個破磨子的石匠，可是很懂戲——也會看也會唱。他破起磨來也是手裏破著嘴裏唱著，錘就是他的梆子，破得慢了唱流水，破得快了唱垛板。附近幾個戲班子裏都有他的熟人，那一班唱什麼戲得手他也都知道，因此本村每逢唱戲，大家都願意請他來挑。他撥戲臺上的大油燈撥得很有把握，因此社裏每年總是派他管老燈。不過他有一股彆扭勁，只會說一股老直理，人送外號「破磨錘」，理說順了怎麼說怎樣應，要是惹起他的脾氣來，什麼難聽他就說什麼。這一回他才去點燈就弄了個彆扭：王海喊叫他點燈，他正提了個油罐上到臺上，先生又叫他點戲。先生見他上了臺，就擠到臺跟前仰起臉向他說：「聚寶！你給咱點戲吧！」他說：「可以！等我點上燈著！」先生站在臺下等，等了一會，見他才點著了一盞，就催他說：「就且點著一盞吧，村長說叫你去點戲啦！」先生就只多說了個「村長說」就惹起他的脾氣來了。他說：「我不管！點燈能派

〔註2〕 查閱《太原方言詞典》、《長治方言志》、《沁源縣志》等文獻時，未見「老直理」一詞；「世界」、「眞理」、「說理」等詞也未及見。有關長治方言的論文，也未曾涉及上述詞彙。因此，儘管上述詞彙基本上完全出現在趙樹理小說的人物對話及自由間接引語中，只在極個別的情況下出現在敘事者的敘述語言中，還是難以斷定上述詞彙是否就是方言學意義上的「老百姓的話」。因此，本書第三章討論「官腔」與「老百姓的話」的結構關係時，並沒有從方言學的意義上著手分析的可能，而主要立足於趙樹理小說文本提供的具體語境。

差，點戲可不能派差！」臺下另有人勸他說：「去吧聚寶！這不是派
你的差，是我們大家請你去！請你給大家點幾齣好戲看看！」他說：
「你叫先生說清楚，看究竟是大家請我去呀還是村長派我去？」說
罷仍然點他的燈。先生知道他素日的脾氣，因為怕耽誤時間，也只
好說：「去吧去吧，是大家請你，不是村長派你！」他也沒有再說什
麼，仍然是先把燈點好，才跟先生去點戲。不大一會，戲點出來了，
戲牌掛在臺口柱子上，正本戲是《天河配》，搭戲是《鍘美》、《下南
唐》、《殺狗》，大家都很滿意。〔註3〕

在這裡，作者敘述了聚寶把握「老直理」的多個層次，即民意與權力、事實
與說法、本質與現象等。「只會說一股老直理」的聚寶並不一般地抗拒權力，
他服從社裏的安排，每逢唱戲就接受派差去點燈，但卻拒絕接受「村長說叫
你去點戲啦」的說法，表現出對權力的否定。這種否定是對權力僭越民意的
否定，因為聚寶認為點戲是「大家都願意請他來挑」，是民意及民意對他的尊
重和認可；而他點戲也是為了「大家都很滿意」，既非為了一己之私，更非為
了權力之令。這意味著「老直理」首先是民意的歸宿。而聚寶「理說順了怎
麼說怎麼應」則意味著事實與說法之間，必須有一種正確的關聯，說法本身
是「老直理」能否得以彰顯的關節之一。先生試圖通過說法挽救權力的顏面，
改口「村長說」為「大家請」，卻只換來聚寶的「仍然是先把燈點好，才跟先
生去點戲」。可見，聚寶深知先生是借用民意來達到權力的目的，表面上是順
從民意，實際上不過是通過另一種說法來維護權力。因此，「老直理」的關節
點之一固然是說法，即「說順了」，真正的關鍵之處則是事實與民意。當然，
聚寶最後還是去點戲了，這似乎是對權力低頭，但實際上是為了「大家都滿
意」，是對民意的遵從。這也就是說，聚寶並不因為對於說法的較真而惑於說
法，他要求先生「說清楚」，本質上也還是「老直理」反抗權力的一種表現。
後來「聖人」馬先生不顧民意，認為《天河配》是「老俗戲」、「單邊戲」，將
它半路停住，改點崑曲《遊湖》，更反襯出聚寶點戲是出諸符合民意的「老直
理」，而「聖人」照顧的只是一己之私。由此可見，所謂「說順了」的「老直
理」，就是事情本有的、符合民意的「理」及其說法。

　　但是，「聖人」馬先生在王光祖的支持下成功實現了私意對民意的僭越，
「老直理」並非「世界」運轉的唯一之「理」。聚寶起來反抗，要求「聖人」

〔註3〕 趙樹理：《劉二和與王繼聖》，《趙樹理全集》第 3 卷，第 194～195 頁。

自家雇戲班子唱崑曲，拒絕滿廟都成為王光祖的「世界」，卻落得十來年背井離鄉。趙樹理似乎想藉此說明「世界」不但並不以「老直理」為唯一之「理」，且「世界」的運轉往往悖逆「老直理」。那麼，趙樹理小說要敘述的三個相關問題就是：一、「世界」何以逆「老直理」而行？二、如何使「世界」循「老直理」而行？三、「世界」本有「老直理」否？

當「老直理」一詞第三次出現在小說中時，趙樹理就上述問題給出了一定的回應。這是在《邪不壓正》中，是減租清債之後金生向二姨轉述的元孩質問劉錫元的話：

> 劉錫元那老傢夥，誰也說不過他，有五六個先發言的，都叫他說得沒有話說。後來元孩急了，就說：「說我的吧？」劉錫元說：「說你的就說你的，我只憑良心說話！你是我二十年的老夥計，你使錢我讓利，你借糧我讓價，年年的工錢只有長支沒有短欠！翻開賬叫大家看，看看是誰沾誰的光？我跟你有什麼問題？……」元孩說：「我不懂良心，我也認不得賬本，我是個雇漢，只會說個老直理：這二十年我沒有下過工，我每天做是甚？你每天做是甚？我吃是甚？你吃是甚？我落了些甚？你落些甚？我給你打下糧食叫你吃，叫你吃上算我的賬，年年把我算光！這就是我沾你的光！憑你的良心！我給你當這二十年老牛，就該落一筆祖祖輩輩還不起的賬？呸！把你的良心收起！照你那樣說我還得補你……」他這麼一說，才給大家點開路，這個說「……反正年年打下糧食給你送」，那個說「……反正我的產業後來歸了你」……那老傢夥發了急，說「不憑賬本就是不說理！」一個「不說理」把大家頂火了，不知道誰說了聲打，大家一轟就把老傢夥拖到。〔註4〕

元孩與聚寶一樣，「只會說個老直理」，並以此反擊劉錫元提出的「良心」和「賬本」。「良心」是劉錫元訴諸道德層面的理由，「賬本」則是訴諸制度層面的理由，二者協力構成對元孩通過「老直理」發現的雇農基本生存狀況的遮蔽和否定，從而導致「世界」逆「老直理」而行，循「良心」和「賬本」而動。在道德與制度的雙重威力之下，劉錫元成為一個「誰也說不過」的人，牢牢佔據了「世界」的主動。一旦進入「良心」和「賬本」的邏輯，「世界」就只能依其而行，無從出脫。因此，要使「世界」循「老直理」運轉，必須

〔註4〕趙樹理：《邪不壓正》，《趙樹理全集》第3卷，第291～292頁。

像元孩一樣，「我不懂良心，我也認不得賬本」，從根本上否認劉錫元所依憑的道德和制度的合法性。「老直理」與「良心」、「賬本」之間形成尖銳對立，以致劉錫元發了急，認為「不憑賬本就是不說理」，而大家則直接使用了暴力。這說明要使「世界」循「老直理」而行，必然發生暴力。至少就趙樹理的小說敘述而言，啟用暴力是「世界」轉向，由逆而順「老直理」而行的最為有效的方式。當然，趙樹理並沒有直接認可暴力的有效性，他對暴力的態度是極為複雜的。而且，大家集體使用暴力的行為，意味著元孩順從民意發表的一通符合「老直理」的言論，不但無法從邏輯上說服劉錫元，本身也未能完全釋放雇農群體久被壓制的欲望和憤怒，只是通向某個地方的門閥。因此，即使「世界」依循「老直理」運轉，「世界」的狀況也還是不明朗的，還是處在某種欲望和暴力的劫持之中。

2.「真理」

為了將「世界」從這種不明朗狀況中解救出來，趙樹理小說動用了比「老直理」一詞階級色彩更為明顯的「真理」一詞。在《李家莊的變遷》中，「真理」一詞出現了多次。小說開頭寫鐵鎖與春喜之間的一場官司，李如珍憑契說謊，維護春喜的非法利益，王安福等人欲為鐵鎖謀公正而不得。王安福試圖說服小毛等輩：「說真理，他們賣給人家就是這個廁所呀！人家用的那一個，真是他爹老張木匠在世時候打得的。我想這你也應該記得！」〔註5〕但結果是鐵鎖不僅丟了自己的產業，還要賠錢給春喜。在這裡，與「老直理」一樣，「真理」是對基本事實的認定，其對立面是謊言。同時，李如珍、春喜憑契說謊，訛詐佔有鐵鎖產業的行為表明，契約與「真理」也已處於對立狀態。如果要使契約合「理」，就必須重建新的契約。鐵鎖計劃上告到縣裏，恢復「真理」，卻遭到不願被草灰告狀傷及自己臉面的李如珍和小喜的阻攔，並被他們叫來的軍警抓起來，結果為保身家性命，鐵鎖損失了更多的房產和地產，只能外出到太原做工謀生了。

在太原，鐵鎖遇到了「認理很真」的三晉高中生小常，將自己破產的遭遇和在太原的所見所聞一一傾訴於他，並發出一系列疑問：

> 小常笑嘻嘻走到他身邊，在他肩上一拍道：「朋友！你真把他們看透了！如今的世界就是這樣，一點也不奇怪！」鐵鎖道：「難道上

〔註5〕趙樹理：《李家莊的變遷》，《趙樹理全集》第3卷，第9頁。

　　邊人也不說理嗎？」小常道：「對對對！要沒有上邊人給他們作主，他們怎麼敢那樣不說理？」鐵鎖道：「自然不能一直讓它是這樣，總得把這夥仗勢力不說理的傢夥們一齊打倒，由我們正正派派的老百姓們出來當家，世界才能有眞理。」鐵鎖道：「誰能打倒人家？」小常道：「只要大家齊心，他們這夥不說理人還是少數。」鐵鎖：「大家怎麼就齊心了？」小常道：「有個辦法。今天太晚了，明天我細細給你講。」〔註6〕

　　《李家莊的變遷》後半部敘述的就是鐵鎖他們以小常的辦法「把這夥仗勢力不說理的傢夥們一齊打倒」的過程。在這裡，「認理很眞」的小常不僅將鐵鎖對自身遭遇的不公指向社會全體的一種整體的「不說理」，而且指出只有「把這夥仗勢力不說理的傢夥們一齊打倒，由我們正正派派的老百姓們出來當家，世界才能有眞理」。這就是說，小常引導鐵鎖認識的「眞理」，是有通盤考慮的、革命性的探求，是一個階級推翻另一個階級的統治的「眞理」，而不是王安福式的枝枝節節的對於一些零碎的基本事實的認定。通過小常，趙樹理將「眞理」從類似於「老直理」的對一些親身經歷的枝節事實的認識提升爲對整個社會統治的認識，並引申出暴力的必要和合「理」等問題。既然「世界」只有在「不說理的傢夥們」被一齊打倒之後「才能有眞理」，「打倒」總不可能是口頭「說理」所能完成的，就必然允許並使用一定形式的暴力。小常的話裏還隱藏有更深的意義，即其所謂「眞理」乃是爲了多數人的正義，是合乎民意的。「世界」之不必然依循「眞理」而行是肯定的，只有占多數的「正正派派的老百姓們出來當家」，「世界才能有眞理」，可見「世界」在爲多數人擁有時才依循「眞理」；而「眞理」的合法性也源於多數，或即民意。這在《李家莊的變遷》隨後的敘述中有明確表現。小常到李家莊宣傳犧盟會的主張，村民聽了，「彼此都說『人家認理就是很眞』，『就是跟從前衙門派出那些人來說話不同』」〔註7〕。小說以敘述村民反響的方式再一次確認了小常所謂「眞理」是順乎民意的「理」。

　　「眞理」作爲合乎民意的「理」，同時也就是具有強大的吸引力的「理」。它不僅吸引了鐵鎖的注意，引領鐵鎖走上了革命道路，而且還影響了小說開頭試圖替鐵鎖謀得公正的王安福。在枝節事實上講求「眞理」的王安福，雖

〔註6〕趙樹理：《李家莊的變遷》，《趙樹理全集》第3卷，第34頁。
〔註7〕趙樹理：《李家莊的變遷》，《趙樹理全集》第3卷，第62頁。

然也暗自稱讚小常的「眞理」，但並不滿意小常的共產黨身份，因爲王安福的「眞理」通向的是「公理」，即他覺著「非把那些仗勢欺人的壞傢夥一起打倒，世界不會有公理」〔註8〕。王安福不相信共產黨殺人放火，但「以爲共產黨一來，產業就不分你的我的，一齊成了大家的」，「大家都想坐著吃，誰還來生產」？〔註9〕他無法想像小常「認理很眞」的能力與共產黨員的身份有著不可分割的關係。這種深刻的成見在聽了小常的演講，尤其是在與小常深談之後，得到化解。小常告訴王安福，「共產也不是共現在這幾畝地幾間房子，非到了一切生產都使用機器的時候不能實行共產主義」，「共產主義是共產黨最後才要建設的社會制度」，蘇聯社會的工人要比當掌櫃的王安福舒服得多〔註10〕，王安福聽聞之下，翕然影從，加入犧盟會。〔註11〕其後王安福全力支持和配合犧盟會的一切工作，甚至不惜付出自己的生命，幾乎完全放棄了自己認定的「公理」，而投向了小常講述的「眞理」。在這裡，「眞理」不僅表現出強大的吸引力，而且與共產黨主張的階級革命發生了切實的關聯。這從側面說明，小常所說的「眞理」所以能超卓於對一般事實的認定，就在於共產黨對中國社會現實的把握；而共產黨對中國社會現實的把握所以能夠表現強大的吸引力，不僅由於其超卓的抽象概括，更在於其本質上是一種順乎民意的「眞理」。因此，「眞理」是勾連農民爲親身經歷尋求「理」與共產黨主張階級革命之間關係的有力且有效的中介。

而因爲「眞理」是勾連關係之有力且有效的中介，趙樹理關於孟祥英翻身的敘述便顯得更爲深刻動人。據《孟祥英翻身》敘述，婆婆認爲孟祥英該打罵的條件有五，其中最後一條是「從小當過家，遇了事好說理，不願意馬馬虎虎吃婆婆的虧」〔註12〕。但是，當第五專署的工作員來到西崤口協助工作，要選個婦救會主任時，這最後一條恰是村裏人提出孟祥英能當的原因：「人家能說話！說話把得住理。」〔註13〕同樣是因爲「說理」，孟祥英在婆婆代表的「老規矩」之下飽受打罵，且求生不得，求死不能，而在專署工作員代表

〔註 8〕 趙樹理：《李家莊的變遷》，《趙樹理全集》第 3 卷，第 70 頁。
〔註 9〕 趙樹理：《李家莊的變遷》，《趙樹理全集》第 3 卷，第 70～71 頁。
〔註10〕 佛克馬以此爲例說明趙樹理文學是民間文學形式與蘇聯模式的理想結合。見佛克馬：《中國文學與蘇聯影響：1956～1960》，李進、聶友軍譯，北京：北京大學出版社，2011 年，第 28 頁。
〔註11〕 趙樹理：《李家莊的變遷》，《趙樹理全集》第 3 卷，第 72～73 頁。
〔註12〕 趙樹理：《孟祥英翻身》，《趙樹理全集》第 2 卷，第 376 頁。
〔註13〕 趙樹理：《孟祥英翻身》，《趙樹理全集》第 2 卷，第 382 頁。

的革命文化之下則不僅贏得了自我的新生，且成為生產渡荒英雄。「理」因此不僅成為孟祥英與革命政權之間的有力且有效的中介，而且成為革命政權發動群眾對抗、遏抑甚至消滅「老規矩」的一種方式。更為重要的是，孟祥英在「老規矩」下曖昧不明的、或者說缺乏合法性的身份和地位，也因「理」作為中介通向的革命政權而得到改變。需要特別注意的是，趙樹理無意將這一改變敘述為普通農民被動性地獲得革命政權的拯救，而是將孟祥英翻身的過程敘述為她尋求「理」與革命政權建設相輔相成的過程。在「理」的兩端，普通農民與革命政權是相互平等，且相互援救的。革命政權需要就地選拔農村幹部，而普通農民也迫切需要進入政權結構中改變自身的身份和地位，二者可謂一拍即合。這種一拍即合的關係，使革命政權與普通農民之間一旦發生齟齬，也可以通過「理」的中介而重新疏通關係，甚至變得比齟齬發生之前更為暢通。至少就在「擁軍愛民故事」《來來往往》中的敘述來看，趙樹理有意識地確認了「理」作為中介疏通革命政權與普通農民關係是有效的。《來來往往》寫農救會主席十二三歲的小孩王金山發現豆秧被八路軍的勤務員張世英踢斷了（後來知道不是故意為之），要求他「把理說清」，八路軍的指導員認為王金山「認理很真」，〔註14〕雙方就一「理」字上著眼看問題，都設身處地替對方設想，最終達成互相的諒解和同情。小說雖然沒有敘述此後二者關係更融洽了，但其未盡之意是相當明顯的。

3.「太不文明了」

「真理」所以能夠超越「老直理」將「世界」從欲望和暴力的劫持中解救出來，是因為「真理」與一種文明話語相關。在《李家莊的變遷》中，全村公審漢奸李如珍時，縣長本來希望按「老根據地對付壞人是只要能改過就不殺」的原則進行處理，遭到了群眾的拒絕。當縣長說自己的槍沒有子彈，他們就將李如珍拖倒在地，活活撕死了。縣長說「這樣不好這樣不好」，受過小常的「真理」薰陶的鐵鎖、冷元也如是說。事後——

> 縣長道：「你們再不要親自動手了！本來這兩個人都夠判死罪了，你們許他們悔過，才能叫他們悔；實在要要求槍斃，我也只好執行，大家千萬不要親自動手。現在的法律，再大的罪也只是個槍決：那樣活活打死，就太，太不文明了。」王安福：「縣長！他們當

〔註14〕趙樹理：《來來往往》，《趙樹理全集》第 2 卷，第 349 頁。

> 日在廟裏殺人時候，比這殘忍得多——有剜眼的，有剁手的，有剝
> 皮的……我都差一點叫人家這樣殺了！」縣長道：「那是他們，我們
> 不學他們那樣子！……」〔註15〕

群眾嗜血的仇殺行爲被縣長評爲「太不文明了」，而王安福卻不以爲然，充分
說明了「眞理」與「老直理」性質上的不同。「老直理」爲欲望和暴力賦予了
合法性，而「眞理」試圖祛除欲望和暴力的魅惑，建立建設「文明」的社會
制度。受「眞理」薰染深的鐵鎖、冷元與縣長站在同一立場上，而與「眞理」
關係相對疏遠的王安福則肯定以暴易暴的合法性，更深刻地表現了「眞理」
與「文明」的密切關係。在這裡，趙樹理作爲一個作家，不僅否定了嗜血的
仇殺，而且展示了一種樸素的人道主義思想，即重視生命的肉身，即使毀滅，
也不容許殘忍地毀滅。縣長所謂「那是他們，我們不學他們那樣子」的意識，
更說明以「眞理」爲目的的「世界」，是人類社會的健康發展，而非以暴易暴
的歷史循環。趙樹理在小說中所展現的這種樸素的「世界」圖景，任弼時 1948
年 1 月 12 日在西北野戰軍前線委員會擴大會議上的講話中做了一個政策性的
表述。雖然與趙樹理的小說寫作相隔兩年多，但也不妨拿來比照。任弼時說：

> 共產黨是堅決反對亂打亂殺與對犯罪者採用肉刑的。亂打亂殺
> 與使用肉刑，是封建社會的產物。封建主對待農民，軍閥對待士兵，
> 才是亂打亂殺使用肉刑的。一百多年以前歐美資產階級舉行革命的
> 時候，他們就提出保障人權，廢除肉刑的口號。資產階級尚且提出
> 這種口號，我們是共產主義者，是新民主主義者，我們領導的革命
> 比資產階級領導的革命不知要高明多少倍，我們當然應當反對亂打
> 亂殺，反對肉刑。爲什麼把打人殺人的問題當作嚴重的問題提出來
> 呢？就是因爲在土改運動中，發生有不少打人和逼死人的事實，更
> 由於黨內不純，地主富農投機分子和流氓分子利用機會搗亂，就造
> 成了亂打人，打死人，逼死人的現象。有些罪不該死的人，被打死
> 殺死了。這值得引起我們的嚴重注意。
>
> 我們反對亂殺人，並不是說一個人也不能殺。那些眞正罪大惡
> 極的大反革命份子，大惡霸份子，國人皆曰可殺的這類份子，經過
> 人民法庭判處死刑，並經過一定政府機關（縣級或分區一級或更高

〔註15〕趙樹理：《李家莊的變遷》，《趙樹理全集》第 3 卷，第 120 頁。

的政府所組織的委員會）批准，執行槍決，並公佈其罪狀（殺人必
須公佈罪狀，不得秘密殺人），那是完全必要的，不如此不能建立革
命秩序。〔註16〕

這裡談的是土改時出現打人殺人使用肉刑的現象，任弼時強調它們是「封建
社會的產物」，歐美資產階級已經「提出保障人權，廢除肉刑的口號」，「我們
是共產主義者，是新民主主義者，我們領導的革命比資產階級領導的革命不
知要高明多少倍，我們當然應當反對亂打亂殺，反對肉刑」。這與《李家莊的
變遷》中縣長的態度是一致的，而且更清晰地將類似李如珍被活活撕死的行
為定義為「封建社會的產物」，將共產黨、共產主義、新民主主義、革命政權
等定位在比歐美資產階級革命「不知要高明多少倍」的歷史制高點上。那麼，
毫無疑問，與共產黨、共產主義、新民主主義、革命政權相關聯的「真理」，
必然先天地不允許被欲望和暴力所劫持。任弼時又強調，通過一定的政治和
法律程序殺人並公佈其罪狀，「那是完全必要的，不如此不能建立革命秩序」。
這意味著「真理」並不拒絕欲望和暴力，只是要將欲望和暴力規訓在其治下，
以使其導向革命秩序的建立。也許正因為如此，作為革命秩序中的一員，趙
樹理並未順著樸素的人道主義走向反戰和完全反對暴力的立場。在《李家莊
的變遷》中，活活撕死李如珍的群眾除了得到「太不文明了」的批評之外，
並未受到任何懲罰。而「現在的法律」，在要求依法殺人之外，也沒有對群眾
不依法殺人的問題做出相應規定。即使在任弼時的政策性表述之後，活撕李
如珍的類似事件也還是持續出現在中國歷史和小說文本當中。「真理」在將「世
界」從欲望和暴力的劫持中解救出來之後，並未構成有效的制度性建設，這
的確是歷史無法擦除的陰影。

在與任弼時的講話同一年發表的《邪不壓正》中，趙樹理也敘述了土改
中打人及死人事件。劉錫元認為元孩不憑賬本就是不說理，群眾暴怒，「不知
誰說了聲打，大家一轟就把老傢夥拖倒」，「小昌給他抹了一嘴屎」，此後第三
天劉錫元就死了。〔註17〕在小說中，作者不但未明確交代劉錫元的死因，而
且敘述安發、二姨等人關心的只是帳怎麼算，大家的火性小了，並無「太不

〔註16〕任弼時：《土地改革中的幾個問題》，見中央檔案館編《解放戰爭時期土地改
　　　　革文件選編（1945～1949年)》，北京：中共中央黨校出版社，1981年，第123
　　　　頁。
〔註17〕趙樹理：《邪不壓正》，《趙樹理全集》第3卷，第292頁。

文明了」的問題。在這裡，趙樹理是不是有什麼微言大義呢？據倪文尖的研
讀：

> 起碼有三點值得注意。一是，《邪不壓正》雖不諱言暴力，但與
> 《暴風驟雨》的正面描寫不同，趙樹理是有意無意地在眾人「話」
> 來「話」去之間涉及的，而黨的領導「不叫打」、「不讓打」，是小昌
> 這樣的人「給他抹了一嘴屎」，況且最關鍵的，劉錫元怎麼死的？眾
> 說紛紜，卻肯定不是直接被打死。第二，逼著大家賣房賣孩子的劉
> 錫元死了，「再不得厲害了！」讓安分守己的老實人重複著、興奮著，
> 這表明，即使有暴力，也是「以革命的暴力對抗反革命的暴力」，暴
> 力的正當性很有鋪墊、無可置疑。第三，即使有暴力，暴力也不是
> 革命的主角，劉錫元恰恰因為一句「不說理」才招致了暴力，那是
> 咎由自取，由此也足以表明，土改整個還是一「說理」的事：首先
> 要有「理」，關鍵還得「說」。〔註18〕

準此，則在《邪不壓正》中，趙樹理已從《李家莊的變遷》中「太不文明了」
的觀念中走到了為革命的暴力敘述合法性的立場。倪文尖將打劉錫元的責任
專門歸責於「小昌這樣的人」，與任弼時將土改中出現的亂打亂殺現象歸責於
「黨內不純，地主富農投機分子和流氓分子利用機會搗亂」，思路幾乎完全一
致。這種歷史重演式的解讀，雖然很切近趙樹理小說文本提供的部分事實，
但一方面意味著對伴生於「真理」和革命的暴力難以構建更為豐富的理解，
另一方面則是對群眾性的欲望和暴力欠缺體察。趙樹理在小說中借安發之口
說劉錫元一死，「大家的火性就沒有那麼大，算起來就有好多讓步」〔註19〕，
打人的不只有小昌，而大家也都有火性，有復仇的欲望，不過並未都轉化為
暴力，在得到劉錫元一死的犧牲後才鬆弛下來。在小說文本中，聚財最後說
「這真是個說理的地方」〔註20〕，可謂對整個土改落定之後給出最終歷史評
價，聚財起著文本中的史官作用。安發是思想意識和行動能力上離聚財最近
的一位，他們共同左右著《邪不壓正》文本最終的價值判斷。因此，安發說
劉錫元一死換得大家火性的減弱，雖然透露著對革命不徹底的不滿，也還是

〔註18〕 倪文尖：《如何著手研讀趙樹理──以〈邪不壓正〉為例》，《文學批評》，2009
年第5期。
〔註19〕 趙樹理：《邪不壓正》，《趙樹理全集》第3卷，第292頁。
〔註20〕 趙樹理：《邪不壓正》，《趙樹理全集》第3卷，第317頁。

指向對暴力的警惕和謹慎。尤其當暴力造成人肉體的消亡時，樸素的人道主義意識還是上昇，或多或少緩衝著集體的欲望和暴力。趙樹理當然會同意任弼時對封建社會和歐美資產階級的評論，並敘述共產黨及其革命「文明」的面相，但也顯然會比任弼時對暴力造成的生命消亡給予更多的關注。這是作家和政治家應有的區分，也是趙樹理文學政治的堅實之處。

當然，趙樹理也許清楚，「眞理」即使與文明聯姻，也還是處於無法澄明的狀態。在他提供的幾乎所有小說文本中，還有更值得分析的一個「眞理」，即「勢力就是理」。

二、「勢力就是理」：「理」與「勢」的結構關係

如果說「老直理」和「眞理」意味著農民對於「世界」之「理」的尋求及重建「世界」的動力和信心，「勢力就是理」則是農民審時度勢之後對於「世界」現狀的一種認知。當然，趙樹理並非要敘述對這一認知的屈從，只是從最開始的時候，「勢力就是理」表現爲「世界」中的弱勢群體對於現狀的無奈。「勢力就是理」實際上並不具有「眞理」的性質，但卻是「老直理」及「眞理」在「世界」通行必然面對的一個重大課題。因此，從對於「勢力就是理」的質疑開始，趙樹理小說敘述了關於這一課題的極爲豐富的內容。

1.「勢」與「理」的對立

早在《小二黑結婚》當中，趙樹理的小說敘述即已進入「勢力就是理」這一課題。《小二黑結婚》敘述金旺興旺趁亂掌握了劉家峧的村政權之後，以權謀私，金旺因爲得不到小芹而報復性地組織兩個鬥爭會，一個是武委會鬥爭小二黑，一個是婦救會鬥爭小芹。不過，在村長的干涉下，金旺沒有得逞，小二黑和小芹都被放了。小芹拉著婦救會主席找村長說：「村長！捉賊要贓，捉姦要雙，當了婦救會主席就不說理了？」〔註21〕在小芹的質疑聲中，「勢」與「理」的對立狀態被揭示出來。不過，《小二黑結婚》的主要敘事目的在於說明婚姻法頒佈之後農村婚姻實踐應該有的形式，故而在此並未就「勢」與「理」的對立進行深入敘述。深入的敘述要到《李家莊的變遷》中才全面展開。在小說開頭敘述的春喜、鐵鎖「說理」事件中，趙樹理較爲詳細地呈現了「勢」與「理」的對立。春喜作爲得「勢」的一方，在李如珍、小喜、小

〔註21〕趙樹理：《小二黑結婚》，《趙樹理全集》第 2 卷，第 223 頁。

毛的撐腰和幫襯之下，不僅故意曲解鐵鎖父親買春喜家的產業時立下的契，而且威逼看廟的老宋，防止他給鐵鎖作證。於是，契任由春喜解釋，證人任由春喜等人選擇，「窗外邊的人見勢頭不對，跑進去把二妞拉出來了」，鐵鎖只能感到「勢頭不對，說不得理，也只好不作聲」，老宋只能說「咱從小是個窮人，一天只顧弄著吃，什麼閒事也不留心」，小毛說「我也惹不起人家呀」。〔註22〕總之，在「勢」的威力之下，「理」幾乎無聲無息，只能轉化為鐵鎖的心理內容和王安福的悄悄言語，二者呈截然對立的狀態。此後，當鐵鎖在太原遇到小常時，小常教育他：「總得把這夥仗勢力不說理的傢夥們一齊打倒，由我們正正派派的老百姓們出來當家，世界才能有真理。」老百姓當家，就能讓「世界」有「真理」，這說明「理」與「勢」存有不對立的可能，但「仗勢力不說理」的判斷還是指向二者之間的對立。因此，小常給鐵鎖的教育，其實更深刻地說明了「勢」與「理」在本質上的區別，即「勢」與「理」是兩不相屬的兩個方面，否則不能既出現「仗勢力不說理」又出現得「勢」才能有「真理」的情況。同時，既能出現「仗勢力不說理」的狀態，又能出現得「勢」才能有「真理」的情況，表明即使在不同的「世界」中，「理」相對於「勢」也是處於弱勢而非均勢的位置。這一點非常重要，只有通過它才能解釋何以趙樹理再現的「世界」中，何者得「勢」都不能免除暴力而只能賦予暴力合「理」或不合「理」的屬性。

　　如果說在「勢」與「理」的對立中，處於弱勢的鐵鎖「說不得理」，最終不得不外出太原謀生，並尋求到得「勢」行「理」的途徑的話，《劉二和與王繼聖》中的老劉就是另外一種情形了。老劉一家是外來戶，租種王光祖的土地，住用王光祖家的房舍，老劉、大和給王光祖種地，二和給王光祖放牛。有一次王繼聖與劉二和等放牛孩子一起玩，被除了劉二和之外的放牛孩子欺負。王繼聖怕事情外泄，丟了面子，就誣陷劉二和，使得他無辜接連挨老領和王光祖的打。二和試圖辯白「說理」卻毫無用處，下決心頂王光祖道：「夥計、夥計不說理，東家、東家不說理，我任憑再跟我爹去討飯也不敢給你放牛了！我還怕你們打死我啦！」〔註23〕劉二和口頭的一時之快在父親看來是深重的災難，「闖下亂子了」：「說什麼理？咱沒有找人家說理人家就找咱算帳啦！有理沒理且不論，這賬怎麼敢跟人家算呀？」〔註24〕從一開始，老劉就

〔註22〕趙樹理：《李家莊的變遷》，《趙樹理全集》第3卷，第7～9頁。

〔註23〕趙樹理：《劉二和與王繼聖》，《趙樹理全集》第3卷，第187頁。

〔註24〕趙樹理：《劉二和與王繼聖》，《趙樹理全集》第3卷，第189頁。

認「勢」不認「理」，根本無暇考慮有沒有可能以「理」行事。事實上，當黃沙溝農民翻身以後，王光祖已經被鬥了，老劉似乎開始以「理」行事了，如對於鬥王光祖之事他便認為：「你們如今說那理我就聽不過去！人家就只有那麼多的問題，也不能給人家沒有窟窿去鑽眼呀！咱一輩子雖說窮可窮得乾淨，不會說那些訛人話。」〔註25〕但後來打麥場上的糾紛再一次暴露了老劉是認「勢」不認「理」的，或者至少是內心認「理」而行動上只認「勢」的。對於打麥場上的糾紛，「他越想越覺著自己理短，實在不能贊成小胖的意見，可是小胖是武委會主任，又不好直接說不贊成，因此一時沒有話說」〔註26〕。最後，糾紛是按小胖的意見處理了。老劉雖然在閒談之中表露出對於「如今說那理」的不同意見，但一到關鍵時候，還是與「世界」變化之前一樣，選擇了認「勢」不認「理」。由此可見，在一個通過「勢」獲得「理」的踐行的「世界」中，「勢」始終是農民判斷認「理」與否的最核心最重要的參數。鐵鎖式的借「勢」行「理」，並非「世界」運轉的必然。因此，有「勢」無「理」或有「理」無「勢」才是正解，「勢」本質上就有吞噬「理」的傾向。

趙樹理有可能自覺到「勢」吞噬「理」的本質在任何「世界」都是一樣的，因此在《李家莊的變遷》中敘述了「太不文明了」的問題，試圖將「理」從群眾之「勢」搭救出來，使「理」成為「世界」運行的有效規則。但是，正如上文已經分析過的那樣，對於「太不文明了」的行為，趙樹理並未敘述任何懲處性的措施或制度性的保障，只是以白狗式的話語收場：「就叫縣長把他帶走吧！只要他還有一點改過的心，咱們何必要多殺他這一個人啦？他要沒有真心改過，咱的江山咱的世界，幾時還殺不了個他？」〔註27〕在這裡，白狗自信的並不是「世界」之「理」，而是「世界」之「勢」。他不確信「咱的世界」能否以「理」服人，使小毛真心改過，確信的是「咱的江山咱的世界，幾時還殺不了個他」，是「勢」的強大和穩固。那麼，可以想像的是，即使趙樹理設想以「文明」救「勢」，設想的結果卻是以「勢」救「理」。而這種思維實質就是以「勢」來維持「世界」的有效運行。雖然，就歷史的發展而言，趙樹理的小說敘述了歷史暴力的必然性與「理」所可能出現的相生相剋關係，並盡可能地搭救了「理」在「世界」中的作用。但必須強調的是，

〔註25〕趙樹理：《劉二和與王繼聖》，《趙樹理全集》第3卷，第203頁。
〔註26〕趙樹理：《劉二和與王繼聖》，《趙樹理全集》第3卷，第218頁。
〔註27〕趙樹理：《李家莊的變遷》，《趙樹理全集》第3卷，第120頁。

　　儘管在不同的小說文本所構成的複雜語境中，趙樹理小說可能出乎趙樹理意料地祛除了「勢力就是理」的「眞理」性質，還是應該確認，就《李家莊的變遷》而言，作家傾向於確認「勢力就是理」的「眞理」性質。而且，在 1949 年後的一些小說中，趙樹理表現出對這一理解的再次認同。例如在《靈泉洞（上部）》中，他便借小說人物鐵栓之口敘述道：「如今最大的毛病是咱們的勢力還小，等咱們的勢力長大了，把他們的老根刨了，他們就不厲害了！」〔註28〕這指的是金虎、銀虎代表的農民與劉承業、劉接旺代表的地主之間的「勢」的消長，重點也在「勢」不在「理」。

　　當然，作爲一定時代的歷史認知，趙樹理並未就「勢」與「理」做出足夠明確的區分，並非什麼重大失誤。不僅在政治家的智慧中，現代中國所踐行的是毛澤東的「槍桿子裏面出政權」，而且在文學家的思考中，深具影響力的也是魯迅所謂「一首詩嚇不走孫傳芳，一炮就把孫傳芳轟走了」。難能可貴的是在有限的範圍內，趙樹理還以《地板》、《三里灣》、《互作鑒定》等小說敘述了以「理」來實現「世界」運轉的一些可能。在《地板》中，當地主王老四視減租的法令爲「勢」，認爲於「理」不通時，小學教員王老三獻身說法，以親身經歷詳細地講述了「糧食確確實實是勞力換的」〔註29〕的道理，從而爲減租法令提供了合「理」性。蔡翔認爲《地板》「提供了一種極其偉大的烏托邦想像，並進而要求重新創造一個完全嶄新的世界，包括國家政權，乃至一種完全嶄新的文化形態」〔註30〕，就敘述「理」而非「勢」的力量或有效性而言，趙樹理的確有所超卓地區分清楚了「勢」和「理」，並意識到「世界」的根本在於「理」，而非「勢」。因此，更爲審愼的結論也許是，趙樹理在直面「勢力就是理」的現狀的同時，已經觸及到「世界」的根本在於「理」這一更爲深刻的命題。

2. 以「理」之名

　　從上述審愼的結論出發，或許能更好地解釋趙樹理小說世界中的人物何以都試圖通過「說理」的方式侵佔他人利益或維護自我利益。如《李家莊的變遷》中的春喜，他雖然是借助李家莊的傳統的「說理」來奪取鐵鎖的家產，

〔註28〕趙樹理：《靈泉洞（上部）》，《趙樹理全集》第 5 卷，第 115 頁。

〔註29〕趙樹理：《地板》，《趙樹理全集》第 2 卷，第 412 頁。

〔註30〕蔡翔：《革命／敘述：中國社會主義文學——文化想像（1949～1966）》，第 229 頁。

表現爲一種對「理」的褻瀆，但他終究還是以「理」之名進行其侵奪，並未
訴諸赤裸裸的掠奪，故而並非肆無忌憚的不顧「理」的「仗勢力不說理」的
行爲。當然，這並非藉此寬宥春喜及與其相關的李如珍、小喜、小毛等人，
而是要強調，在趙樹理小說再現的「世界」中，「理」有著舉足輕重的重要性，
「理」構成了「世界」的根本。也正因爲如此，以暴易暴才沒有成爲趙樹理
小說的基本敘事線索。相反，趙樹理傾向於敘述「老直理」及「眞理」原本
存在，只是一度爲「勢」所掩，必須借「勢」來重新恢復「世界」的「老直
理」及「眞理」。這也就是說，「勢」只是趙樹理再現「世界」的變數，「理」
才是「世界」的常數。因此，對於不同的以「理」之名進行的行爲，趙樹理
都努力在小說敘述中勘破其背後「勢」的因素。

在向農村介紹《中國土地法大綱》應當如何執行的時候，趙樹理曾說道：

> 地主和舊富農，是剝削咱們的人；土地法就是爲了取消這種剝
> 削制度才定出來的，在執行的時候，地主和富農一定要使些陰謀來
> 破壞什麼的。同樣的一句話，我們說出來爲的是把事情辦好，地主
> 富農說出來，就是別有用心。比方某人多佔了果實，某幹部應該撤
> 換，我們提出來是民主，應該稱讚；地主富農提出來就是挑撥，應
> 送人民法院受審。因爲果實分得公不公，幹部合適不合適，都是我
> 們大多數被剝削的群眾的事，與地主富農一字無干，他要來管，就
> 是說的事實，也是挑撥、搗亂！這一點我們要認識得清清楚楚。

〔註31〕

在如此強勢和堅硬的階級邏輯下，透露的是作家對於「理」的濫用的警惕和
樸素立場。而且，有意思的是，這樣強勢和堅硬的階級邏輯雖然出諸趙樹理
的文章，並未見於其小說，相反倒見於柳青的《創業史》。柳青在小說中毫不
客氣地寫了一個總是在處心積慮破壞新的社會秩序的富農姚士傑。土改中的
姚士傑對高增福說：「哥受不了孤立。哥喜願進步。天下農民一家人嘛！全渠
岸一家人，哥獨獨另一家人，哥受不了。……」又說：「把哥的成分下成中農。
只要你兄弟和咱渠岸的貧雇們說咱是中農，他工作組走群眾的路線！……」〔註
32〕無論是談「天下農民一家人」，還是「工作組走群眾的路線」，姚士傑都被

〔註31〕趙樹理：《我們執行土地法，不許地主富農管》，《趙樹理全集》第3卷，第233頁。
〔註32〕柳青：《創業史（第一部）》，北京：人民文學出版社，2005年，第149頁。

敘述爲別有用心，都是以「理」之名，謀取私利。同樣是土地問題，趙樹理在《邪不壓正》中將敘事的焦點指向了小昌那樣的腐化幹部和進入了基層政權的小旦那樣的流氓分子，而不是地主和舊富農。相對而言，柳青可能注重的是按照階級鬥爭的觀念先在地確定富農的人格和性質，而趙樹理注重的是階級劃分和土改實踐中，具體的行爲所可能產生的問題，尤其是權力運作過程中可能出現的偏差。在這樣的注重中，趙樹理表現出對於最大多數人的民主和平等的特別關懷。面對《中國土地法大綱》實踐中出現的濫用權力的老幹部老黨員，趙樹理寫道：

> 不爲人民服務，叫人民爲他服務，人人有眼，早就看出他搞的是什麼鬼，只是惹不起他，現在一執行土地法，我們群眾從下邊起來了，就要審查審查這些說理不走理的人。〔註33〕

趙樹理將濫用權力的老黨員老幹部定義爲「說理不走理的人」，準確地說明了以「理」之名謀取私利的特徵。而且，相對於從階級身份出發談土地法實踐中的具體問題，趙樹理更加眞實地切近了權力運行過程中必然出現的腐敗現象，並且提出了一定的解決方案，即「群眾從下邊起來了」，「人人有眼」，監督權力的運行，以保證大多數人的利益，也即以保障「世界」依「理」而動。

《邪不壓正》是趙樹理上述設想的小說形態，並且比上述設想更加細緻地體察了權力以「理」之名運行過程中未能直接掌控權力者的性格和心態，爲《中國土地法大綱》的實踐留下了重要的歷史印痕。小昌在劉錫元家住過長工，後來在打倒劉錫元的運動中起了很大作用，當上了農會主任。之後，他借填平補齊、割封建尾巴的時機謀取私利，一邊將聚財家算作封建尾巴，一邊又委託小旦去聚財家爲兒子小貴說媒，並順便鬥爭軟英的戀愛對象小寶。據安發轉述，小旦的說辭是：「他說要是願意的話，還能要求回幾畝好地來；要不願意的話，他捉著咱從前給劉家開那禮物單，就要說咱受過劉家的眞金鐲子，叫群眾跟咱要……」〔註34〕小昌盜用的「理」是填平補齊、割封建尾巴的政策，濫用的是基層農會權力，謀取的則是奪人妻、女的私利。聚財、軟英得罪不起有「勢」的小昌和附「勢」的小旦，聚財毫無辦法，唯有生病，軟英則委曲求全，將計就計，利用晉冀魯豫邊區當時男人十七歲以上才能訂婚的規定，權且應下婚事，能拖一時是一時。軟英還交代戀人小寶：「你

〔註33〕趙樹理：《誰也不能有特權》，《趙樹理全集》第 3 卷，第 245 頁。
〔註34〕趙樹理：《邪不壓正》，《趙樹理全集》第 3 卷，第 307～308 頁。

到外面，要故意罵我喪良心才好！」〔註35〕在小昌、小旦以「理」之名進行的「仗勢力不說理」的欺壓之下，聚財、軟英、小寶的人性和心態都發生了病變或極其微妙的扭曲，使人不得不發生對於以「理」之名濫用權力的警覺與厭惡。小說雖以「邪不壓正」爲結局，但仍然留下巨大的思考空間。結尾部分工作團的組長講話時針對小旦說：「土改以後，群眾起來了！再不能叫你像以前那樣張牙舞爪了，⋯⋯」〔註36〕但是，「群眾起來了」是隨著工作團的到來起來的，相關的監督機制並未隨之建立，一旦工作團走了，「群眾」很可能就再次下去了。在這裡，趙樹理表現出對「群眾」監督的過度相信，卻似乎未曾意識到「群眾」並未真正起來，小昌、小旦的問題是自上而下偶然解決的。作家在小說最後寫：「散會以後，二姨擠到工作團的組長跟前說：『組長！我是上河村人！你們這工作團不能請到外面上河工作工作？』組長說：『明年正月就要去！』」〔註37〕很顯然，曲終奏雅的作者相信工作團能在上河村（甚至整個中國）複製下河村的成功，實現「群眾起來了」監督權力以「理」之名的健康運行。因此，儘管趙樹理在一定程度上勘破了以「理」之名背後「勢」的因素，還是未曾在小說敘事的意義上找到真正有效的保障「世界」依「理」而行的途徑。

在 1949 年之後的小說中，趙樹理塑造了一些更具有戲劇性的角色來進一步在小說的意義上探索以「理」之名的問題，例如《三里灣》中的常有理和范登高，《靈泉洞（上部）》中的土匪兵王天慶。常有理是抓「理」說事的好手，因怨三媳婦菊英把丈夫放去當志願兵了，一直對她相當冷落，甚至飯也不打算讓她吃飽。有一次菊英在幹活，送來的飯是麵條，但幾乎只剩麵湯了，便告到村政權。常有理對此事「說得端端有理」：「孩子都是我的孩子，媳婦也自然都是我的兒媳，哪一根指頭也是自己的骨肉，我也犯不上偏誰爲誰！可是咱們這莊戶人家，不到過年過節，每天也不過吃一些家常便飯，我吃了這麼大也沒有敢嫌壞。⋯⋯人和人的心事不投了，想找碴兒什麼時候都找得出來！像這樣扭扭別別過日子怎麼過得下去呀？我也不會說什麼，請你們大家評一評吧！」〔註38〕常有理的確「說得端端有理」，既說明了莊戶人家飲食

〔註35〕趙樹理：《邪不壓正》，《趙樹理全集》第 3 卷，第 309 頁。
〔註36〕趙樹理：《邪不壓正》，《趙樹理全集》第 3 卷，第 318 頁。
〔註37〕趙樹理：《邪不壓正》，《趙樹理全集》第 3 卷，第 318 頁。
〔註38〕趙樹理：《三里灣》，《趙樹理全集》第 4 卷，第 254～255 頁。

生活的實情，又照顧到兩個媳婦之間的公平，於情於理都是牢不可破的。那麼問題出在哪裏呢？出在「人和人的心事不投了」，是菊英不願意在一起過大家庭生活。常有理何以能如此「說得端端有理」呢？原來在馬家院裏掌權的就是常有理夫婦，常有理不過是以「理」之名來打壓菊英，進一步鞏固自己在馬家院的「勢」罷了。當然，由於馬有翼的證詞，常有理由「有理」變成無「理」，無奈謝幕了。范登高雖然是村長，但在村政權中處於孤立地位。王金生、張永清等人都要求發展社會主義，實行辦社，范登高則一心只想緊緊抓好自己的資本主義生產。但范登高並不直說，而是以「理」之名維護自己的利益、觀點和立場。關於菊英分家的事，他反駁張永清的做法：「作為一個黨員，我要向支委會提意見：第一，黨不應該替人家分家。第二，提出這個問題，馬多壽一定會說共產黨為了謀取他的一塊地才挑唆菊英和他分家。這對黨的影響多麼壞！」〔註39〕但實際情形是他擔心菊英分家得地之後，合作社遇到的困難迎刃而解，馬多壽也可能入社，自己不再有理由不入社，不得不放棄資本主義生產了。他進一步指責菊英：「我算不會和青年人共事！話要往理上說！說話抓不住理了，別人實在不容易給她圓場！」〔註40〕實際上則是菊英主動表示要分家，使得范登高向支委會提出的兩條意見站不住腳了，他無法給自己的「理」圓場，只好指責菊英「說話抓不住理」。作為一個處於孤立地位的努力維護一己之「勢」的人，范登高時刻不忘抓住「理」，但卻始終抓無可抓，無法讓「理」為自己的「勢」服務。可見，在沒有「勢」的情況下，「理」雖然只能停留為一種名義，但卻具有至關重要的意義。

而王天慶的行為證明，即使在有「勢」的情況下，「理」也是必須竊取或佔據的名義；一旦被勘破「仗勢力不說理」的本質，就要面臨滅頂之災。王天慶和朱來寶是土匪部隊搶佔了劉承業家的窖藏糧食後被一起留下來守地窖的士兵，金虎恰好帶領村民找劉承業借糧，朱有意幫忙，王不答應。其中有個老頭說：「好老總！我們借在前，你們借在後；你們多吃些，我們少吃些還不行？」王說：「老傢夥！你還要跟我們說理是不是？」老頭一語錯亂，道出實情：「好老總！我知道你不說理，不過……」王立即要打老頭，被金虎抓住，就說：「你媽的，我要問他誰不說理？」〔註41〕結局是王天慶被朱來寶錯手一

〔註39〕趙樹理：《三里灣》，《趙樹理全集》第 4 卷，第 275 頁。
〔註40〕趙樹理：《三里灣》，《趙樹理全集》第 4 卷，第 280 頁。
〔註41〕趙樹理：《靈泉洞（上部）》，《趙樹理全集》第 5 卷，第 213～214 頁。

刀背打頂門上，死了。王天慶雖然「仗勢力不說理」，卻不許他人發現「不說理」的秘密，並堅持維護自己其實「說理」的假面。這深刻地說明了，一切「勢」都必然自封為「理」的。只是當「勢」「不說理」的秘密被識破之後，「勢」也很快就崩塌，與「理」徹底無干。因此，「勢」只是寄生在「理」中的一種現實或歷史的情狀，並非真的「勢力就是理」。

3. 救「勢」之道

在小說中，趙樹理並未以「理」否定一切「勢」，例如共產黨和群眾，就是他敘述為說「老直理」及「真理」的「勢」。共產黨和群眾何以是「世界」中合「理」的「勢」？趙樹理在小說中提供了何種救「勢」之道？如果將「勢力就是理」作為一個積極的命題來看待，如何以「理」救「勢」，就是一個必須進行嚴肅分析的側面了。而且，對於趙樹理而言，這也是一個很重要的問題，因為它制約著他小說的結尾及遠景的呈現。

表格 3

序號	篇　目	結尾或臨近結尾的部分
1	小二黑結婚	鬥爭金旺與旺兄弟的群眾大會
2	李有才板話	鬥爭閻恒元及選舉村幹部的群眾大會
3	孟祥英翻身	孟祥英參加勞動英雄大會
4	李家莊的變遷	慶祝抗日勝利的群眾大會
5	富貴	富貴控訴老家長老萬的群眾會議
6	邪不壓正	針對小昌的整黨會
7	登記	宣傳模範婚姻的群眾會
8	「鍛鍊鍛鍊」	處理偷花問題的社員大會
9	老定額	食堂會餐
10	套不住的手	陳秉正出席勞模大會
11	互作鑒定	青年思想問題會

如表格 3 所示，從《小二黑結婚》算起，趙樹理寫作的所有小說中有 11 篇（部）的結尾或臨近結尾的部分敘述的都是共產黨組織的會議，而且幾乎都是群眾性會議或大會。其他未統計在表格 3 中的小說，也有一些與共產黨組織的群眾性會議相關，如《三里灣》就頻繁敘及會議，臨近結尾的部分也

是金生他們分組開會，以安排好辦社工作，迎接國慶。這說明就文本事實而言，共產黨組織群眾大會在趙樹理小說結尾中是普遍出現的。這樣的文本事實恰好與趙樹理並未在小說中以「理」否定一切「勢」的態度契合，因此對其作出分析和解釋，不僅是必要的，而且也是討論趙樹理小說中的救「勢」之道的文本基礎。另外，雖然在丁玲、周立波、歐陽山、孫犁、柳青、梁斌等作家的小說中也往往敘及共產黨組織的群眾性會議，但因較少出現在結尾，且敘事聲音多落腳在主人公身上而非在普通的甚或不具名的群眾身上，更進一步證明，分析和解釋趙樹理小說中的救「勢」之道有特殊的文本基礎，且別有其意義和價值。

「共產黨」一詞作為一個明確的敘事代碼，在趙樹理的小說中並不多見。除了三部篇幅較長的小說《李家莊的變遷》、《三里灣》和《靈泉洞（上部）》之外，幾乎沒有了。而且，即使在此三部小說中，「共產黨」一詞也未頻繁出現，迥異於《創業史》之類的小說。當然，與這一詞彙相關的東西其實無處不在。相反的是，「群眾」一詞卻以敘事代碼的身份，大量地散見於趙樹理的各類小說文本當中。而且，由於敘事者對「群眾」表露出極為複雜的敘事態度，給人一種趙樹理在不斷地為「群眾」編碼——解碼——再編碼〔註42〕的印象。「群眾」一詞在《小二黑結婚》中出現時，是與「大會」組成詞組編織在小說的脈絡中。趙樹理在小說結尾敘述劉家峧「開一個群眾大會」調查金旺興旺的罪惡，起先大家不敢說話，甚至強調「忍事者安然」，而「經過這次大會之後，村裏人也都敢出頭了」，〔註43〕「群眾」的性質經過一次「大會」發生了變化。敘事者通過「大會」將「村裏人」編碼為「群眾」，並在接下來

〔註42〕詹明信將德勒茲和瓜塔里《反俄狄浦斯》採用的歷史模式概括為由「規範形成」時期（coding）而「過量規範形成」時期（overcoding）而「規範解體」時期（decoding）而「規範重建」時期（recoding）而進入精神分裂症時期，並且認為「規範解體的時代是現實主義；規範重建（或者各種規範重建）的時代是現代主義；而患精神分裂症要求回歸到原始流時代的理想正恰如其分地代表了後現代主義一切新的特點」。（參見詹明信：《現實主義、現代主義、後現代主義》，行遠譯，《比較文學講演錄》，深圳大學比較文學研究所編，西安：陝西師範大學出版社，1987 年，第 32～35 頁。）德勒茲和瓜塔里的本意是以「規範形成」時期對應原始的地域性的機器（the savage territorial machine），「過量規範形成」時期對應野蠻的專制的機器（the barbarian machine），「規範解體」時期對應文明的資本主義機器（the civilized capitalism machine）。See Gilles Deleuze and Felix Guatarri, Anti-Oedipus: Capitalism and Schizophrenia, Minneaplis: University of Minnesota Press, 1983, pp261～262.

〔註43〕趙樹理：《小二黑結婚》，《趙樹理全集》第 2 卷，第 232～234 頁。

的小說《李有才板話》中繼續將農民編碼爲「群眾」。這一次因爲老楊同志事先做好了組織和發動農民的工作，所以「群眾大會開了，恒元的違法事實，大家一天也沒有提完」〔註44〕，沒有猶豫和害怕了。同時，更爲重要的是，大家在「群眾大會」後唱起了「乾梆戲」，發揮了「理」的歷史認定的作用。老楊同志問老百姓如何看鬥爭閻恒元，小順回答大家唱「乾梆戲」即表示高興，認爲鬥爭有「理」。〔註45〕通過《李有才板話》，趙樹理將農民編碼爲「群眾」，並與「理」建立了緊密關係，從而第一次從正面以「理」救「勢」。其後，在《李家莊的變遷》中，趙樹理開始比較多地使用「群眾」一詞，並且在臨近結尾的部分，通過敘述「群眾」「太不文明了」的行爲，開始了對「群眾」的解碼。當「群眾」爆發出集體性的暴力行爲，趙樹理顯然否認其與「理」具有一致性，並不惜將鐵鎖、冷元甚至白狗從「群眾」中重新超拔出來，作爲「眞理」的表率。

　　但是，作者顯然無意全面、徹底地否定「群眾」，只是要通過解碼的方式剔除「群眾」中的不良因素，更深刻地建立「群眾」與「理」的一致性。惟其如此，才能解釋隨後的小說《小經理》中「群眾」所佔據的位置。下列兩處敘述是值得特別注意的：

　　　　「眾人是聖人」。三喜自參加了這次鬥爭，共產黨看起他來了，群眾也看起他來了。〔註46〕

　　　　大家選起他來以後，他去向支部提出困難，支部說：「群眾既要你當，你就該克服困難，起模範作用。」他說：「我幹不了。」支部說：「你看誰比你強些？」他想想，沒有。〔註47〕

三喜鬥爭張太的事，由「共產黨」和「群眾」作評價。聖人是傳統社會禮制的制訂者，而「眾人是聖人」，意味著「群眾」取代聖人，成爲「理」的代言者。因此，「群眾」選三喜當合作社經理，必然拒絕不得。而且「群眾」的眼光是不會錯的，三喜想想，確實只有自己能當經理。〔註48〕通過《小經理》敘述「群眾」的聖人性質，趙樹理結結實實地建立了「群眾」與「理」的關

〔註44〕趙樹理：《小二黑結婚》，《趙樹理全集》第2卷，第298頁。
〔註45〕趙樹理：《李有才板話》，《趙樹理全集》第2卷，第301頁。
〔註46〕趙樹理：《小經理》，《趙樹理全集》第3卷，第224頁。
〔註47〕趙樹理：《小經理》，《趙樹理全集》第3卷，第225頁。
〔註48〕在這裡，聯想到社會主義共和國的政治箴言「群眾的眼睛是雪亮的」，實在是情理之中的事情。

係，從而在小說的意義上實現了救「勢」之道。另外，小說以並置的方式敘述道，「共產黨看起他來了，群眾也看起他來了」，明確標識著「共產黨」與「群眾」之間的親緣關係。事實上正是如此，在大多數時候，趙樹理小說都將「共產黨」敘述為「群眾」的啟蒙者，如老楊同志之於閻家山村民，小常之於李家莊村民。二者啟蒙與被啟蒙關係的建立，當然並不完全在於、甚至不在於「共產黨」佔有「理」的優勢，而更多地在於甚或僅在於農民發現「共產黨」與自己一樣，都是「說真理」的。至少在趙樹理的小說敘述中是如此，雖然可以借用「啟蒙」這樣的字眼，但「共產黨」與「群眾」之間的關係並不簡單地是啟蒙與被啟蒙的關係。趙樹理敘述鐵鎖的心理活動，「至於小常說的道理，他也完全懂得」。〔註49〕小常只是說出了與鐵鎖理解「世界」一樣的「理」，並非交給了鐵鎖一套聞所未聞的「理」。那麼，就「理」的層面而言，「共產黨」與「群眾」是相互認識並相互肯定的關係。而這一關係促使趙樹理小說能夠通過敘述「共產黨」組織農民革命的方式來不斷地對「群眾」進行編碼——解碼——再編碼活動，並同時保持農民一定程度上的獨立性。以《李有才板話》例之，則是老楊同志作為「共產黨」組織的「群眾」大會，有效與否，蓋棺論定者是閻家山村民。「乾梆戲」喻情，板人作總結喻「理」，「共產黨」不能直接給自己做出歷史評價。

趙樹理並未因此在 1949 年以後的小說中固定地將「群眾」敘述為「理」的代言者，而是進行了新一輪的編碼——解碼——再編碼活動。在《登記》中，除了針對行政系統的官僚化，還把敘述的意圖指向了「群眾」。小說的結尾出現了相互矛盾的敘述：

> 群眾說你們聲名不正，那是他們頭腦裏還有些封建思想，以後要大家慢慢去掉。……群眾也要把咱們罵死了！

> 散會以後，大家都說這種婚姻結得很好，都說：「兩個人以後一定很和氣，總不會像小飛蛾那時候叫張木匠打得個半死！」連一向說人家聲名不正的老頭子老太太，也有說好的了。〔註50〕

一邊敘述「群眾」「頭腦裏還有些封建思想」，一邊仍然以「大家都說這種婚姻結得很好」來進行「理」的認定。雖然後文還敘述「一向說人家聲名不正的老頭子老太太」「也有說好的了」，將不贊同「這種婚姻」的老頭子老太太

〔註49〕趙樹理：《李家莊的變遷》，《趙樹理全集》第 3 卷，第 34～45 頁。
〔註50〕趙樹理：《登記》，《趙樹理全集》第 4 卷，第 30 頁。

從「大家」中剔除了出去，但仍然讓人覺得趙樹理的敘事意圖在於：「嚴重的問題是教育農民。」當然，需要辯駁的是，趙樹理是在一家人不說兩家話的意義上敘述這一問題，正如他 1957 年在《「才」和「用」》一文中的態度一樣。他批判道：「在舊社會，剝削階級常以爲一切勞動者都是天生就的碌碌庸才，只能『吃苦』，而知識分子自然就都是『指手劃腳』的『高等』人物。」〔註 51〕顯然，趙樹理無意自高於「群眾」，從而造成他的敘述存在既要批評「群眾」的封建思想、又要「群眾」進行「理」的認定這樣的裂縫。

不過，自此以後，「群眾」又基本上再編碼爲一個完整的「理」的代言者，一個絕對符碼化的詞彙。《三里灣》敘述范登高思想轉變的過程時，頻繁啓用了「群眾」一詞，如批評范登高做檢討的態度「還是站在群眾的頭上當老爺」，提醒范登高「學步能不能學好」「還要靠群眾監督」，「群眾的思想水平」比他高。〔註 52〕「群眾」在這裡意味著絕對的「勢」與「理」，不但是不能欺辱的，而且必須接受其監督和領導。在《「鍛鍊鍛鍊」》、《賣煙葉》等小說中，趙樹理進行了類似的再編碼活動，此處不贅。總之，通過對「群眾」不斷地進行編碼——解碼——再編碼，趙樹理小說成功地實踐了以「理」救「勢」的救「勢」之道。而正是因此，趙樹理多以「群眾大會」結束小說，並由此展開了「農民說理的世界」這一別開生面的小說遠景。雖然就趙樹理小說文本本身而言，其所敘及的一切已構成一個「農民」正在「說理」的「世界」，但「農民說理的世界」作爲小說指向的遠景，依然有更爲動人的魅力。

三、「理」的分裂：人文地理、家庭倫理及個人心理

在討論「老直理」、「眞理」和「勢力就是理」等問題時，一個引而未發的相關問題是「各有各的道理」。「世界」出現在趙樹理小說的敘事脈絡中時，已然隱指社會秩序的動蕩，因此在「世界」中，「各有各的道理」自是題中應有之義。雖然趙樹理作爲敘事者的意圖偏重於「老直理」、「眞理」和「勢力就是理」，但其小說文本中廣泛存在的「各有各的道理」的事實，從側面豐富了敘事者偏重的幾個命題，因而也有分析的必要。而且，分析的結果將證明，趙樹理對於「理」也並未取單一的態度，他可能希望「世界」依「理」運行之時，仍保有「理」所無法界定的部分。

〔註 51〕趙樹理：《「才」和「用」》，《趙樹理全集》第 5 卷，第 66 頁。
〔註 52〕趙樹理：《三里灣》，《趙樹理全集》第 4 卷，第 307～308 頁。

1. 人文地理問題

趙樹理從《小二黑結婚》起就在敘述「各有各的道理」，但局限在較爲微觀的家庭倫理層面。而宏觀的人文地理問題，是從《李有才板話》開始的。在這篇小說中，趙樹理這樣描寫閻家山的人文地理：

> 閻家山這地方有點古怪：村西頭是磚樓房，中間是平房，東頭的老槐樹下是一排二三十孔土窯，地勢看來也還平，可是從房頂上看起從西到東卻是一道斜坡。西頭住的都是姓閻的；中間也有姓閻的也有雜姓，不過都是些在地戶；只有東頭特別，外來的開荒的占一半，日子過倒楣了的本村的雜姓，也差不多占一半，姓閻的只有三家，也是破了產賣了房子才搬來的。〔註53〕

眼光銳利的周揚一下子就發現了其中的一些奧秘：「這裡，風景畫是沒有的，然而從西到東一道斜坡不正是農村中階級的明顯的區分嗎？」〔註54〕不過，與其落實趙樹理敘述的階級性，不如分析其中蘊含的人文地理問題。法國學者德芒戎將人文地理學定義爲「研究人類集團和地理環境的關係的科學」，強調：「人文地理學所研究的，是作爲集體和集團的人：是作爲社會的人的作用。我們應當不從個人而從集體出發來進行研究。」〔註55〕很顯然，《李有才板話》採用的是集體型敘述聲音模式〔註56〕，趙樹理不是從個人出發描寫閻家山。

〔註53〕趙樹理：《李有才板話》，《趙樹理全集》第2卷，第249頁。

〔註54〕周揚：《論趙樹理的創作》，見《論趙樹理的創作》，第15頁。

〔註55〕阿·德芒戎：《人文地理學問題》，葛以德譯，北京：商務印書館，2007年，第6頁。

〔註56〕蘇珊·S·蘭瑟將敘述聲音分爲作者的（authorial）、個人的（personal）和集體的（communal）三種模式，其中作者型聲音（authorail voice）「表示一種『異故事的』（heterodiegetic）、集體的並具有潛在自我指稱意義的敘事狀態」，個人聲音（personal voice）「表示那些有意講述自己的故事的敘述者」，集體型敘述聲音（communal voice）「或者表達了一種群體的共同聲音，或者表達了各種聲音的集合」，「指這樣一種敘述行爲，在其敘述的過程中某個具有一定規模的群體被賦予敘事權威；這種權威通過多方位、交互賦權的敘述聲音，也通過某個獲得群體明顯授權的個人的聲音在文本中以文字的形式固定下來」。蘭瑟強調：「與作者型聲音和個人型聲音不同，集體型敘述看來基本上是邊緣群體和受壓制的群體的敘述現象。」（參見蘇珊·S·蘭瑟：《虛構的權威：女性作家與敘述聲音》，黃必康譯，北京：北京大學出版社，2002年，第17～23頁。）蘭瑟提出集體型敘述聲音的目的是分析在聲音的戰場上，作爲邊緣群體的女性所受的壓制。趙樹理小說的敘述聲音是作爲「農民」群體的共同聲音存在的，其中雜合著知識分子話語和無產階級革命的意識形態話語，敘述的是「邊緣群體和受壓制的群體」「農民」（尤其是婦女）的覺醒並

而且，這裡敘及的雖然只是住房問題，但正如德芒戎所言，「和地面上人類許多其它建築物一樣，房屋是地理環境的表現。不過，應當把這個環境理解為自然和人文影響的整體，它能決定農民採用這種或那種住房」，〔註57〕閻家山住房的分佈特點也是閻家山「自然和人文影響的整體」所決定的。在地戶閻姓聚居村西頭，在地戶雜姓聚居中間，外來開荒戶及落魄的本村雜姓聚居東頭，表現出較為典型的宗族社會特徵。閻姓的閻恒元一直控制著村政，即使章工作員組織了選舉，當選的也是閻恒元的乾兒子劉廣聚。後來老楊同志組織老槐樹底下的人鬥爭閻恒元，小明的直接反應是：「能弄成那樣，那可真是又一番世界，可惜沒有閻家——如今就想不出這麼個可出頭的人來。」〔註58〕可見儘管在經濟生活和住房分佈上，閻家山有明確的階層區分度，在思想意識上還是比較一致的。章工作員、老楊同志的工作，就是打破這種一致，助推李有才、馬鳳鳴等外來戶對閻姓在地戶的不滿，使他們意識到「各有各的道理」。此後，閻家山的人文地理發生了極大的改變。從前是李有才的板話不用一天就能傳遍村東頭，但很難傳到西頭，因為西頭的人「沒事總不到老槐樹底來閒坐」，小孩偶而去玩了，大人知道往往罵：「下流東西！明天就要叫你到老槐樹底去住啦！」〔註59〕在外來開荒戶支持下進入村政權的陳小元，很快被閻恒元糊弄住，可以說也是思想意識上以老槐樹底為下流、以西頭為上流造成的。但老楊同志「碰了廣聚一頓」並「取消張得貴的農會主席」之後，「端著碗來老槐樹底的特別多」，〔註60〕閻家山村西頭和東頭的關係就顛倒過來了，村長成了老槐樹底的小保，小元也被批評為忘本，需要在群眾的監督下自我改造。但就住房分佈而言，由於趙樹理後文並無閻家山「老」、「小」字輩翻身後的敘述，它所表徵的依然是宗族社會的人文地理；至少表面上是這樣的。

此後，借助本地戶與外來戶之間的矛盾，也即宗族社會內部矛盾的一種，趙樹理在《李家莊的變遷》中再一次敘述了宗族社會內部「各有各的道理」萌發的過程。本地戶春喜利用「說理」慣例訛詐鐵鎖，外來戶鐵鎖也只是覺

獲得經濟、政治甚或文化、文學權利的過程，因此不妨借用蘭瑟的概念，定義為一種集體型敘述聲音。

〔註57〕阿・德芒戎：《人文地理學問題》，第 217 頁。
〔註58〕趙樹理：《李有才板話》，《趙樹理全集》第 2 卷，第 293 頁。
〔註59〕趙樹理：《李有才板話》，《趙樹理全集》第 2 卷，第 253 頁。
〔註60〕趙樹理：《李有才板話》，《趙樹理全集》第 2 卷，第 295 頁。

得李如珍、春喜等人是「仗勢力不說理」，並沒有覺得另有他「理」可據。甚至太原遇到小喜對自己表示好意之時，「鐵鎖見他說得很自己，也願意受他的照顧」，〔註61〕表現出明顯的宗族社會中的熟人情感狀態〔註62〕。直到小常這個陌生人出現之後，鐵鎖才意識到另有「理」可據。鐵鎖的朋友議論道，「小常跟他們說是兩股理」〔註63〕。此後，小說敘述的就是「兩股理」此消彼長的過程。小常到李家莊組織犧盟會之後，人文地理也發生了變化。此前只有「公所重地，閒人免進」〔註64〕的龍王廟是李家莊的政治權力中心，此後則增加了小常、鐵鎖他們辦公的公房，分庭抗禮，在人文地理的意義上顯示「各有各的道理」的狀態。因此，「各有各的道理」的萌發就是宗族社會政治走向末路的開始。在《地板》和《富貴》中，趙樹理不再借助本地戶與外來戶之間的矛盾敘述「各有各的道理」，而是直接敘述宗族社會內部同一宗族經濟情況不同的人之間的矛盾，在展現「各有各的道理」的同時，試圖釜底抽薪式地瓦解宗族社會。

當然，就人文地理問題而言，更為典型的是趙樹理在《三里灣》當中所描寫的人文地理。小說開頭寫道：

> 三里灣的村東南角上，有前後相連的兩院房子，叫「旗杆院」。
>
> 「旗杆」這東西現在已經不多了，有些地方的年輕人，恐怕就沒有趕上見過。這東西，說起來也簡單──用四個石墩子，每兩個中間夾著一根高杆，豎在大門外的左右兩邊，名字雖說叫「旗杆」，實際上並不掛旗，不過在封建制度下壯一壯地主階級的威風罷了。可是在那時候，這東西也不是哪家地主想豎就可以豎的，只有功名等級在「舉人」以上的才可以豎。〔註65〕

這是一個與《李家莊的變遷》類似的開頭，即從一個村政治權力中心所在的

〔註61〕趙樹理：《李家莊的變遷》，重慶：新知書店，1946 年，第 23 頁。
〔註62〕費孝通在 1948 年發表的著作《鄉土中國》中將中國鄉村社會視為一個「熟悉」的社會，沒有陌生人的社會。這個社會靠禮俗而非法律得以維繫，但「在我們社會的激速變遷中，從鄉土社會進入現代社會的過程中，我們在鄉土社會中所養成的生活方式處處發生了流弊。陌生人所組成的現代社會是無法用鄉土社會的習俗應付的」。參見費孝通：《鄉土中國》，上海：觀察社，1948 年，第 5～7 頁。
〔註63〕趙樹理：《李家莊的變遷》，《趙樹理全集》第 3 卷，第 35 頁。
〔註64〕趙樹理：《李家莊的變遷》，《趙樹理全集》第 3 卷，第 7 頁。
〔註65〕趙樹理：《三里灣》，《趙樹理全集》第 4 卷，第 164 頁。

建築寫起。不同之處在於，如果說在《李有才板話》、《李家莊的變遷》的人文地理描寫中，需要批評家銳利的眼睛才能發現描寫的階級性，在這裡完全用不著了，敘事者直接交代了人文地理的階級性質。趙樹理似乎已經完全不必在意人文地理的宗族特徵，而直接以「地主階級」進行命名了。的確，小說文本雖然也提到范登高的行為有可能成為地主劉老五的歷史重演，但敘述的核心線索已經變成社會主義與資本主義之間「各有各的道理」的博弈。同時，由於雙方並無勢均力敵之態，更不可能像《李家莊的變遷》那樣，鐵鎖與李如珍之間發生長時間的拉鋸戰，趙樹理將「旗杆院」寫成了社會主義政治權力中心的所在地，而僅以敘述前身、提示歷史的方式暗示，曾經有被社會主義取代的「理」在「旗杆院」。而且，重要的是「旗杆院」已經完全被改造了。

但是，小說敘述起來容易，社會的變遷卻可能複雜得多。在《三里灣》之後的小說中，趙樹理仍然不得不敘述與宗族社會密切相關的內容，例如《「鍛鍊鍛鍊」》中「小腿疼」仗著自己是王聚海的本家嫂子而敢於藐視楊小四。甚至王聚海與楊小四、高秀蘭之間的矛盾，都不無宗族社會不同宗族之間矛盾的遺留。這應該是個值得深長思之的問題。

2. 家庭倫理分歧

相比於人文地理上的「各有各的道理」，家庭倫理上的分歧雖然顯得微觀，但問題卻更為複雜；趙樹理顯然也花了更多的心思和精力在小說中處理家庭倫理上的「各有各的道理」。從《小二黑結婚》始到《賣煙葉》終，趙樹理一直不間斷地關注在「世界」變遷中家庭倫理的重建。他還一度要寫取名《戶》的小說：「巴金寫了一本家，為了表現農村生活，我們也可以寫本《戶》。戶是農村的生活單位，生產隊就是以戶為單位。……在養老沒有社會化以前，戶還不能撤了，這對社會主義生產還是有利的。」〔註66〕出發點雖指向「社會主義生產」，但趙樹理的目的是家庭倫理問題。不過，在小說中，作家並未面面俱到地敘述家庭倫理的分歧，而主要是以婚戀問題來呈現家庭內部「各有各的道理」的情形的。

趙樹理通過《小二黑結婚》傳達的是同一階級、家庭的內部，因為思想意識和心理需求的差別，便有不同的「理」。小芹與小二黑自由戀愛，並打算

〔註66〕趙樹理：《文藝與生活》，《趙樹理全集》第 6 卷，第 64 頁。

結婚之時，她的母親三仙姑橫加阻攔，將她許配給一個退職軍官，並且裝神弄鬼，唱些什麼「前世姻緣由天定，不順天意活不成」。「小芹聽了這話，知道跟這個裝神弄鬼的娘說不出什麼道理來，乾脆躲了出去，讓她娘一個人胡說。」〔註67〕母女同處一個家庭、一個階級，但卻因為思想意識和心理需求的衝突，互相否定對方認定的道理。〔註68〕不過，小芹並不是一開始就明白跟自己的娘「說不出什麼道理來」，而是經歷過金旺的兩個鬥爭會鬧劇之後，才知道自己跟小二黑戀愛是「合理合法」的。小說敘述道：「兩個鬥爭會開過以後，事情包也包不住了，小二黑也知道這事是合理合法的了，索性就跟小芹公開商量起來。」〔註69〕與小芹一樣，小二黑也是經歷過鬥爭會之後才明白的。這也就是說，小二黑雖然不願意二諸葛包辦的童養媳，卻找不到與父親分庭抗禮的「理」。同樣的，如果不是知道自由戀愛的「合理合法」，小芹也不能「理」直氣壯地拒絕三仙姑安排的婚事。而這種「各有各的道理」的局面所以出現，用二諸葛的話來說，「不過是官家規定」〔註70〕造成的，二諸葛最終並未放棄自己的「理」，僅僅是「不好意思再到別人跟前賣弄他那一套了」〔註71〕。當然，小二黑、小芹更不可能放棄自己的「理」。於是，「各有各的道理」的局面便在「世界」的家庭倫理中持續下來了。趙樹理在小說結尾有所偏袒地敘述小二黑、小芹結婚之後：「小兩口都十分得意，鄰居們都說是村里第一對好夫妻。」〔註72〕但是，多年以後，在《邪不壓正》和《三里灣》中，作家都敘述的是「各有各的道理」的故事，「世界」並不因趙樹理一時的偏袒就馬上發生真正的改變。

在《邪不壓正》中，趙樹理繼續以代際衝突為主線敘述軟英與小寶的戀愛故事。作家面對批評時曾言「這個故事是套進去的，但並不是一種穿插，

〔註67〕趙樹理：《小二黑結婚》，《趙樹理全集》第 2 卷，第 224 頁。

〔註68〕以代際衝突的方式敘述家庭倫理的破碎，敘述新文化衝破舊文化的桎梏，可以說是中國新文學的習見的敘事套路。趙樹理與此有極大的親緣性，但因其小說幾乎都以大團圓結尾，與傳統的才子佳人故事（例如《西廂記》）反而距離更近一些。不過，趙樹理還是有不同於二者的著意，即其小說大團圓的結局不是類似張生、崔鶯鶯的兒女輩向父母輩的價值觀屈服，而是父母輩向兒女輩的價值取向表達認同，如三仙姑和二諸葛的改變。

〔註69〕趙樹理：《小二黑結婚》，《趙樹理全集》第 2 卷，第 223 頁。

〔註70〕趙樹理：《小二黑結婚》，《趙樹理全集》第 2 卷，第 230 頁。

〔註71〕趙樹理：《小二黑結婚》，《趙樹理全集》第 2 卷，第 235 頁。

〔註72〕趙樹理：《小二黑結婚》，《趙樹理全集》第 2 卷，第 235 頁。

而是把它當作一條繩子來用——把我要說明的事情都掛在它身上,可又不把它當成主要部分」,試圖突出《邪不壓正》的土改內容。〔註 73〕不管他的主觀敘事意圖是什麼,軟英與小寶的戀愛故事還是值得分析,尤其當故事是在軟英與聚財父女之間的衝突中展開,更凸顯了「世界」變遷中家庭倫理的分歧。雖然是被迫嫁女兒給劉錫元的兒子劉忠,聚財一直不太照顧女兒的意願,嫌小寶窮,傾向於將女兒嫁給劉忠,只是因爲戰亂頻仍,時局多變,軟英多次躲過了嫁給劉忠的命運。關於嫁給劉忠的事,聚財的考慮是:「年輕人光看得見眼睫毛上那點事!一來就不容易弄斷,二來弄斷了還不知道是福是害!」「要跟上小寶,那如得還嫁給人家劉忠!你不要看人家挨了鬥爭!在本村說起來還仍然是個小財主!」〔註 74〕軟英的對策是:「我爹就是那樣『前怕狼後怕虎』!」「他財主不財主,我又不是缺個爹!」〔註 75〕二姨聽了之後覺得都有道理,於是敘事者敘述道:「兩個人各有各的道理,兩套道理放到一處是對頭。」〔註 76〕但是,關鍵之處不在於「兩套道理」「是對頭」,而在於父親的「理」是經濟生活與「世界」變動時的生存問題,女兒的「理」是個人情感的「理」。而且,父親的「理」透露出對「世界」變遷的驚慌失措,女兒的「理」則意味著對「世界」變遷的樂觀接受。這樣的「兩套道理」出現在一個家庭內部,說明隨著「世界」的變遷,家庭倫理的分歧已經到達某個極限,迫切需要重建。此後劉忠被再次鬥爭之後,又出現了小昌逼婚事件。當然,出於美好的願望,或者對未來「世界」秩序的信心,趙樹理依然敘述了一個皆大歡喜的結局。聚財沒有眞正迫使女兒嫁給誰,選擇了一等再等,軟英沒有離家出走,也選擇了一等再等,雙方終於等到了「說理的地方」歷史地實現。聚財發現「孩子們都比咱們強」〔註77〕,再找不到「理」阻止軟英嫁給小寶;而區長則在軟英的質詢下說:「我代表政權答覆你:你跟小寶的關係是合法的。你們什麼時候想定婚,到區上登記一下就對了,別人都干涉不著。」〔註 78〕

但是,軟英和小寶的關係最終需要政權認定其「合法」,暗示著「說理的

〔註 73〕 趙樹理:《關於〈邪不壓正〉》,《趙樹理全集》第 3 卷,第 371～372 頁。
〔註 74〕 趙樹理:《邪不壓正》,《趙樹理全集》第 3 卷,第 298 頁。
〔註 75〕 趙樹理:《邪不壓正》,《趙樹理全集》第 3 卷,第 299 頁。
〔註 76〕 趙樹理:《邪不壓正》,《趙樹理全集》第 3 卷,第 300 頁。
〔註 77〕 趙樹理:《邪不壓正》,《趙樹理全集》第 3 卷,第 312 頁。
〔註 78〕 趙樹理:《邪不壓正》,《趙樹理全集》第 3 卷,第 318 頁。

地方」並非只有一種「理」在通行。就《邪不壓正》小說的文本事實來看，趙樹理只是敘述聚財承認「孩子們都比咱們強」，並沒有敘述他對軟英、小寶自由戀愛的「理」有什麼認識。因此，雖然不能說聚財還是反對軟英嫁給小寶，但聚財的「理」與軟英的「理」是不同的：前者是服「勢」，後者是徇「情」。這也就構成了《登記》這篇宣傳社會主義中國第一部婚姻法的小說藝術上眞實感的歷史和現實來源，而不淪爲單純的宣傳品。《登記》中的父母雖然由於感同身受的經歷而理解並支持女兒自由戀愛，但整個村都認爲艾艾、燕燕是兩個名聲不好的姑娘，村主任甚至拒絕給她們開登記用的介紹信。張木匠同意女兒的選擇，但也害怕村裏人說閒話。爲了使艾艾的婚姻更加順利，趙樹理有意設置了艾艾出生在一個有歷史傷痕的家庭裏，但這恰好從反面證明「世界」依然在變中，家庭倫理還是在「各有各的道理」的意義上發生分歧。這一點在《三里灣》仍然沒有改變，「各有各的道理」的困境甚至深入到小說人物的心理活動當中。趙樹理將代際衝突主要設置在馬有翼與父母之間展開。馬有翼打算在范靈芝、王玉梅之中選一個作爲自己的妻子，但卻遭到母親常有理的阻撓。常有理認爲她們思想上與馬家不是一樣的，自作主張，與妹妹攀親，要馬有翼娶袁小俊。

當然，《三里灣》涉及的家庭倫理分歧遠不止於馬有翼與父母在戀愛婚姻上的不同意見，更有以下兩項：一是進步與落後的衝突，如陳菊英覺得馬多壽夫婦「恨的是我不夠落後」〔註 79〕，范靈芝反對范登高擺零貨攤子，雇王小聚趕騾，而恨自己不是生在玉生他們家〔註 80〕；二是夫妻對於家庭安排的衝突，如小俊覺得丈夫玉生「連家裏穿衣吃飯的事都不管，卻能管人家別人的扯淡事」〔註 81〕，袁天成覺得自己成了妻子能不夠的「老長工」〔註 82〕。雖然小說最終的敘述結果是花好月圓，但這些分歧的解決並不都是因爲「理」的逐漸統一，而是因爲「勢」易「理」空，有的人只好放棄自己的「理」。最能說明這一點的是能不夠與袁天成的關係。當袁天成起來「革命」，決定要跟能不夠離婚時，抓住的正好是能不夠離婚後無法獨立維生的弱點：

　　　袁天成說：「你要是什麼洋理也不要抓，老老實實檢討你的錯

〔註 79〕 趙樹理：《三里灣》，《趙樹理全集》第 4 卷，第 242 頁。
〔註 80〕 趙樹理：《三里灣》，《趙樹理全集》第 4 卷，第 282 頁。
〔註 81〕 趙樹理：《三里灣》，《趙樹理全集》第 4 卷，第 186 頁。
〔註 82〕 趙樹理：《三里灣》，《趙樹理全集》第 4 卷，第 330 頁。

誤，咱們就談，再要胡扯，咱們就散！」能不夠怕的就是這個「散」
字。天成提到這個字，她就又老實了一點。〔註83〕

能不夠並不是無「理」可抓，只是無「勢」可依，只好放棄自己的「什麼洋
理」，「老老實實」檢討自己的錯誤。那麼，可以想像的是，即使是在家庭內
部，總有一些「理」是被敘事者揚棄的。而在這揚棄的過程中，趙樹理的敘
述始終能夠維繫家庭的存在，而不是在「各有各的道理」的交戰中，將家庭
無形消解，不能不說是別有救贖之道的。

3. 心理的分裂

趙樹理的小說絕少心理描寫，因此頗受詬病。關於這一點，日本學者洲
之內徹有一段話說得很有意思：

> 趙樹理的小說中沒有人物分析。既是現代小說創作的基本方
> 法，同時又是削弱現代小說的致命傷的所謂心理主義，和趙樹理文
> 學是無緣的。心理主義可以說是自動地把現代小說逼進了死胡同。
> 即使這樣，無論如何它對確立現代化自我也是不可缺少的，或者說
> 是不可避免的，也可以說是現代化命運的歸宿。受到這種宿命影響
> 的讀者，對趙樹理的文學恐怕還是不滿意的吧。或許是趙樹理證明
> 了中國還缺少現代的個人主義等等。對於這類有礙於革命的東西不
> 能不有所打擊。而所謂新文學的文學概念之所以曖昧，其原因就在
> 於此。即：一方面想從封建制度下追求人的解放，同時另一方面又
> 企圖否定個人主義。如此而已，豈有他哉！〔註84〕

洲之內徹說這番話是在 1953 年，其時趙樹理的《三里灣》、《互作鑒定》、《賣
煙葉》等有較為複雜的心理描寫的作品尚未寫出來。如果接觸到這些作品，
他可能會修正自己的說法。不過，這不重要，重要的是洲之內徹對趙樹理小
說的評價雖然未見得准確，卻道出了趙樹理被誤讀或無法被讀的根本原因，
即現代小說本有走向心理主義死胡同的宿命，而讀者受此宿命影響，自然對
和這一宿命無緣的趙樹理文學無法感到滿意。在這裡，洲之內徹使用了一種
簡單的二元對立邏輯，近似於李澤厚所謂啓蒙與革命的對立〔註85〕。但洲之

〔註83〕 趙樹理：《三里灣》，《趙樹理全集》第 4 卷，第 333 頁。
〔註84〕 洲之內徹：《趙樹理文學的特色》，見黃修己編《趙樹理研究資料》，第 462 頁。
〔註85〕 參見李澤厚：《啓蒙與救亡的雙重變奏》，《中國現代思想史論》，北京：東方
　　　　出版社，1987 年，第 7～49 頁。

內徹猶有可貴之處，即在於他雖然視心理主義爲確立現代自我的必由之路，但並不否認心理主義同時是現代小說的致命傷。因此，在或一程度上，他尚有肯定趙樹理文學的意思。不過，與其理解這種曖昧的肯定之情，不如逕直指出，洲之內徹其實沉溺在所謂「現代化命運的歸宿」中，根本上缺乏理解趙樹理文學的可能。這也就是說，倘若在心理主義、現代小說、現代化自我、現代化命運的歸宿建立等價的或一一映像的關係，便是以一種單一性的思維拒絕了趙樹理文學的可能。當然，正如賀桂梅說的那樣：「在反省併辨析我們關於趙樹理文學的評價體系之後，更值得討論的是趙樹理小說自身隱含的新的闡釋的可能性。」〔註 86〕如果正視《三里灣》、《互作鑒定》、《賣煙葉》等小說中的心理描寫，甚至聯繫起趙樹理 1929 年寫的脫身之作《白馬的故事》，就會意識到，趙樹理文學並非與心理主義無緣，只是趙樹理沒有將心理主義視爲歸宿罷了。也許對於有些論者而言，趙樹理的所有作品與作爲概念的「趙樹理文學」並不完全一致，那麼，通過趙樹理的所有作品清理「趙樹理文學」的概念就是必要之事。在這個意義上，作家 1962 年的一段發言便值得深入分析：

> 有的同志問：「你在作品中如何作人物的心理描寫？」其實，我過去所寫的小說如《小二黑結婚》、《李有才板話》、《李家莊的變遷》等裏面，不僅沒有單獨的心理描寫，連單獨的一般描寫也沒有。這也是爲了照顧農民讀者。因爲農民讀者不習慣單獨的描寫文字，你要是寫幾頁風景，他們怕你在寫什麼地理書哩！今年四月份《人民文學》登了我的小說《互作鑒定》，是反映知識青年參加農業生產的，例外地對主人公劉正作了一些單獨的心理描寫。這是因爲近年來接觸到不少有關知識青年參加農業生產的問題，見得多了，想寫這麼一篇激勵激勵青年，起一點作用；既然寫給青年學生看，單獨的心理描寫，用用也無妨。何況，作品要反映的是他在參加農業生產過程中的思想鬥爭，刻畫他的心理狀況，也是必要的和很自然的。

〔註 87〕

〔註 86〕 賀桂梅：《趙樹理文學的現代性問題》，見唐小兵編《再解讀：大眾文藝與意識形態》（增訂版），第 90～91 頁。

〔註 87〕 趙樹理：《做生活的主人──在廣西壯族自治區文藝創作座談會上的發言》，《趙樹理全集》第 6 卷，第 142 頁。

這段話表明，趙樹理在寫作中使用心理描寫與否，全視讀者而定。讀者對象是農民，就不用單獨的心理描寫，讀者對象是青年學生，就使用單獨的心理描寫；在作家看來，兩者都是「必要的和很自然的」。這也就是說，趙樹理作為作家的寫作立場和姿態並沒有改變，依然是為了「起一點作用」，並沒有發生寫作主體的危機。隨著青年學生參加農業生產問題的出現，趙樹理很自然地就寫起了有單獨的心理描寫的小說。趙樹理對於文學之用的樸素理解和堅持，規範著他的文學創作的方向，而關於文學本質如何的問題，雖然會在他具體的文學作品中形成，但既未規約他對文學的理解，也難以規約他具體的文學創作。在這個意義上，郭沫若對《李家莊的變遷》的評價是值得重提的：「這是一株在原野裏成長起來的大樹子，它根紮得很深，抽長得那麼條暢，吐納著大氣和養料，那麼不動聲色地自然自在。」〔註88〕有論者即認為：「同為作家，心有靈犀，再加上是五四新文化運動一員主將，郭沫若比一般人更敏銳地發現了趙樹理這位『文攤』作家對新文學的意義。」〔註89〕在「原野」中「自然自在」的狀態，的確是對趙樹理及其文學最真切的描述。而趙樹理小說的心理描寫，也正是在「自然自在」的狀態下發生的。趙樹理說：「既然寫給青年學生看，單獨的心理描寫，用用也無妨。何況，作品要反映的是他在參加農業生產過程中的思想鬥爭，刻畫他的心理狀況，也是必要的和很自然的。」這種舉重若輕的口氣，便是「自然自在」的具體表現。其中所謂「思想鬥爭」的問題，便是「各有各的道理」深入到小說人物的心理活動當中的「自然自在」的入口。雖然如此，心理主義並非討論趙樹理文學的最有價值的論題，趙樹理實在並無關於心理主義方面的焦慮。因此，趙樹理將「各有各的道理」的問題從宗族社會、階級政治、家庭倫理等層面延伸到了個人心理的深處，乃是因為伴隨著對農村知識青年問題的觀察和思考，對農村的理解和把握發生了很大的變化。雖然這必然影響趙樹理文學的面貌，但這種影響並非本質性的，趙樹理對文學的理解和把握並無根本性的變化。

就文本實際而言，《三里灣》是趙樹理第一部明確寫出人物心理分裂的小說。此前鐵鎖、富貴、小飛蛾甚至三仙姑等人物，雖或多或少都有心理之波動，但趙樹理並未著力於此。但到了《三里灣》時，尤其是描寫范靈芝，作

〔註88〕郭沫若：《關於〈李家莊的變遷〉》，見《論趙樹理的創作》，第18頁。
〔註89〕郭文元：《現代性視野中的趙樹理小說》，蘭州：甘肅人民出版社，2009年，第9頁。

家頗花費了一些筆墨敘述人物心理的分裂狀態。范靈芝的愛情或婚姻選擇一直在搖擺不定，未接觸玉生以前，不能確定馬有翼是佳偶是怨偶，接觸玉生之後，則陷入了更加難以抉擇的心理困境。雖然她最終義無反顧地選擇了玉生，但做出選擇之前的心理狀態無疑是分裂的——

> 她對有翼固然沒有承擔什麼義務，不過歷史上的關係總還有一些，在感情上也難免有一點負擔。她把剛才剝落在桌上的玉蜀黍子兒抓了一把，用另一隻手拈著，暗自定下個條件：黃的代表玉生，黑的代表有翼，閉上眼睛只拈一顆，拈住誰是誰。第一次拈了個黑的，她想再拈一次；第二次又拈了個黑的，她還想再拈一次；第三次才伸手去拈，她忽然停住說：「這不是無聊嗎？這麼大的事能開著玩笑決定嗎？要真願意選有翼的話，為什麼前兩次拈的都不願算數呢？決定選玉生！不要學『小反倒』」〔註90〕

情感上的一點負擔讓范靈芝頗為躊躇，難以取捨之時甚至選擇以拈鬮兒的方式決定自己的情感。雖然敘事者讓她最終毅然選擇了玉生，但讀者仍有理由認為，她將依然在情感上對馬有翼難以忘懷。敘事者接下來敘述范靈芝做出決定之後尋找理由，找到的是玉生的家庭比有翼的家庭進步這樣的附帶條件，可見敘事者無法從情感上為范靈芝的選擇找到堅實的理由。因此，一方面是玉生的動手能力、奉獻精神和所處的進步的家庭環境卻沒有「文化」，另一方面是有翼有「文化」，跟自己有「歷史上的關係」（實即未曾言明的戀愛關係），卻不夠進步且所處家庭環境也不進步，范靈芝的心理在兩者間徘徊。敘事者雖然明言她對於「文化」的看法一向就不正確，並讓她在心理上發生對於「文化」的新理解，但無法否認的是她心理上覺得「各有各的道理」，感情上的一點負擔不是能夠輕易擺脫的。當然，就趙樹理的敘事意圖而言，范靈芝的選擇是新的「文化」戰勝舊的「文化」的問題，他敘述范靈芝對玉生動情的基礎是「玉生時時刻刻注意的是建設社會主義社會，有翼時時刻刻注意的是服從封建主義的媽媽」〔註91〕。社會主義將個體從家庭中解放出來，其所可能獲得的相對於家庭及傳統而言的個體自由，當然能構成現代愛情的起點。但就玉生而言，范靈芝需要通過自我超越來為他搭建愛情的「文化」平臺，然後愛上他，故而心理上的分裂是在所難免的。玉生也的確缺乏思考

〔註90〕趙樹理：《三里灣》，《趙樹理全集》第 4 卷，第 317 頁。
〔註91〕趙樹理：《三里灣》，《趙樹理全集》第 4 卷，第 316 頁。

愛情的「文化」，與袁小俊的結合是因為她「長得還好看」〔註92〕，答應靈芝
也是因為：「團支委、初中畢業生、合作社會計、聰明、能幹、漂亮，還有挑
剔的嗎？」〔註93〕前後並無大的區別。因此，范靈芝將依然發生心理上的分
裂，覺得玉生和有翼「各有各的道理」。在此，趙樹理的敘述是不圓滿的。當
年即有讀者質疑《三里灣》是「沒有愛情的愛情描寫」，趙樹理給出的解釋是
農村還不能像城市那麼開放。〔註94〕這樣的解釋雖然有一定道理，但未免避
重就輕，以城鄉差別來開脫了范靈芝作為一個農村知識青年心理上的內在分
裂。

　　從某種程度上來說，趙樹理是無法理解像范靈芝那樣的農村知識青年
的，儘管在小說中他還是敘述了他們心理上的內在分裂。這一點在《互作鑒
定》和《賣煙葉》中是更加明顯的。《互作鑒定》是作家自覺進行單獨的心理
描寫的文本，但試圖完成的是對知識青年進行心理治療的過程。主人公劉正
在寫給縣委李書記的求救信中寫道：

　　　　李書記！你看這樣的環境能活人嗎？周圍的人都像黃蜂一樣，
　　千方百計地創造著刺人的方法來刺傷我的心靈，怎麼能叫我忍受得
　　下去呢？

　　　　李書記！我用幾乎絕望的聲息向你呼吁，要求你救我脫離這黃
　　蜂窩。我情願到縣裏去掃馬路、送灰渣……作一切最吃苦的事。我
　　什麼報酬也不要，只要你能把調離這個地方，就是救了我。〔註95〕

通過讓劉正寫信自我暴露的形式，趙樹理將農村知識青年的「心靈」從一開
始就放在等待解碼的位置。在接下來的小說敘述中，趙樹理以縣委王書記下
鄉調查的方式展開了解碼過程，最終發現劉正徒有歌頌「我們英雄的人民」
之詩意，並無踐行其具體行為的心，且不安於農村勞動，想去城市生活，而
所謂的「心靈」問題，也只是自設的幻境，劉正信中所寫的事情都不是事實。
於是，劉正信中所反映出來的農村知識青年心理分裂的心理真實，就被置換
為城鄉差別及對農村勞動的歧視。敘事者對劉正心理分裂的真實毫無同情，
就完成了抽絲剝繭般的解碼過程。作家的意圖由此顯現，他不是要敘述劉正

〔註92〕趙樹理：《三里灣》，《趙樹理全集》第4卷，第181頁。
〔註93〕趙樹理：《三里灣》，《趙樹理全集》第4卷，第318頁。
〔註94〕趙樹理：《關於〈三里灣〉的愛情描寫》，《趙樹理全集》第4卷，第489頁。
〔註95〕趙樹理：《互作鑒定》，《趙樹理全集》第6卷，第105～106頁。

對於農村勞動的浪漫想像與現實之間的矛盾以及由此引起的心理上的分裂，而是要敘述如何治癒劉正的心理分裂。因此，劉正被敘述成了「無理取鬧」〔註96〕的知識青年。

在《賣煙葉》中，敘事者通過小說人物曲折地傳達了對於農村知識青年的不理解：「周天霞從來沒有想到賈鴻年這樣個青年小夥子，思想會這樣複雜。」〔註97〕但敘事者自身對於賈鴻年的判斷是斬釘截鐵的：

> 難道賈鴻年受了多年學校教育，思想上就沒有點變化嗎？有是有來，只是還遠遠沒有達到脫胎換骨的程度。一個人的思想改造，有個決定性的界限，那就是有沒有決心做個合乎社會主義公民標準的新人。誰要是沒有過了這一關，他的基本行為就仍是舊思想指導著，學得的一些新詞彙、新道理，恰好能給自己的舊思想、壞打算做個偽裝、打個掩護，讓別人一時摸不透他的底。賈鴻年正是這一種人。〔註98〕

既然有思想過關的問題，就必然有心理上的分裂，這本是個充滿張力的地方。但《賣煙葉》幾乎沒有敘述任何賈鴻年在「新道理」與「舊思想」之間搖擺的心理活動，而是直接認定賈鴻年是那種以「新詞彙、新道理」掩護「自己的舊思想、壞打算」的人。相對於此，敘事者將心理分裂的內容設置在了王蘭身上。很顯然，王蘭是「有決心做個合乎社會主義公民標準的新人」，故而經常檢討自己的思想。在與賈鴻年的關係中，她發現：「按著我原來的前途打算，我是一個頂天立地的社會主義建設者，會和大家一起把我們的山區改變得更加美好；自從賈鴻年認識之後，我逐漸變成了個個人主義的依附者，要不立刻割斷關係，不久就更會變成他一個私人秘書……」〔註99〕這種自省引起周天霞的困惑：「是不是一個人愛好了文學就會變成個人主義者？」但王蘭立刻引證李光華老師的話為她釋疑：「各行各業都一樣，抱著個人目的做什麼事也是為名為利，抱著人人為我、我為人人的共產主義目的做什麼事也是為共產主義。」〔註100〕一個王蘭在心理上經歷了長時間掙扎的問題，借助長輩的經驗被輕輕化解了，這不能不說趙樹理有意逃避問題，並表現出對於農村

〔註96〕趙樹理：《互作鑒定》，《趙樹理全集》第 6 卷，第 107 頁。

〔註97〕趙樹理：《賣煙葉》，《趙樹理全集》第 6 卷，第 247 頁。

〔註98〕趙樹理：《賣煙葉》，《趙樹理全集》第 6 卷，第 239 頁。

〔註99〕趙樹理：《賣煙葉》，《趙樹理全集》第 6 卷，第 248 頁。

〔註100〕趙樹理：《賣煙葉》，《趙樹理全集》第 6 卷，第 249 頁。

知識青年心理的不理解。當然，不管怎麼說，趙樹理畢竟以自己的方式對農村知識青年心理分裂的問題作出了反應，不僅以小說的方式，也以參與公共討論的理論文章的方式。這些文章包括寫給女兒趙廣建的《願你決心做一個勞動者》、回覆青年來信的《青年與創作——答爲夏可爲鳴不平者》、《「才」和「用」》、《復「常愛農」同學》、《不應該從「差別」中尋找個人名利——與楊一明同志談理想和志願》等，構成了討論當年的知識青年問題的重要材料和論題。

四、救贖「理」的暴力：事理、情理及私情

家庭倫理的分歧已臻極限，而家庭仍得保留；階級矛盾已然激化，而生命仍得存在；個人的心理已經分裂，而完整的意識仍然可能：這些便是趙樹理希望「世界」依「理」運行之時，仍保有的「理」所無法界定的部分。雖然「農民說理的世界」構成充滿魅惑力的小說遠景，但趙樹理並不願意走向以「理」行暴的極端。至少在某一些特殊的歷史時段，他在小說文本中提供了救贖的可能。

1. 事情與道理

趙樹理曾以「文明」爲辭，表示對階級革命中無視生命的肉身存在的農民暴力的批判。而且，在《李家莊的變遷》的小說敘述中，「文明」批判起到了實際的作用。復仇心切的李家莊村民活撕了李如珍之後，嗜血的欲望稍霽，故而在縣長、鐵鎖、白狗的「文明」規訓下，對於搖尾乞憐的小毛，放棄了肉體消滅的復仇打算。但是，這一放棄是暫時的，「文明」的規訓並無真正的約束力，李家莊村民不過是堅信白狗說的「咱的江山咱的世界，幾時還殺不了個他」，有絕對的暴力復仇的把握。而且，「文明」的規訓並不拒絕暴力，只是要將農民的暴力程序化，通過法律來以新的技術手段（槍決）執行暴力。因此，「文明」是無法完成對於暴力的救贖的。實際上，正如有的研究者指出的那樣，「文明」本身即是一種暴力：

> 1986年李澤厚提出所謂的「救亡壓倒啓蒙」說是大可商榷的，因爲他沒有認識到中國現代知識分子是在救亡（包括革命等）中啓蒙，不存在誰壓倒誰的問題，啓蒙本身就是一種救亡、革命的力量，也沒認識到現代中國的啓蒙不僅是人文啓蒙，更主要是政治啓蒙；中國式的啓蒙是與革命、救亡、翻身等「暴力」關係密切甚至幾乎

一體化，啓蒙可能引發暴力，而推行暴力進行思想啓蒙就更與暴力相通。換言之，啓蒙與暴力的關係是啓蒙引發暴力，以及啓蒙運用暴力，「暴力」是手段，「啓蒙」（尤其政治啓蒙）是目的。〔註101〕趙樹理所啓用的「文明」，正如任弼時的講話中所表述的那樣，既是比資產階級高明的「人文啓蒙」，也是建立革命秩序的「政治啓蒙」，雖然反對虐殺，但並不反對殺。因此，暴力成為「文明」實現的手段，如影隨形地附著在「文明」之上，使「文明」無法完成對於暴力的救贖。在這個意義上，沈從文1940年代的小說《傳奇不奇》表現出救贖暴力的某種可能性。《傳奇不奇》是與沈從文的其他三篇小說《赤魘》、《雪晴》、《巧秀和冬生》有前後關係的一篇，主要的故事是穿插在巧秀與中砦人的愛情之間的滿家與田家的宗族仇殺，結果是田家人被殺光。小說結尾寫道：「滿家莊子在新年裏，村子中有人牽羊擔酒送匾，把大門原有的那塊『樂善好施』移入二門，新換上的是『安良除暴』。這一天，滿老太太卻藉故吃齋，和巧秀守在碾坊裏碾米。」〔註102〕滿老太太藉故吃齋而躲到碾坊，即是對「安良除暴」的拒絕。其中「吃齋」意味著滿老太太信仰佛教的「不殺生」，「安良除暴」意味著現代文明的以暴易暴，而「在碾坊裏碾米」則意味著雖然要拒絕現代文明，卻又只能避其鋒芒，無力從正面反抗。不過，沈從文將這一避其鋒芒的拒絕現代文明暴力的形象設置在小說的結尾，則意味著對滿老太太的立場的堅守。而滿老太太的立場多少有點民間傳統的意思，因此，沈從文表達了以民間傳統的某些資源來救贖暴力的願望，並相信救贖最終實現的可能。

趙樹理別有救贖之道。在《李家莊的變遷》中，他也曾敘述李家莊村民以民間傳統的某些資源為據，從李如珍的刀頭救下了年老的王安福：

> 鐵鎖見二妞念的那些名字裏邊沒有王安福，就問起王安福的下落。二妞道：「他們把人家老漢捉到廟裏，硬叫人家老漢說自己辦過些什麼壞事。老漢說：『你們既然會殺，乾脆把我殺了就算了！我辦過什麼壞事？我不該救濟窮人！我不該不當漢奸！別的我想不起來！你們說有什麼罪就算有什麼罪吧！』李如珍又回來當了村長，

〔註101〕黎保榮：《暴力與啓蒙——晚清至20世紀40年代文學「暴力敘事」現象研究》，暨南大學博士學位論文，2009年，第6～7頁。

〔註102〕沈從文：《傳奇不奇》，《沈從文全集》第10卷，太原：北嶽文藝出版社，2009年，第453頁。

　　小毛成了村副，依他們的意思是非殺不行，後來還是他們李家戶下
　　幾個老長輩跪在他們面前說：『求你們少作些孽吧！人家是六十多歲
　　的人了！』後來叫人家花五百塊現洋，才算留了個活命。」〔註103〕

李家戶下幾個老長輩下跪求情，希望少作孽，便能救王安福一命，說明在一
些特殊的情形下（「人家是六十多歲的人了！」），儒家尊老的道德和佛教關於
「孽」的思想，還是能夠起到制止具體的暴力行為的作用的。但是，這種「小
補之哉」的局面無法以偶然的合「理」掩蓋必然的不合「理」，二妞直言：「沒
世界了！」因此，李家戶下幾個老長輩類似於滿老太太的行為，無疑不是趙
樹理期許的救贖暴力之道。他期許的應當是「世界」變遷之後，以「情」與
「理」的一致來救贖暴力。這一點首先反映在《地板》這篇小說中。村長對
地主王老四說：「法令是按情理規定的。咱們不只要執行法令，還要打通思
想！」得到的回答是：「按法令減租，我沒有什麼話說；要我說理，我是不贊
成你們說那理的。他拿勞力換，叫他把我的地板繳回來，他們到空中生產去！
你們是提倡思想自由的，我這麼想是我的自由，一千年也不能跟你們思想打
通！」〔註104〕此後是從地主中落為小學教師的王老三現身說法，證明法令確
實是按情理規定的。但王老三說的事情，並非感情，因此他的現身說法或許
能夠讓王老四贊成減租的「理」，卻未必會認為減租「法令是按情理規定的」。
「情理」者，人情與道理也；雖然就法律意義上言之，亦指事情與道理，但
在被迫接受減租的事實的語境下，王老四不能不在按法令減租的同時，於人
情上在意自己的得失、公平或「理」的問題。那麼，即使王老三的現身說法
就事情與道理上證明了「法令是按情理規定的」，也不能阻止王老四在人情上
無法接受「法令是按情理規定的」說法。當然，這種細微的差別，趙樹理也
許未曾注意到。他也許認為將事情與道理的一致性敘述清楚了，就足以勸使
像王老四那樣的地主「思想打通」，認可「法令是按情理規定的」。《地板》在
王老三的現身說法之後再無餘辭，或許也表明作家認為情理已經敘述清楚，
王老四理當無詞可應了。因此，至少就趙樹理的敘述意圖而言，他認為自己
已經以「情」與「理」的一致救贖了暴力，使地主王老四及類似的人不會再
感到是被迫減租了。

　　如果在《地板》中，趙樹理是在尋找救贖階級鬥爭之「理」可能造成的

〔註103〕趙樹理：《李家莊的變遷》，《趙樹理全集》第 3 卷，第 103 頁。
〔註104〕趙樹理：《地板》，《趙樹理全集》第 2 卷，第 407 頁。

暴力，那麼，在《傳家寶》當中，趙樹理則試圖通過構建事情與道理的一致來救贖新的「世界」秩序可能造成的家庭破裂的暴力。小說敘述李成娘和媳婦金桂互相都無法認同對方的生活方式，經常發生爭吵，「李成娘對金桂的意見差不多見面就有」，金桂則「只是按原來的計劃做自己的事，雖然有時頂一兩句嘴，也不很認真」。〔註105〕李成娘因此「恨金桂不該替她作了當家人，弄得她失掉了領導權」〔註106〕，與金桂簡直勢同水火。但在金桂一五一十向她擺事實講道理之後，她「賭氣認了輸」〔註107〕。小說最終在小娥的丈夫關於解放婦女的訓誡中結束，與《地板》類似，被認為不懂情理的一方失去話語權。因此，也與《地板》類似，趙樹理可能認為只要敘述清楚了事情和道理，就不用管李成娘是不是「賭氣認了輸」，以「情」與「理」的一致救贖家庭暴力已然完成。

2. 人情與道理

一旦「情理」變成人情與道理，趙樹理實際上是很清楚二者沒有一致的可能的。而且，在小說敘述中，他往往利用「情」與「理」的不一致來救贖「理」可能會產生的暴力。例如在《邪不壓正》中，當敘及聚財與軟英父女倆因為「各有各的道理」成為對頭卻並未出現離家出走或者以死相逼之類的關節，且都選擇了「看看再說」之時，就是人情在起作用。軟英覺得「爹總是爹，我也不願意叫他再生氣」，聚財老婆因此放了心，「覺著閨女很懂事，知道顧惜她爹」。〔註108〕雖然「理」相悖，但是「情」相通。後面敘述軟英佯應小昌兒子的婚事一節，更是出奇的一筆，軟英忖度時勢，做出不惜自我犧牲而顧全家庭的徇「情」背「理」之舉，極大地躍出了以「情」贖「理」的範疇。但是，趙樹理通過時勢的迅速改變，免除了軟英可能自我犧牲成真的暴力，敘述了大團圓的結局。因此，「理」的殘酷敵不過「情」的溫暖，趙樹理通過「情」使「理」可能發生的暴力一再延宕，終於在小說的意義上完成了以「情」贖「理」的暴力的可能。

其後，在電影故事《表明態度》中，趙樹理借人物李五之口道出「人情是人情，道理是道理」，敘述了更為確切的以「情」贖「理」的方式。王永富

〔註105〕趙樹理：《傳家寶》，《趙樹理全集》第3卷，第333頁。
〔註106〕趙樹理：《傳家寶》，《趙樹理全集》第3卷，第341頁。
〔註107〕趙樹理：《傳家寶》，《趙樹理全集》第3卷，第343頁。
〔註108〕趙樹理：《邪不壓正》，《趙樹理全集》第3卷，第300頁。

夫婦不願意參加互助組，但兒子兒媳婦小春和臘梅非參加互助組不可，一家人「各有各的道理」，鬧得不可開交。於是，小春夫婦住到了臘梅父親李五家裏，王永富則在家庭破碎、組織批判、鄰居嘲諷的情況下一病多日。這時，有人把永福病得起不來的消息傳給大家，大家都表示叫他回到互助組，並建議小春夫婦「你兩個也該回去看看老人家」：

> 李五說：「光看看行了嗎？他真要是成了病，就得回去伺候他一個時候！」又有個人說：「他爹的病就是因為他們兩個人走開了才得的，依我說讓他們兩個人乾脆也出了組回到他們自己地裏做活，他爹的病就會好了！」李五說：「那可不對！人情是人情，道理是道理。只能叫前進的帶著落後的前進，不能叫落後的拖著前進的落後。叫孩子們回去伺候他是人情，可是等他好了以後，還是得爭取他進步！」〔註109〕

李五的意見非常明確，即是「人情是人情，道理是道理」，不能因為人情而不顧道理，也不能因為道理不顧人情，更不能因為人情而遷就人情，放棄道理。一般看來是情理兩難全的局面，李五卻條分縷析，既讓小春夫婦盡了人情，也讓他們堅守道理，「等到好了以後，還是得爭取他進步」。故事的結局是王永富在溫暖的人情下一心悔改，「表明態度」，重回互助組。由此可見，趙樹理不僅試圖分清楚人情和道理，而且試圖以這種「人情是人情，道理是道理」的方式在維持人情溫暖的同時獲得道理的通行，從而救贖「理」的暴力問題。同樣的橋段，趙樹理在《三里灣》中重演了一遍。馬有翼革命之後，如意地與玉梅訂婚了，而馬多壽一家也入了社。這時，金生「怕傷了老一代人的心」，希望玉梅不要分家。玉梅的回答是：「這個很不成問題！誰也捨不得把他的爹媽扔了！就像馬家，只要分開了，有翼和我兩個勞動力，完全養活他們老兩口子都可以。只要他們老兩口子願意跟我們過，管保能比他們現在吃的好、穿的好！」金生媳婦認為和不分一樣，玉梅說：「那可不一樣：我們又不是怕他們穿衣吃飯，只是不願意讓他們管制。那樣一來，他們便管制不著我們，我們讓他們痛快一點還能爭取他們進步。」〔註110〕玉梅也以「人情是人情，道理是道理」的方式，既保證了不傷老一代人的心，又保證自己的進步，甚至還保有了「爭取他們進步」的可能。因此，趙樹理又一次在小說的意義上

〔註109〕趙樹理：《表明態度》，《趙樹理全集》第4卷，第104頁。
〔註110〕趙樹理：《三里灣》，《趙樹理全集》第4卷，第345～346頁。

實踐了以「情」贖「理」的可能。《三里灣》發表六年後，在 1961 年的一次
講話中，趙樹理非常動情地說道：

> 我認為農村現在急需要一種倫理性的法律，對一個家的生產、
> 生活諸種方面都作出規定。如男女成丁，原則就分家；分家不一定
> 完全另過，只是另外分一戶，對外出面；當然可以在一起起竈。子
> 女對父母的供養也有規定。成丁的男女自立戶口，結婚後就可以合
> 併戶口。首先從經濟上明確，這對老人也有好處；婆婆也不會有意
> 見，因為這是國家法律。竈可以在一起，但可以計算錢。這樣一處
> 理，關係會好很多。〔註111〕

「倫理性的法律」本身是一個人情和道理兼顧的提法，而趙樹理的具體設想
更是體現了「人情是人情，道理是道理」的以「情」贖「理」的方式。在人
情上，法律規定成丁的子女供養父母的義務，在道理上，法律規定明確的經
濟分配方式，從而在人情和道理兩方面確保既不以「情」害「理」，也不以「理」
抑「情」，使家庭倫理得以保全，而成丁兒女的自由也得到保證。尤其「成丁
的男女自立戶口」一項，更是真知灼見，極有可能實現「人情是人情，道理
是道理」對「理」的暴力的救贖，且同時保證「情」不害「理」。《三里灣》
敘述馬有翼、王玉梅分開另過，但又保證馬多壽夫婦的經濟生活，可謂趙樹
理在小說中著其先鞭，敘述了「倫理性法律」實踐的具體形式。當然，此事
非易，趙樹理並沒有那麼天真，在他的「倫理性法律」設想提出不久，就寫
作了小說《楊老太爺》，敘述一個財迷父親如何試圖留住自己在外任職的兒
子，並要求兒子以自己的觀念對待家庭和生活。趙樹理將這樣的父親敘述為
「思想很落後」〔註112〕，但是，與其說這樣的父親「思想很落後」是個問題，
不如說趙樹理本人的「倫理性法律」設想過於理想化，缺乏實踐的思想上和
制度上的可能。當然，這並不構成否定一個作家的理想的邏輯合法性。事實
上，如果聯繫起趙樹理談論「戶」的時候堅持的「在養老沒有社會化以前，
戶還不能撤了」，就不得不承認，趙樹理具有偉大的人文關懷及實踐其人文關
懷的具體設想。

　　如果承認趙樹理具有偉大的人文關懷，再回過頭來分析他在《三里灣》

〔註111〕趙樹理：《在長春電影製片廠電影劇作講習班的講話》，《趙樹理全集》第 6
　　　　卷，第 38 頁。
〔註112〕趙樹理：《楊老太爺》，《趙樹理全集》第 6 卷，第 57 頁。

當中敘述王申老漢報名入社的細節，就會發現，在如何做到「人情是人情，道理是道理」的問題上，尚有大小之辨的關節值得提出。趙樹理敘述道：

> 有個晚上，王申老漢說他不願意和大家攪在一起做活，張永清說：「組織起來走社會主義道路是毛主席的號召。要是不響應這個號召，就是想走蔣介石路線。」到了報名的時候，王申老漢還是報了，不過報過以後又向別人說：「我報名是我的自願，你們可不要以為我的思想是張永清打通了的！全社的人要都是他的話，我死也不入！我就要看他怎麼把我和蔣介石那個忘八蛋拉在一起！」〔註113〕

就人情上而言，王申老漢固然不願意與張永清共社，但就道理上而言，他還是自願報名入社了。這意味著，王老漢雖然不滿張永清扣在自己頭上的大帽子，但以個人情感為小，以組織起來走社會主義道路的道理為大，大小之間，拿捏得很清楚。同時，在拿捏住了大小之後，王老漢並不放棄對於張永清的批評，而是強調在同樣的道理下，人與人的情感要是全不相投，也就只有各走各的路。在這裡，王老漢對於「理」的認知充滿了倫理化的意味，也即充滿了人情味。而趙樹理的敘述並不就此停止，他讓張永清在組織的教育下自我檢討，向王申賠禮道歉，進一步展現了趙樹理希望政治倫理化的意圖。或許正是在這樣的思考下，趙樹理在《「鍛鍊鍛鍊」》中一面敘述楊小四堅決想辦法給小腿疼、吃不飽「動手術」〔註114〕，一面又敘述他接受一個老漢的提議，「看到孩子的面上還讓她交代」〔註115〕。雖然在這樣的人情味下，法院和制度成為某種兒戲的、威嚇性的存在，但「理」的暴力終究得到了一定程度的救贖。因此，必須注意到，在情理的取予之間，趙樹理守住了以「情」贖「理」的人文底線。

3. 人情與私情

在確保「情」不害「理」的問題上，趙樹理尚有更為細緻的思考。1948年，針對農村組織互助組工作時出現的一些偏差，他強調「自願」不是「自流」：

> 互助組以自願為原則，是說「誰的思想打不通，不願意參加，可以不參加」，不是說自願就不要領導。最近有些地方，幹部和群眾

〔註113〕趙樹理：《三里灣》，《趙樹理全集》第 4 卷，第 336 頁。
〔註114〕趙樹理：《「鍛鍊鍛鍊」》，《趙樹理全集》第 5 卷，第 233 頁。
〔註115〕趙樹理：《「鍛鍊鍛鍊」》，《趙樹理全集》第 5 卷，第 239 頁。

都把自願解釋錯了，勞力強的只願意跟強的碰組，有牲口的也只願
意跟勞力強的碰組，把幾分勞力或者半勞力的人都推出來，人家情
願按把式定分，等價交換也不要。全村只組織了幾個好漢組，這些
好漢組，不只編不成對，連個小組長聯席會也開不成，生產委員也
管不了，一管就說干涉了「自願」。因此定什麼計劃也是空的，什麼
數目字也只能到事後來計算，雖然有委員、有小組，事實上對生產
毫無幫助，有沒有都一樣。

　　像這樣想組就組，不想組就罷；想要就要，不想要就不要，叫
做「自流」。「自流」就是沒人管，弄成啥算啥。這完全不合乎上級
提倡互助的精神。借著「自願」的名，弄成了「自流」，實在不成話。
〔註116〕

將「想組就組，不想組就罷；想要就要，不想要就不要」叫做沒有互助精神
的「自流」，說明趙樹理並不認為一切人情都是合乎道理的。那麼，合乎道理
的人情是什麼呢？趙樹理提出了「領導」，這意味著「自願」是在一定的「組
織」和「計劃」之下的「自願」。因此，所謂「自願」就是在一定的政治政策
要求下發生的，也即須具有上級提倡的「互助的精神」。否則，「自願」就有
名無實，變成「自流」。同時，趙樹理認為錯解「自願」的表現是「勞力強的
只願意跟強的碰組，有牲口的也只願意跟勞力強的碰組，把幾分勞力或半勞
力的人都推出來，人家情願按把式定分，等價交換也不要」，表達了一種幫扶
弱者的倫理性要求，且將錯解「自願」之下的實踐行為與不顧人情聯繫在了
一起。「幾分勞力或者半勞力的人」「情願按把式定分」，卻仍然得不到接納，
說明「自流」是並不顧及人情的。這裡引申出一個新的範疇，即具有倫理性
的人情考慮和只顧一己之私的人情考慮，前者不妨繼續以人情概之，後者另
以私情概之。趙樹理肯定前者的意義和價值，極力反對後者，並在《三里灣》
將後者與資本主義思想建立了關聯。

　　在《三里灣》中，范登高拒絕入社的理由是：「不要用大帽子扣人！我沒
有反對過社會主義！當私有制度還存在的時候，你們就不能反對我個人生產；
一旦到了社會主義時期，我可以把我的財產繳出來！」並進一步強調：「中央
說過要以自願為原則，你們不能強迫我！」但得到的回答是：「自願的原則是
說明『要等待群眾的覺悟』。你究竟是個黨員呀還是個不覺悟的群眾？要是你

〔註116〕趙樹理：《「自願」不是「自流」》，《趙樹理全集》第3卷，第268頁。

情願去當個不覺悟的群眾，黨可以等待你，不過這個黨員的招牌可不能再讓你掛！」〔註117〕范登高將「自願」理解爲中央對於個人私情的照顧，且利用這一點爲自己的個人生產辯護，的確不合乎一個黨員應當有的組織性和紀律性。但是，答話以共產黨員必須自願入社爲由駁斥范登高，在強調組織性、紀律性的同時，也說明對於黨員而言，人情上的自願不自願的問題並不存在，存在的只是服從不服從的問題。循此邏輯而論，范登高爲了自己的個人生產而強調「自願」，出諸私情而非出諸人情，也就難以避免「反對社會主義」的資本主義思想之譏了。因此，趙樹理一方面是在敘述黨員的組織性、紀律性等先已輸誠「自願」故再無所謂「自願」與否的問題，另一方面還是在敘述人情與私情的分際，並順便將私情與資本主義思想勾連在了一起。這也就意味著，趙樹理用以贖「理」之「情」並非資本主義之私情，乃社會主義之人情。也正因此，同樣在《三里灣》中，當馬有翼遲疑不決於是因循私情掩護母親還是道出事實辯白嫂子時，靈芝板著面孔冷冰冰地和他說：「團支委會派我通知你：黨支委秦小鳳把今天下午在調解委員會上那種混賬的、沒有一點人氣的表現，反映到團支部來，團支委會決定要你先寫一個檢討，再決定怎樣處理！去吧！」〔註118〕儘管馬有翼最終並沒有因循私情，范靈芝還是以組織的傳聲筒的方式給出了極爲苛刻的批評。而所謂「沒有一點人氣」，是將對於馬有翼的批評上昇到了「人」的高度的。這也就是說，在人情和私情上進退失據，將會失去在社會主義「世界」做「人」的資格。當然，這是一個二重循環論證的問題，即在社會主義「世界」之下對於「人」的判斷，溯源於政權的道德律令，指導人情、私情的分際或「人情是人情，道理是道理」的拿捏；與此同時，人情、私情的分際或「人情是人情，道理是道理」的拿捏又是判斷「人」的事實依據和標準。因此，當范靈芝以組織的傳聲筒的身份對馬有翼進行「沒有一點人氣」的宣判之時，她是站在何處發出聲音的，並不容易識別。那麼，要判斷趙樹理作爲敘事者此時如何發聲，自然更爲困難。要之，所謂人情是社會主義或集體主義詢喚的情感與個人的情感訴求兩者的混合，而私情則只是個人的情感訴求，聯繫的是個人的名利、欲望和心靈。於是，在同樣的意義上，《互作鑒定》中劉正的「心靈」問題在小說的敘述過程中被證實爲一種自設的心靈幻象，而《賣煙葉》中賈鴻年就成爲經不住社會洪爐熔煉的複雜人格。

〔註117〕趙樹理：《三里灣》，《趙樹理全集》第4卷，第295～296頁。
〔註118〕趙樹理：《三里灣》，《趙樹理全集》第4卷，第266頁。

當然，更為關鍵的是《賣煙葉》結尾李光華老師對賈鴻年的訓詞：

> 哭有什麼用？早早地摔了一跤對你有好處！你要想重新做人，
> 就得先在群眾面前把你自己的底子交代透！千萬不要以為在群眾中
> 只有你自己聰明！做一件事有一件事的結果。群眾是要把你所作的
> 事的一切結果綜合到一處來給你作評價的！你瞞得了誰？回去向群
> 眾交底去！你才二十來歲，跌倒了爬起來重新做人有的是前途；不
> 過要繼續做「鬼」的話，那就沒有人再挽救得了你了！〔註119〕

一個因循私情的青年在社會主義「世界」中，被敘述進了「鬼」道，與人殊
途，的確是一種非常嚴苛的道德律令。這未必是趙樹理本人的立場，但可以
推知的是在 1964 年的反資本主義要求中，非社會主義的「人」即資本主義或
封建主義的「鬼」的黑白分明的道德判斷已經相當流行，一個中學老師已經
不惜對自己的學生痛下嚴苛的訓詞。而「群眾」作為一個抽象的符碼，在這
裡又一次扮演了道德律令的最高監督者的角色。那麼，所謂「人」以及人情，
自然也是一種抽象的原則，一個抽象的符碼。像賈鴻年那樣的「鬼」只有「向
群眾交底去」才能徹底洗刷身上的「鬼」性，並在最高監督者的審判下得救，
「重新做人」。因此，所謂人情，一旦涉及社會主義、資本主義的分野，就成
為一種與個人情感絲毫無關的抽象原則。不過，值得分辨的是，所謂個人情
感，從社會主義「世界」對「人」的要求來看，正是個人主義或資產階級思
想規訓下的產物，並不具有先天的合法性。準此，趙樹理小說敘述中使用的
嚴苛的道德律令，與其說是對私情的無視，不如說是以社會主義之「理」重
造人情，繼而重造私情。也許唯有如此，方能真正情而理，理而情。

〔註119〕趙樹理：《賣煙葉》，《趙樹理全集》第 6 卷，第 262 頁。

第三章 「說」的欲望、能力及形式

一、尋找「能說話」的人

二、學會「說」

三、「官腔」與「老百姓的話」

四、「說」的烏托邦

　　面對「世界」的「理」的辯證法，「說」成為接踵而來的重大問題。就字面上來看，在趙樹理小說中，「說」構成的具有關鍵性意義的短語和句子包括「說理」、「為什麼不敢說」、「怎麼說」、「能說話」等，而相關的一些語彙是「官話」、「老百姓的話」、民主、權力、情感、欲望等。所有這些短語、句子和語彙，以「說」為中心，形成了「說」的欲望和能力的問題網絡。而「說」的欲望和能力，不僅是趙樹理小說人物面對的問題，也是趙樹理的小說敘述本身必須面對的。就小說人物「說」的欲望和能力而言，主要命題是尋找「能說話」的人，並使（「能說話」的）人（重新）學會「說」。就趙樹理的小說敘述必須面對的「說」的欲望與能力問題而言，主要命題是在分辨「官腔」與「老百姓的話」的同時，構建「說」的烏托邦，試圖僅僅在「說」的層面完成對於「理」的辯證法的實踐，以使「世界」完滿。在二者構成的意義空隙間，趙樹理小說創作的困境以敘事者身份模糊不定的狀態出現了。為了兼顧趙樹理小說人物和趙樹理的小說敘述的「說」的欲望和能力，本章在論述策略上又有所變化，即一方面分析趙樹理小說中「說」的欲望和能力問題，另一方面則力圖從小說形式中清理出趙樹理烏托邦思想的線索，指明趙樹理小說形式的特殊性及其與趙樹理政治、社會、文化思想的關聯。第一方面主要論涉兩個問題，一是「能說話」的人如何成為「農民說理的世界」的有機組成因素，二是學會「說」的一些路徑和條件，包括漫遊與教育、民主以及

在「革命的第二天」重新學會「說」等議題。第二個方面也主要論涉兩個問
題,一是趙樹理小說作爲「可說性文本」是如何構成的,包括「官腔」、「老
百姓的話」以及敘事者身份的模糊等議題,二是趙樹理小說構建的「說」的
烏托邦,包括群眾的「說」、把「理」「說」清及泛「說」論等內容。本章也
論涉趙樹理小說的形式與社會主義政治之關係,分析的落腳點有兩個,一是
意識形態結構的結晶在小說形式中的表現,一個是趙樹理的小說形式與文學
形式的歷史的具體關聯。

一、尋找「能說話」的人

趙樹理小說首先提供的文本事實是「農民」不敢「說」的狀況。「爲什麼
不敢說」不僅是「勢」的問題,更是傳統的宗族文化問題。必須從根本上摧
破傳統的宗族文化,才能眞正解決「爲什麼不敢說」的困境。而一旦「說」
的欲望被發現和釋放,接踵而來的問題就是「人家要說理咱怎麼辦」。能不能
「說」,該怎麼「說」,成爲「革命的第二天」的重大問題。於是,「能說話」
的人在趙樹理筆下的「農民說理的世界」中就扮演了舉足輕重的角色。

1.「為什麼不敢說」

首當其衝的問題,無論就邏輯而言,還是就趙樹理寫作的歷史順序而言,
都是發現並釋放被壓抑的「說」的欲望。在《小二黑結婚》中,當區上派員
到劉家峧組織召開鬥爭金旺興旺的群眾大會時:

> 起先大家還怕搬不倒人家,人家再返回來報仇,老大一會沒有
> 說話,有幾個膽子太小的人,還悄悄勸大家說:「忍事者安然。」有
> 個被他兩人作踐垮了的年輕人說:「我從前沒有忍過?越忍越不得安
> 然!你們不說我說!」……他一說開了頭,許多受過害的人也都搶
> 著說起來……〔註1〕

大家都有「說」的欲望,只是「怕搬不倒人家」,被金旺興旺的「勢」壓著而
已。一旦有人開頭「說」了,大家「也都搶著說起來」,爭先恐後釋放自己「說」
的欲望。這說明在「勢」的威壓之下,每個人「說」的欲望都被壓抑,都存
反抗之心,只是需要一個釋放欲望的突破口罷了。這個突破口源於革命政權
的積極誘導,因爲群眾大會是區上派員組織召開的。但更重要的是,小說敘

〔註 1〕 趙樹理:《小二黑結婚》,《趙樹理全集》第 2 卷,第 233~234 頁。

述最先發言的人是「被他兩人作踐垮了的」，意味著「說」的欲望必須是在被壓抑到極限之時才會一遇到突破口就迸發出來。換言之，《李家莊的變遷》中二妞質疑「為什麼不敢說」〔註2〕，乃是「說」的欲望被壓抑到極限時的爆發。否則，「忍事者安然」就是「農民」最高的處世哲學。而一旦這種「說」的欲望的釋放與革命緊密結合在一起，「越窮越革命」的革命謠諺的合法性也就構建出來了。《小二黑結婚》中這短短的一段敘述，後來成為趙樹理小說敘述翻身故事的主要套路；無論是《李有才板話》關於「閻家山，翻天地」的敘述，還是《李家莊的變遷》關於鐵鎖、冷元、二妞等人積極參加革命使李家莊發生變遷的敘述，都是從被「勢」作踐垮了的人物開始小說的敘述的。

在《李有才板話》中，趙樹理將李有才的身份設定為「沒有地，給村裏人放牛」、「沒有家眷」的雇農，但又說他爹留給他一孔土窯三畝地，只是「後來把地押給閻恒元」，〔註3〕暗示李有才的雇農身份與閻恒元的「勢」有關。這個生活在閻家山最底層的人，也許是最能「說」、敢「說」的一個人；至少在老槐樹底，他是最能「說」、敢「說」的。相比較之下，薄有土地、擁有妻兒的老秦就顯得是個自覺的啞巴了。閻恒元料定他在陌生人面前不敢「說」，年輕人說他幾句，他也「就不說話」了。老楊同志來到閻家山工作時住在他家，他害怕官官相衛，不但希望自己的老婆不說話，還打了自己五歲的小女孩一掌，因為她念了小順編的快板，還告訴老楊同志是小順編的。老秦罵道：「可啞不了你！」〔註4〕為「勢」所迫的老秦不僅是個自覺的啞巴，而且希望一家人都成為啞巴，壓抑「說」的欲望。這意味著未到「置之死地而後生」的時候，老秦是「不敢說」的。而李有才無所牽掛，作為一個純粹出賣勞動力為生的雇農，幾乎就是農村的無產階級，因此敢「說」。再加上他的能「說」，李有才既是閻家山農民心聲的代言人和引導者，也是革命政權建立鄉村秩序的最有效的合作者。當然，這裏還有一個需要先分析的細節是老秦強制妻兒變成啞巴。老秦在自己的家庭中所以具有這樣的能力，肇因於傳統的宗族文化，也就是《李家莊的變遷》中李如珍認為二妞能「說」就是「無法無天」的宗族文化。在鐵鎖家與春喜家的官司中，事主分別是雙方的妻子，但「說理」時卻不允許她們在場，理由是小毛解釋為什麼不叫二妞時說的：「家有千

〔註2〕 趙樹理：《李家莊的變遷》，《趙樹理全集》第3卷，第5頁。
〔註3〕 趙樹理：《李有才板話》，《趙樹理全集》第2卷，第249頁。
〔註4〕 趙樹理：《李有才板話》，《趙樹理全集》第2卷，第286頁。

口,主事一人。有你男人在場,叫你做什麼?」〔註5〕在「勢」之威壓下不敢「說」的老秦,因為可以將「說」的欲望釋放在妻兒身上,從而逃避了「為什麼不敢說」的命題。同樣的情形,趙樹理在《劉二和與王繼聖》及《邪不壓正》又敘述了。《劉二和與王繼聖》中的老劉因為租種王光祖的土地,租住王光祖的房舍,對於王光祖不「說理」的言行一再忍讓,什麼都不敢「說」,卻制止兒子劉二和的敢「說」。而《邪不壓正》中的王聚財在劉錫元、小旦甚且小昌的「勢」下,敢怒而不敢「說」,卻反對女兒軟英不忍氣吞聲、一定要嫁給小寶,認為她只看得見眼毛底下的事情。這便意味著,「為什麼不敢說」不僅是「勢」的問題,更是傳統的宗族文化問題。必須從根本上摧破傳統的宗族文化,才能真正解決「為什麼不敢說」的困境。也正因為如此,近似於農村的無產階級的雇農李有才,被趙樹理敘述為閻家山老槐樹底人心聲的代言者,以及「閻家山,翻天地」的總結者。同樣地,聚寶在《劉二和與王繼聖》中扮演了類似李有才的角色。一度地,趙樹理似乎也打算讓老拐在《邪不壓正》中演出同樣的戲份,但可能因在小說敘事上另有講究,僅於開頭和臨近結尾時靈光乍現。正所謂「無產者在這個革命中失去的只是鎖鏈。他們獲得的將是整個世界」,李有才、聚寶已經沒有什麼擔心失去了,因此,「為什麼不敢說」呢?在趙樹理的小說敘述中,他們成了最早的敢「說」、能「說」的一群,代表了農村社會中「說」的欲望的集中表現。

但是,趙樹理並未在小說中將李有才、聚寶等人物的意義絕對化,而是塑造了個別與之映照的人物,如《劉二和與王繼聖》中的老領李安生及《邪不壓正》中的小旦。李安生是王光祖家的長工,與聚寶一樣沒有財產、沒有兒女,但卻絕對維護王光祖家的利益;小旦在土改的歷次運動中,回回是窟窿,但卻始終不像老拐那樣守著窮人的正義,而是趨炎附勢,私心自用。因此,就趙樹理的小說敘述而言,「越窮越革命」並不是絕對的,窮而「說理」,像李有才、聚寶一樣,才能與革命建立積極的關聯。

而且,趙樹理並不單純是敘述窮人的革命。應當說,他敘述的主要是「農民」的革命。因此,他的小說以更多的篇幅來敘述有一定產業的「農民」「為什麼不敢說」的困境以及走出困境的路。《李家莊的變遷》是個最有力的例證,小說前半部分集中筆墨敘述鐵鎖一家經濟上的衰落及鐵鎖的太原之行,後半部分敘述冷元、王安福、白狗等所有人的覺醒,通篇小說未曾敘及哪怕一個

雇農。可見李家莊變遷的關鍵並不在於「農民」內部的階層劃分，而在於整個「農民」作為一個階級對李家莊「世界」之「理」的掌控。這也就是說，像鐵鎖這樣的「農民」「為什麼不敢說」以及如何變得敢「說」，可能才是趙樹理小說敘述最重要的命題。《邪不壓正》同樣證明了這一點。王聚財是一個有產的「農民」，他在小說結尾所做出的「這真是個說理的地方」的判斷，作為整個小說敘事上的意義制高點，意味著敘事者對於其判斷的認同。因此，趙樹理以《邪不壓正》再次表明，「農民」「為什麼不敢說」以及如何變得敢「說」，是最重要的命題。

2.「人家要說理咱怎麼辦」

一旦「說」的欲望被發現和釋放，接踵而來的問題就是「人家要說理咱怎麼辦」。《李有才板話》敘述老楊同志來到閻家山之後，通過深入民情，瞭解到農會把持在閻恒元手上，根本沒有可能服務於老槐樹底「老」、「小」字輩的利益，於是著手重新組織農救會。在準備的過程中，積極分子小明表示沒有閻家的話難以成事，沒有「幹得了說話的」，老楊同志認為「老槐樹底的能人也不少，只要大家擡舉，到個大場面上，可真能說他幾句」，另一個積極分子小保就問：「人家要說理咱怎麼辦？人家要翻了臉咱怎麼辦？」〔註6〕小保提出了一個非常重要的問題，就是在「說」的欲望被革命釋放出來之後，「農民」並不知道該如何「說」，「農民」也不知道該「說」到怎麼的程度才算合「理」。這也就意味著，當「說」的欲望剛剛被釋放出來之時，不管「農民」是否具有「說」的能力，都不清楚「說」的性質和目的是什麼。小保甚至擔心「人家要翻了臉咱怎麼辦」，那麼，很顯然，他並不理解老楊同志帶來的革命是一個階級推翻另一個階級統治的暴烈的行動，還糾纏在農村日常人際關係的細節中。毛澤東1927年所謂的「革命不是請客吃飯，不是做文章，不是繪畫繡花，不能那樣雅致，那樣從容不迫，文質彬彬，那樣溫良恭儉讓」〔註7〕，尚非「農民說理的世界」中的流行法則。事實上，在趙樹理筆下的「農民說理的世界」中，「農民」總是存留著對於「溫良恭儉讓」的革命的設想。

在《劉二和與王繼聖》中，趙樹理通過流落他鄉多年的聚寶的視角發現黃沙溝「農民」翻身非常不徹底，就詢問原因：

〔註 6〕 趙樹理：《李有才板話》，《趙樹理全集》第 2 卷，第 293 頁。
〔註 7〕 毛澤東：《湖南農民運動考察報告》，《毛澤東選集》第 1 卷，北京：人民出版社，1991 年，第 17 頁。

　　小胖說：「爲什麼？」又指著老劉、大和、二和、鐵則、魚則說：
「這幾個人？算了吧！教著曲也唱不響！背地裏不論給他們打多少
氣，一上了正場就都成了悶葫蘆了。自己不想翻，別人有什麼法？」

　　大和向聚寶說：「老叔你不摸內情：人不能跟人比，一個人有一
個人的本事。小胖人家是武委會主任，嘴一份手一份，能說能打；
像我們這些人，平常只在黑處鑽著，上了大場面能說個啥？誰知道
什麼該說什麼不該說？說出去誰知道是啦不是啦？」〔註8〕

大和向聚寶和盤托出了「像我們這些人」的「說」的困境，因爲沒有小胖那
樣的權力，「平常只在黑處鑽著」，權力對於他們而言是神秘的，所以即使釋
放「說」的欲望的場合出現了，也不知道「上了大場面能說個啥」，更不知道
「什麼該說什麼不該說」，「說出去」之後會有怎樣的結果。對於大和這些人
而言，關於「說」的一切都是未能預判和不可控制的，因此，不管能不能「說」，
都選擇了不「說」。這個不「說」與屈於勢的不敢「說」有聯繫，也有區別。
聯繫之處在於，大和的不「說」與其父老劉一樣，爲「勢」所屈，或深或淺
地失去了「說」的能力；區別之處在於，爲「勢」所屈的不敢「說」，更多是
因爲不敢，不是不能或不會，而有了「說」的場合卻不「說」，則主要還是因
爲不能或不會。雖然不能或不會的背後有作爲歷史原因的不敢，但二者之間
的分際還是存在的。這一點在《邪不壓正》中有進一步的表現，其中小說人
物安發就被敘述爲一個「只會說幾句莊稼話」〔註9〕因此應酬不了小旦的老實
人。

　　更精彩的細節是安發、二姨和金生對於群眾大會上鬥爭劉錫元的對話：

　　安發說：「那老傢夥真有兩下子！要不是元孩跟小昌，我看誰也
說不住他。」二姨問：「元孩還有那本事？」金生說：「你把元孩看
錯了，一兩千人的大會，人家元孩是主席。劉錫元那老傢夥，誰也
說不過他，有五六個先發言的，都叫他說得沒有話說。」〔註10〕

雖然在「勢」上劉錫元已經失敗，成了群眾大會上的階下囚，但在「說」的
方面依然佔據上風，「五六個先發言的，都叫他說得沒有話說」，可見「說」
的能力之強。這也便反證，「農民」作爲劉錫元的對手，雖然在「勢」上已經

〔註8〕 趙樹理：《劉二和與王繼聖》，《趙樹理全集》第3卷，第202頁。
〔註9〕 趙樹理：《邪不壓正》，《趙樹理全集》第3卷，第285頁。
〔註10〕 趙樹理：《邪不壓正》，《趙樹理全集》第3卷，第291頁。

反敗為勝，但並未同時獲得「說」的能力。能不能「說」，該怎麼「說」，成為「革命的第二天」〔註11〕的重大問題。雖然在小說中劉錫元莫名其妙地死了，但趙樹理顯然無意於以「勢」凌人，在小說敘述中將他暴力處死，而是試圖構建「說理」的邏輯，使劉錫元在「理」的意義上認識自己。這也就是說，能不能「說」，該怎麼「說」的問題，乃是與革命行動密切相關的革命倫理與革命文化的問題。必須在「說」的層面上「說」過了劉錫元，安發他們所參與的革命行動的合法性才能真正確立。

但是，「農民」並不知道「人家要說理咱怎麼辦」的答案。老楊同志表示「用農救會出名跟他們說理」〔註12〕，雖然解決了「說」的名義問題，但並未從思想上提高小明他們的認識，而只是從組織上給予了小明他們支持。這種支持，毫無疑問主要是一種「勢」；儘管「勢」的背後隱藏著了「理」的邏輯。正因為如此，在閻家山歡天喜地的乾梆戲聲中，是老秦將老楊同志當成救命恩人來跪謝。老楊同志不得不教育老秦說：「大家是你的恩人，你也是大家的恩人……」但老秦似乎並未因此覺悟，小說接下來敘述的是：「老秦還要讓他們到家裏吃飯，他們推推讓讓走開。」〔註13〕感恩，甚至跪謝救命之恩，很大意義上正是「農民」對革命最主要的感受。〔註14〕雖然感恩也是革命發生之後一種正常的感情指向，但值得注意的是老秦式的感恩背後是主體意識的沉埋。老秦顯然並不理解老楊同志所說的「大家是你的恩人，你也是大家的恩人」，而只能眼見為實，視老楊同志為恩人。這樣一來，一旦「說」的欲望需要釋放，類似老秦的「農民」就會將這一欲望轉嫁他處，自身則始終缺乏「說」的能力。在這個意義上，《小二黑結婚》中的小二黑和小芹與二諸葛老婆沒有什麼區別。小二黑和小芹都不情願父母包辦各自的婚事，但不知怎

〔註11〕 丹尼爾·貝爾說：「革命的設想依然使某些人為之迷醉，但真正的問題都出現在『革命的第二天』。那時，世俗世界將重新侵犯人的意識。人們將發現道德理想無法革除倔強的物質欲望和特權的遺傳。人們將發現革命的社會本身日趨官僚化，或被不斷革命的動亂攪得一塌糊塗。」見丹尼爾·貝爾：《資本主義文化矛盾》，趙一凡、蒲隆、任曉晉譯，北京：生活·讀書·新知三聯書店，1989年，第75頁。

〔註12〕 趙樹理：《李有才板話》，《趙樹理全集》第2卷，第294頁。

〔註13〕 趙樹理：《李有才板話》，《趙樹理全集》第2卷，第302頁。

〔註14〕 當然，需要分辨的是，所謂感恩，也是一種塑造。比如《東方紅》，原來是陝西葭縣移民隊移民延安時編唱的《移民歌》，後來經各種渠道進入延安文藝工作的視野，變成可供演唱的歌曲《東方紅》。參見公木：《談談〈東方紅〉這支歌》，《文化月刊》，1998年第8期。

麼「說」服父母。後來小二黑知道「說」了：「我打聽過區上的同志，人家說只要男女本人願意，就能到區上登記，別人誰也作不了主……」〔註15〕「理」是「人家說」的，雖然切合小二黑的意願，但小二黑借來「說」父母時，其力量便主要是因爲「區上」作爲「勢」的存在。小二黑的「說」本身是無力的，二諸葛便不以爲然，甚至到了「區上」也公然說出「那不過是官家規定」這樣的話。因此，除了找「區上」，小二黑實際上並不知道二諸葛要「說理」時該怎麼「說」回去。二諸葛老婆也如此，當三仙姑來勢洶洶地興師問罪時，除了「咱兩人就也到區上說說理」〔註16〕，的確難以有別的抵擋進攻的臺詞。類似的細節普遍地出現在趙樹理小說當中，如《來來往往》中金山「說」不過張世英就要「叫你指導員說說」，〔註17〕《李家莊的變遷》中鐵鎖「說」不過李如珍，修福老漢就建議鐵鎖「上告他」，〔註18〕《三里灣》中袁小俊「說」不過玉生時，能不夠教唆女兒「去找幹部評評理去」，而小俊說「他已經先去了」，〔註19〕李林虎、趙正有、袁丁未在驢的問題「說」到詞窮時也提出「到區上和他講講理」、「跟你到區上說說理」，〔註20〕等等，不一而足。總之，「說」的能力始終是趙樹理小說中一個的重要問題。

3.「能說話」的人

於是，「能說話」的人在趙樹理筆下的「農民說理的世界」中就扮演了舉足輕重的角色。這也在《小二黑結婚》中就開始了，鬥爭金旺興旺的群眾大會能順利進行，端賴那被作踐垮了的年輕人敢於第一個開口「說」。而在《李有才板話》中，「能說話」的李有才，其重要性更是毋庸諱言；就是繼承了李有才「說」的能力的小順，也成爲老楊同志在閻家山展開動員工作和組織工作的得力助手。「能說話」的李有才的「能」主要表現在編快板，通過快板揭露閻家山政治現實的眞相。閻恒元對李有才「說」的能力深感恐懼，便誣衊他「造謠生事」，「簡直像漢奸」，將他驅逐出閻家山，〔註21〕這從反面充分說明一個「能說話」的人在鄉村社會秩序當中據有多麼重要的位置。小順把李

〔註15〕趙樹理：《小二黑結婚》，《趙樹理全集》第2卷，第224頁。
〔註16〕趙樹理：《小二黑結婚》，《趙樹理全集》第2卷，第229頁。
〔註17〕趙樹理：《來來往往》，《趙樹理全集》第2卷，第348頁。
〔註18〕趙樹理：《李家莊的變遷》，《趙樹理全集》第3卷，第10頁。
〔註19〕趙樹理：《三里灣》，《趙樹理全集》第4卷，第197頁。
〔註20〕趙樹理：《三里灣》，《趙樹理全集》第4卷，第352～353頁。
〔註21〕趙樹理：《李有才板話》，《趙樹理全集》第2卷，第276～277頁。

有才的快板念給老楊同志聽，「老楊同志越聽越覺著有意思，比自己一件一件
打聽出來的事情又重要又細緻」，想親自訪問李有才。〔註22〕其後，在組織農
救會時，老楊同志請李有才編了一個入會歌，村民「聽了這入會歌，馬上就
有二三十個入會的」，〔註23〕效果相當驚人。而當張得貴散佈謠言說農救會不
長久，老村長永遠不離閣家山時，又是李有才編了快板，「這樣才算把得貴的
謠言壓住」〔註24〕。最後，閣恒元在閣家山的統治被順利終結了，老楊同志
又請李有才「編個紀念歌」，並在他編出後說「這就算這場事情的一個總結
吧」。〔註25〕這一切都從正面表明了「能說話」的人在認識和改造鄉村社會秩
序上的重要性。甚至可以說，李有才是閣家山的史詩作者。他不僅代表閣家
山人對於閣家山的認知和理解，而且引導外來者認識和理解閣家山的歷史和
現狀，他編的快板發揮了閣家山地方社會史的功用。同時，更為重要的是，
在「閣家山，翻天地」的過程中，李有才編的快板起了社會動員作用和最終
的價值評判作用，從而具有了史詩的功能。而從老楊同志的角度言之，他在
閣家山社會動員和組織工作的成功，是與李有才的「能說話」離不開的。這
也就意味著，革命在鄉村社會中的發生和成功，首先必須與「能說話」的人
結合，然後才有可能更為順利地實現革命的目標，建立革命的秩序。準此，
在《孟祥英翻身》中，去西崎口協助工作的第五專署工作員所以要親自去找
孟祥英的婆婆商量，讓孟祥英當婦救會主任，就是革命工作在鄉村展開的必
由之路。雖然孟祥英的婆婆一個「幹不了」頂到底，但工作員鑒於孟祥英「能
說話」且「說話把得住理」，〔註26〕始終沒有放棄。據小說的敘述，孟祥英當
了婦救會主任以後，果然成了生產渡荒的英雄，影響了西崎口甚至西崎口所
屬的整個區的許多婦女。在《小經理》中，三喜被群眾選為村裏合作社的經
理，「能說話」也是重要的理由之一。他「說個話，編個歌，都是出口成章，
非常得勁」，〔註27〕不僅開鬥爭會時發揮了大作用，而且當上了經理，對「革
命的第二天」的建設也同樣起作用。趙樹理延續這一敘述路數，在《三里灣》
中專門敘述了金生他們是如何「說」服范登高放棄資本主義個人生產的道路

〔註22〕趙樹理：《李有才板話》，《趙樹理全集》第 2 卷，第 288 頁。
〔註23〕趙樹理：《李有才板話》，《趙樹理全集》第 2 卷，第 296 頁。
〔註24〕趙樹理：《李有才板話》，《趙樹理全集》第 2 卷，第 298 頁。
〔註25〕趙樹理：《李有才板話》，《趙樹理全集》第 2 卷，第 303～304 頁。
〔註26〕趙樹理：《孟祥英翻身》，《趙樹理全集》第 2 卷，第 382 頁。
〔註27〕趙樹理：《小經理》，《趙樹理全集》第 3 卷，第 223 頁。

並加入社會主義合作化運動的。其中有一個細節是范靈芝在旗杆院東房製分配總表，同時北房在開支部大會，做范登高的思想工作。范靈芝無心聽到一些對話，范登高強調私有制度存在時不能反對個人生產，不知如何辯駁，卻聽張永清、王金生他們駁的很好，知道范登高被整住，「暗自佩服這些人的本領」。〔註28〕這充分說明，即使是在社會主義建設時期，「能說話」也是相當重要的。同樣的情況在《「鍛鍊鍛鍊」》也有表現，主任王聚海瞧不起婦女，認為高秀蘭「連『鍛鍊』也沒法『鍛鍊』」，但在她的一張批評他「太主觀」的大字報貼出來之後，就說：「沒想到秀蘭這孩子還是個有出息的，以後好好『鍛鍊鍛鍊』還許能給社裏辦點事。」〔註29〕沒有「說」的能力，就是要在社會主義建設中發揮作用，也是不可能的。因此，無論就革命還是就建設而言，在趙樹理筆下的「農民說理的世界」中，「能說話」的人都是相當重要的。

而且，「能說話」的人的重要性還表現在趙樹理的小說敘事上。《地板》中的小學教員王老三也是個「能說話」的人。就趙樹理的敘述意圖而言，是要破除「出租土地也不純是剝削」的農村習慣上的誤會，〔註30〕但就小說的敘述脈絡而言，是要以一個比地主王老四更強的「說」的能力的人，在「情理」上「打通思想」。「能說話」的人對於趙樹理小說敘述的意義由此可見一斑。如果說《地板》的整個結構都依賴小學教員王老三「說」的能力的話，《富貴》的結尾則需要富貴能「說」清楚自身所背負的道德污衊的根源，小說人物「說」的能力是趙樹理結構小說的重要因素。那麼，在《李家莊的變遷》中，小常來到李家莊進行犧盟會的組織工作，發現冷元「說」的能力強，「暗暗佩服這個人的說話本領」，〔註31〕這裡也應當透露出趙樹理在小說敘述上的用心。自從冷元「說」的能力被小常發現之後，鐵鎖在整個小說敘述中就迅速背景化了。而在《劉二和與王繼聖》中，趙樹理再一次敘述了一個「能說話」的人，就是聚寶。小說寫王光祖、王繼聖都對聚寶回到黃沙溝感到不安，試圖籠絡他，但聚寶不僅絲毫不為所動，而且謀算著：「不說是不說，說就得給他個厲害叫他怕。」〔註32〕不過，由於《劉二和與王繼聖》並未完成，在

〔註28〕趙樹理：《三里灣》，《趙樹理全集》第 4 卷，第 295～296 頁。

〔註29〕趙樹理：《「鍛鍊鍛鍊」》，《趙樹理全集》第 5 卷，第 226～227 頁。

〔註30〕趙樹理：《也算經驗》，《趙樹理全集》第 3 卷，第 350 頁。

〔註31〕趙樹理：《李家莊的變遷》，《趙樹理全集》第 3 卷，第 58 頁。

〔註32〕趙樹理：《劉二和與王繼聖》，《趙樹理全集》第 3 卷，第 216 頁。

聚寶感歎「照你們這樣，一千年也翻不了身」〔註33〕之後，小說敘述將發生
怎樣的峰回路轉，聚寶怎樣能「說」，大和、宿根、鐵則、魚則等人是否由「不
說話」變得能「說」，是不便猜測的。據《邪不壓正》敘述安發由「只會說幾
句莊稼話」到成爲貧農組長，或許可以逆推趙樹理小說敘述的線索可能是大
和他們終於能「說」了。因此，在趙樹理的小說中，「能說話」的人不僅與革
命有著密切的關係，而且與關於革命的小說敘述也有著密切的關係。當然，
所謂趙樹理在小說敘述上的用心，未必是自覺的。他畢竟主要不是一個在小
說敘述上用心的作家，儘管他後來的小說創作難免拘泥於小說敘述之譏。

　　當然，作爲「理」上和小說敘事上的平衡，趙樹理在小說中設置了另外
一種類型的「能說話」的人，他們就是李如珍、小毛、小旦、劉錫元、常有
理、小腿疼、賈鴻年等人物形象。這些人雖然千差萬別，但都是能說會道的，
也都是小說中的反面人物形象。〔註34〕趙樹理通過他們的存在明確其小說的
敘事指向，即「能說話」的人必須在符合革命和社會主義建設的要求的條件
下，才是「農民說理的世界」中的有機組成因素。否則，「說」的能力越強越
危險。但是，無論如何，趙樹理敘述的革命以及革命敘述的重要任務都是尋
找「能說話」的人。只有找到「能說話」的人，革命才能更爲有效地楔入鄉
村社會秩序的重建；只有依賴「能說話」的人，革命敘述才能更直接地在「理」
上有所表現，從而更好地構造「農民說理的世界」。

二、學會「說」

　　如果說找到「能說話」的人就找到了引導「農民」開始「說」的嚮導的
話，那麼，趙樹理小說敘述接下來的任務就是讓這些接受引導的「農民」學
會「說」。而這可能是更爲重要的任務。另外，一部分「能說話」的人甚至被
敘述爲需要重新學會「說」的人，這無疑也是很重要的。就文本及其所處的

〔註33〕趙樹理：《劉二和與王繼聖》，《趙樹理全集》第3卷，第219頁。
〔註34〕就人物形象的分類而言，黃修己分出二諸葛系列、三仙姑繫列、孟祥英系列、
　　　　小字輩系列、翻得高系列、萬寶全系列、農村知識青年系列等七種，又指出
　　　　馬多壽、富貴是孤立的形象，無疑更加細膩。他進而以《小二黑結婚》爲趙
　　　　樹理小說創作的主系統，以《李有才板話》爲副系統，認爲「從《小二黑結
　　　　婚》開始，便有了一個穩定的構成體系，這種穩定性是作家生活基礎牢固的
　　　　表現，也是成熟的表現」。這種以人物形象的歸納來推演趙樹理小說創作狀況
　　　　的意見，也別有深刻之處。參見黃修己：《趙樹理研究》，第93～104頁。

歷史次序而言，首先是讓接受引導的「農民」學會說，然後是讓「能說話」
的人重新學會說。而且，前者主要出現在趙樹理 1949 年前提供的小說文本中，
後者則主要出現在 1949 年之後。

1. 漫遊與教育

「農民」接受引導是有條件的。按照《李家莊的變遷》所敘述的鐵鎖成
長史來看，接受引導前，「農民」必須面臨極端的處境，瀕臨破產，才有可能
出現學會「說」的契機。小說開頭敘述鐵鎖在李如珍、春喜、小喜、小毛赤
裸裸的欺侮之下，明知他們在說理會上不「說理」，卻不敢「說」，連老婆二
妞的勇氣都沒有。此後家道中落，只能去太原領工。在太原偶遇小喜，半推
半就地做了他的勤務。小喜所在部隊的參謀長說：「這孩子倒還精幹，只是好
像沒有膽，見人不敢說響話。」〔註35〕可見只是在太原領工的話，鐵鎖依然
缺乏「說」的能力；或者，「說」的能力始終潛隱在內心，無法解放出來。自
從當了小喜的勤務之後，因為替小喜幹活，逐漸熟悉太原社會統治階層的秘
密。尤其是去五爺公館那一趟，鐵鎖發現整個太原的統治階層與李家莊的李
如珍他們一樣，都是「仗勢力不說理的傢夥」，因此發生對於既有秩序的根本
性懷疑。鐵鎖帶著懷疑，主動求證於共產黨員中學生小常。鐵鎖在漫遊到太
原，並熟悉了太原統治階層的基本秘密之後，主動產生了接受教育的願望和
行動。而且，在與小常交談之後，鐵鎖發現「小常說的道理，他也完全懂得」。
這就是說，鐵鎖心知其「理」，只是一時尚未學會「說」而已。此時，趙樹理
在小說敘述中進一步使用了延宕的手法，並沒有讓鐵鎖從此走上革命的康莊
大道，從此就能「說」了，而是讓鐵鎖漫遊回家，進一步熟悉既有社會的秘
密，隨行小喜見識統治階層的各種怪現狀。而更值得分析的一筆是，趙樹理
讓從太原回到李家莊之後的鐵鎖擔任了閭長。這就意味著，鐵鎖不僅可以觀
察既有秩序的「仗勢力不說理」，而且可以親身體驗既有秩序的具體運作過
程，從運作過程中認知既有秩序的秘密，從而更深刻地理解小常給予他的教
育。這時，小說敘述道：「鐵鎖自從當了一次閭長以後，日子過得更不如從前
了，三四年工夫，竟落得家無隔宿之糧，衣服也都是千補萬衲，穿著單衣過
冬。」〔註36〕鐵鎖不難由此意識到，在既有秩序中，即使進入統治階層的末
端，也無法實現「農民說理的世界」，甚至連自身的生存也無法保證。鐵鎖又

〔註35〕趙樹理：《李家莊的變遷》，《趙樹理全集》第 3 卷，第 23 頁。
〔註36〕趙樹理：《李家莊的變遷》，《趙樹理全集》第 3 卷，第 45 頁。

一次外出領工，因無盤纏去不了太原，只到了縣城。此時社會秩序紊亂，縣長「跟瘋了一樣，撒出防共保衛團和警察到處捉人」，〔註37〕人人自危。冷元問鐵鎖：「小喜成天給咱們講，說共產黨殺人如割草，可是誰也沒有真正見過。你是登過大碼頭走過太原的，你是不是見過啦？」「這一問，勾起鐵鎖的話來了」，〔註38〕可見「走過太原」的漫遊經歷不僅是鐵鎖自我成熟的一個重要條件，也是李家莊村民判斷鐵鎖的標準之一，而鐵鎖也果然因為被問及自己的漫遊經歷而變得能「說」了。小說敘述道：

> 鐵鎖一縱身蹲在椅子上，又自己斟得喝了一盅酒，把腰一挺頭一揚，說起他在太原時代的事情來。鐵鎖活了二十七歲，從來也沒有這天晚上高興，說的話也乾脆有趣，聽的人雖然也聽過好多先生們演說，都以為誰也不如鐵鎖，他把他在太原見的那些文武官員，如參謀長、小喜、河南客、尖嘴猴、鴨脖子、塌眼窩、胖子、柱子等那些人物、故事，跟說評書一樣，枝枝葉葉說了個詳細；說到滿洲墳遇小常，把小常這個人和他講的話說得更細緻，叫聽的人聽了就跟見了小常一樣；說到小常被人家捉去，他自己掉下淚來，聽的人也個個掉淚。最後他才說出「聽一個老木匠說小常是共產黨」。
>
> 〔註39〕

經歷過太原的漫遊和小常的教育之後，鐵鎖不僅深刻地認識了既有秩序的秘密，而且養成了「說」的自信和能力。縱身，喝酒，挺腰，揚頭，而且說者動情，聽者落淚，鐵鎖就像一個振臂一呼應者雲集的英雄，不僅能「說」，更且展現出一種「說」出來的強大的主體意識。可以說，這是趙樹理小說中敘述出來的最具有英雄主體意識的場面。而且，這並不是一個個人英雄一枝獨秀的場景，鐵鎖的聽眾主要地並不是輸出對於英雄的崇拜和皈依，而是滿意於鐵鎖說出來的故事和道理，輸出情感和認知上的共鳴。正如鐵鎖與小常的關係一樣，鐵鎖與小常的區別主要在於小常比鐵鎖能「說」，聽眾與鐵鎖的區別也是鐵鎖比聽眾能「說」，他們心同一「理」，故而是英雄群像的崛起，而鐵鎖不過是暫時從英雄群像的背景中凸顯出來而已。實際上也正是這樣的，當冷元、白狗等人也能「說」以後，或者說小常佩服的「能說話」的冷元重

〔註37〕趙樹理：《李家莊的變遷》，《趙樹理全集》第 3 卷，第 45 頁。
〔註38〕趙樹理：《李家莊的變遷》，《趙樹理全集》第 3 卷，第 47 頁。
〔註39〕趙樹理：《李家莊的變遷》，《趙樹理全集》第 3 卷，第 48 頁。

新學會「說」之後，趙樹理將鐵鎖迅速植入了背景當中，不再凸顯出來。因此，趙樹理敘述鐵鎖經過漫遊與教育學會「說」，目的不僅在於敘述鐵鎖作為一個個體的成長，而且在於敘述鐵鎖所處的群體的共同成長的可能。也就是說，趙樹理不僅要敘述一個可以無限複製的學會「說」的個體成長過程，而且要將這一個體成長敘述為集體成長自身。

　　另外，由於鐵鎖的漫遊與教育無論在鐵鎖的個體成長上還是在李家莊「農民」的集體成長上都具有舉足輕重的作用，看似與李家莊的變遷關聯不大、甚至完全溢出李家莊範圍的鐵鎖的太原之行，其實恰好是《李家莊的變遷》不可或缺的小說敘述組成。缺少了鐵鎖的漫遊與教育，學會「說」就是為學會「說」而學會「說」的邏輯教條和小說敘述的誤區；而有了鐵鎖的漫遊與教育，學會「說」就是趙樹理筆下「農民說理的世界」的必要的骨骼和豐滿的血肉。同時，小常來到李家莊之後所談論的民主權力與國家大事的話題，也只有有了關於鐵鎖的漫遊與教育的敘述之後，才顯得其來有自。如果沒有鐵鎖的漫遊與教育，對於李家莊的「農民」而言，「國家」可能完全是一個虛幻不實的詞語。而一旦有了鐵鎖的漫遊與教育，「國家」就是一種切近李家莊「農民」生存的實體。這就是為什麼小常對李家莊「農民」演講時，總是要以鐵鎖為例。小常說：「沒有權，看見國家大事不是自己的事，那裡還有心思救國？我對別人不熟悉，還說鐵鎖吧：他因為說了幾句閒話，公家就關起他來做了一年多的苦工。這個國家對他是這樣，怎麼能叫他愛這個國家呢？」〔註40〕雖然就概念而言，小常混淆了國家與政府的區別，但卻成功地喚起了李家莊「農民」對於國家發生一種直觀、實在的理解，從而接受自己屬於一國之民的觀念。否則，從一村之民到一國之民，其鴻溝並不是那麼容易逾越的。

　　鐵鎖的漫遊與教育，如果更樸素地說成鐵鎖離開李家莊之後重回李家莊，就會發現，趙樹理在很多小說中都動用了類似的敘述方法。例如《李有才板話》中李有才被閻恒元逼走、被老楊同志召回，《劉二和與王繼聖》中聚寶被王光祖逼走、在土改後回來，《富貴》中富貴被王老萬逼走、被工作組帶回，《靈泉洞（上部）》中金虎被軍隊抓差抓走、在兵荒馬亂中回來，等等，都是類似的。其中富貴重新回來之後，敢於向王老萬興師問罪，「說」起來滔滔不絕，金虎本來是「傻子」，回來後成為反抗劉石甫的首領，更表現出和鐵鎖的漫遊與教育的親緣性質。柯魯剋夫婦在《十里店（一）》中記錄婦女協會

〔註40〕趙樹理：《李家莊的變遷》，《趙樹理全集》第 3 卷，第 61 頁。

主席王雪德經歷過顛沛流離的生活、家庭經濟的殷實和敗落、地主的剝削、後婆母的壓迫，因此「成為十里店擁護共產黨最早和最強烈的人員之一」，後來積極參加學習班，以一個「全新的婦女」形象回到了十里店。〔註41〕王雪德與鐵鎖的高度相似，除證明了趙樹理小說的「真實」品質，更證明鐵鎖具有學會「說」的典型性，亦即可複製性。

2. 民主與「說」

如果說像鐵鎖這樣的本來不敢「說」的「農民」經歷了漫遊與教育之後，就變得能「說」了，那麼，像安發那樣的「只會說幾句莊稼話」的「農民」雖然沒有漫遊與教育的經歷，最後卻仍然變得能「說」，就說明學會「說」並非只有一條道路。在相似的意義上，小常佩服的「能說話」的冷元，真正學會「說」也並非由於漫遊與教育，而是在聽了小常談論的民主問題之後。小常介紹犧盟會的主張時說：「想叫大家都有權，就要取消少數人的特別權力，保障人民自由，實行民主。」〔註42〕此後當修福老漢提醒「要看勢」時，冷元就說：「不怕！你不聽小常說以後大家都要有權啦嗎？只要說到理上，他能把咱們怎麼樣？我看這世界已經變了些了，要不小常這些人怎麼能大搖大擺來組織咱們來？」〔註43〕冷元的話中當然透露著對於隨「勢」變遷的「世界」的理解和相信，但可能更加重要的是冷元認為「只要說到理上」，就能無所畏懼。冷元對「說」的理解，將「說」與「理」、「世界」聯繫在一起，充分表現出在民主視野的期待下，不僅敢「說」，而且能「說」的特點。因此，民主，甚至僅僅是民主作為期待視野存在著，「農民」就能學會「說」。如果僅就《李家莊的變遷》來判斷，這一點還不夠明確的話，加上《邪不壓正》作為例證，就能構成一個清晰的命題了。安發最初出現在《邪不壓正》的小說敘述中時，是一個「只會說幾句莊稼話」的「農民」，但當貧農組織在下河村建立起來之後，當了貧農組長的他，就成為一個非常能「說」的「農民」了。安發本來應酬不了小旦，但貧農小組成立後，面對小旦的質問，就應付裕如了。小旦想充貧農加入貧農組，覬覦更多的浮財，安發說：

> 咱也不想發那洋財。那天開群眾大會你沒有聽工作團的組長

〔註41〕伊莎白・柯魯克、大衛・柯魯克：《十里店（一）：中國一個村莊的革命》，龔厚軍譯，上海：上海人民出版社，2007年，第54～57頁。
〔註42〕趙樹理：《李家莊的變遷》，《趙樹理全集》第3卷，第62頁。
〔註43〕趙樹理：《李家莊的變遷》，《趙樹理全集》第3卷，第64～65頁。

講,「平又不是說一針一線都要平,只是叫大家都能生產都能過日子
就行了。」我看把土地抽補了把房子調劑了,還不能過日子的就是
那些掃地出門的戶,農會存的東西補了人家也就正對,咱又不是真
不能過日子的家,以後慢慢生產著過吧!〔註44〕

小旦聽了之後就放棄入組的打算了。的確,安發這短短的一段話裏,既有對
現行政策的理解和把握,又有對下河村現狀的判斷和對策,既有對自我立場
的堅持,又有對小旦「真不能過日子」的暗諷,真的是滴水不漏,也難怪小
旦只好打退堂鼓了。由此可見,貧農組織作為安發這樣的「農民」的民主權
力的保證,使得他無需漫遊與教育的經歷,即變得能「說」了。這也就意味
著,在趙樹理的小說中,能不能「說」固然是一個教育與學習的問題,也是
一個無師自通的學習問題。

　　需要稍作分辨的是,貧農組織與民主在何種意義上相關聯。在稍早於《邪
不壓正》的快板《為啥要組貧農團》中,趙樹理寫道:

地主富農搞啥鬼,窮人早就看得見;只要有了貧農團,管保不
受他的騙。中農也吃封建虧,一時不想破情面;只要有了貧農團,
他們就能跟著幹。一個人,兩隻眼,他看你來你看俺。只要組成貧
農團,誰想貪污也不敢。有些人,得了權,好打自己小算盤,只要
組成貧農團,沒有空子叫他鑽。貧農團,貧農團,窮人靠你把身翻!
平分土地這件事,帶頭任務你承擔。〔註45〕

貧農團既是階級鬥爭的組織,防止地主富農搞鬼,引導中農戰鬥,又是監督
權力運作的組織,防止貪污和擅權,從而保證窮人翻身和平分土地。那麼,
毫無疑問,貧農團是一種存有現代民主設想的農村政治組織。因此,安發之
學會「說」,是與民主密不可分的。

　　但是,制度與實踐往往是兩回事。當民主的制度並不能保證民主的實踐
之時,民主與「說」之間出現相反的關聯,即在民主的制度下,「農民」即使
敢「說」、能「說」也不「說」。同樣是在《邪不壓正》中,當小昌主持群眾
大會擠封建和填平補齊時,「村裏群眾早有經驗,知道已經是布置好了的,來
大會上提出不過是個樣子,因此都等著積極分子提,自己都不說話」。〔註46〕

〔註44〕趙樹理:《邪不壓正》,《趙樹理全集》第3卷,第313頁。
〔註45〕趙樹理:《為啥要組貧農團》,《趙樹理全集》第3卷,第235~236頁。
〔註46〕趙樹理:《邪不壓正》,《趙樹理全集》第3卷,第305頁。

當民主的制度被當權者濫用時，「農民」就選擇了「都不說話」。在這種情形下，與其強調民主使「農民」學會了「說」，不如強調民主使「農民」學會了不「說」。當然，小昌當政時的下河村，可以被認爲徒有民主的虛名。但是，就算是虛名，在虛名的籠罩下，也很容易出現一種怪異的判斷，即認爲「都不說話」的「農民」不懂民主，因此進一步否認「農民」能「說」，在民主的名義下瓦解對於「農民」「說」的能力的信任。在這一意義上，趙樹理的小說敘述正好構成了對劉少奇在 1945 年做出的農村群眾構成狀況的政策性分析的反諷。劉少奇說：

> 在一切群眾運動中，在最初時期，通常都有比較積極的部分及
> 中間狀態與落後狀態的部分，而積極分子總是比較占少數，中間與
> 落後狀態的人總是組成爲廣大的群眾。按照群眾路線，必須照顧多
> 數，即是必須照顧中間狀態與落後狀態的群眾，否則先進部分就會
> 孤立起來，什麼事情也辦不好。〔註47〕

劉少奇將占少數的積極分子視爲先進部分，與趙樹理小說以積極分子爲小昌擅權的應聲蟲，恰成映照。就《邪不壓正》而言，「積極分子」顯然不是一個積極的評價，而「都不說話」的群眾才意味著積極評價；前者不是先進的，後者才是先進的。於是，積極分子的能「說」適足以說明他們是在亂「說」。這從劉少奇的邏輯來看，是沒有「照顧多數」；而從趙樹理小說敘述的邏輯來看，是不願「照顧多數」，而只看得見利益，只願意滿足自己的私欲。

當然，大多數時候，趙樹理的小說並不與劉少奇政策性分析中所使用的邏輯相悖。無論是最開始的《小二黑結婚》，還是最終的《賣煙葉》，趙樹理都敘述了占多數的落後人物形象如何在少數積極分子的引導、批評之下學會「說」「理」。但是，正如「群眾」以「眾人是聖人」的面貌與共產黨發生關聯一樣，趙樹理並沒有以少數積極分子作爲「理」的代表。或者說，趙樹理並不簡單地以少數積極分子「說理」爲「世界」的理想狀態，在敘述「群眾」作爲制衡性力量的存在的同時，將是否「說理」的判別權賦予了聖人化的「群眾」。或許正因如此，趙樹理在小說中塑造了一批天生能「說」「老直理」及「眞理」的人物形象，以抗拒少數積極分子被權力腐化之後發生的「農民說理的世界」的危機。在此意義上言之，學會「說」並不是最重要的，因爲「農民」本來就能「說」。趙樹理由此在小說中表現出複雜的本位主義的立場。

〔註47〕劉少奇：《關於修改黨章的報告》，香港：新民主出版社，1949 年，第 64 頁。

3. 重新學會「說」

　　所謂抗拒少數積極分子被權力腐化之後發生的「農民說理的世界」的危機，就「說」的層面而言，即讓本來「能說話」的人重新學會「說」。在《小二黑結婚》中，趙樹理敘述金旺老婆在鬥爭金旺興旺的群眾大會之後「變了口吻」說「以後我也要進步了」，〔註48〕首次表露出讓「能說話」的人重新學會「說」的敘事信息。金旺老婆原來是婦救會主席，「能說話」是應當的。群眾大會之後，她需要「變了口吻」，也即意味著原來的積極分子在「革命的第二天」需要重新學會「說」。在這樣的線索上，趙樹理在《李有才板話》中敘述陳小元被腐化的過程及最後被批評的局面，在《邪不壓正》中敘述了小昌變得自私擅權的過程及最後被黨組織勒令反省的狀況。在「革命的第二天」，他們顯然都亟需「變了口吻」，重新學會「說」。當然，這些文本中的「革命的第二天」還只是暫時的、局部的，趙樹理並未敘述陳小元、小昌等人如何重新學會「說」的過程。而1949年以後的文本中的「革命的第二天」則是整體的局面，趙樹理以極大的耐心敘述了一些積極分子重新學會「說」的艱難過程。需要預先說明的是，儘管趙樹理付出了極大的耐心，他對於重新學會「說」的敘述也未見多麼成功，「變了口吻」的理由敘述得並不充分。

　　在1955年發表的《三里灣》中，趙樹理敘述了兩個革命時期的「能說話」的人需要重新學會「說」。一個范登高，曾經是三里灣革命的領導，在「革命的第二天」合作辦社浪潮中成了緊抓資本主義個人生產的典型，不管怎麼能「說」都讓大家不感興趣了。一個袁天成，曾經是三里灣革命的重要角色，在「革命的第二天」成了被無限同情的對象。范登高千方百計要挽回自己的聽眾，但彷彿經歷了一場痛苦的病變之後，依然未能重新學會「說」。趙樹理在敘述完張永清講話時的熱烈場景之後，接著敘述道：「范登高在減租減息的時候，講起話來要比張永清還受人歡迎，可是近幾年來，一上臺大家就不感興趣，因為他已經變得只會說一些口不照心教訓別人的話。」〔註49〕在黨組織的壓力和引導下，范登高由牴觸漸漸轉變為主動檢討，然而一登臺說的卻是：「我這幾年有個大錯誤，向你們大家談談！」聽眾的反應是：「聽！又擺開教訓人的架子了！」〔註50〕范登高尚未能祛除舊的「能說話」的口吻，甚

〔註48〕趙樹理：《小二黑結婚》，《趙樹理全集》第2卷，第234頁。

〔註49〕趙樹理：《三里灣》，《趙樹理全集》第4卷，第306頁。

〔註50〕趙樹理：《三里灣》，《趙樹理全集》第4卷，第306～307頁。

至毋寧說還留戀著舊的「能說話」的口吻，卻又要重新學會「說」，因此，雖然「說」的是自我檢討，言辭之間卻讓聽眾覺得「又擺開教訓人的架子了」。重新學會「說」對於范登高來說，的確不僅是自我生理及心理出現病態並被治療而痊癒的過程，而且是欲「說」不能的困境。小說接下來敘述大家給范登高提各種各樣的意見，「范登高在馬虎不過的情況下，表示了以後願意繼續檢查自己的思想」〔註 51〕。有意思的是，趙樹理此後並未敘述范登高如何繼續檢查自己的思想，作為小說人物，范登高在《三里灣》中也從此無聲無息，只在范靈芝的意識中乍一現身：「這不是就像個爹了嗎？」〔註 52〕也許是無意，也許是無力，趙樹理放棄了敘述范登高重新學會「說」之後，「變了口吻」變成怎樣了。因此，這不禁令人猜想，對於范登高而言，重新學會「說」是欲「說」不能的困境，對於趙樹理而言，重新學會「說」是無從進行小說敘述的困境。

袁天成在黨組織的督促下，當老婆能不夠又一次挑釁時，決心不再「甘心接受老婆的落後領導」〔註 53〕，要跟她離婚，「也革了命了」〔註 54〕。能不夠缺乏自立的經濟基礎和能力，不敢答應離婚，願意拉倒，天成便給她定下了規矩：「哪一條不答應，都得趁早散夥！」能不夠想：「咦！這老頭兒真的是當過老幹部的，說出來的話一點空兒也不露！我操典了他多半輩子，想不到今天他會反撲我這麼一下！」〔註 55〕「也革了命了」的天成雖然「說出來的話一點空兒也不露」，但並非因為重新學會了「說」，而是因為「真的是當過老幹部的」，本來就能「說」。這就帶來一個新的問題，即在「革命的第二天」，重新學會「說」是否必要？至少就袁天成與能不夠的夫妻關係來看，趙樹理並未敘述重新學會「說」的必要。當然，袁天成與能不夠之間的問題，不構成宏大的走資本主義道路還是走社會主義道路的問題，因此袁天成的困境也就遠遠小於范登高。但趙樹理在小說敘述中以極其銳利的方式解決了袁天成的困境，即讓袁天成直接逼能不夠離婚，卻在范登高的問題上逡巡不前，將結局以旁敲側擊的方式由范靈芝內心獨白而出，則可見趙樹理的小說確實陷入了無從敘述重新學會「說」的困境。由此反觀《登記》，就會發現趙樹理

〔註 51〕趙樹理：《三里灣》，《趙樹理全集》第 4 卷，第 308～309 頁。
〔註 52〕趙樹理：《三里灣》，《趙樹理全集》第 4 卷，第 314 頁。
〔註 53〕趙樹理：《三里灣》，《趙樹理全集》第 4 卷，第 309 頁。
〔註 54〕趙樹理：《三里灣》，《趙樹理全集》第 4 卷，第 330 頁。
〔註 55〕趙樹理：《三里灣》，《趙樹理全集》第 4 卷，第 334 頁。

對於重新學會「說」，即使是在相對微觀的婚姻倫理問題上，也有著極爲複雜的立場。《登記》的主旨是敘述婚姻須以戀愛爲基礎且婚姻自由，但對於張木匠和小飛蛾的婚姻狀況，雖然從小飛蛾的視點出發揭露其封建性，卻並未敘述小飛蛾對自己婚姻的現狀有任何不滿。這就是說，《登記》在提供一套關於婚姻的新的「理」的同時，本身卻容忍舊的婚姻觀念所造成的既成事實。因此，趙樹理關於重新學會「說」的小說敘述是缺乏一致性的，被碎割在不同的具體事實上，難以通往邏輯的深處。而背後是「各有各的道理」在起作用，趙樹理並未在小說中讓「世界」只循一「理」而行。同樣的，《孟祥英翻身》關於孟祥英與梅妮婚姻的敘述，雖然可以歸因於趙樹理拘泥孟祥英的傳記事實，但也可歸因於他對「說」與「理」本無一致性的思考。因此，甚至可以說，無從敘述重新學會「說」的困境，或許並不是困境，而是趙樹理小說思維直接反映眞實的自覺，即事實如此，作家不願意過多地越出事實，構建純粹的再現「世界」。

在《三里灣》以後的小說中，趙樹理繼續敘及重新學會「說」的問題，如《「鍛鍊鍛鍊」》關於王聚海最終自承「太主觀」〔註56〕的敘述，《老定額》關於林忠重拾革命精神的敘述，都是曾經的積極分子在「革命的第二天」如何自我蛻變的故事。但是，與關於范登高的敘述一樣，趙樹理只是敘述了他們蛻變前的狀態和蛻變的發生與完成，並未敘述蛻變之後他們的「變了口吻」到底變成怎樣了。作爲一個無從敘述的命題，重新學會「說」始終以不圓滿的狀態存在於趙樹理小說中。甚至趙樹理最後寫作的關於青年學生改造的小說《互作鑒定》和《賣煙葉》，也是在詳細展開劉正、賈鴻年本來的「說」的面貌之後，即以批評性的敘述作結，並未敘述他們能否重新學會「說」。因此，謹愼一點地說，趙樹理小說敘述了必須重新學會「說」的原因，卻無從展開重新學會「說」之後的遠景。

三、「官腔」與「老百姓的話」

趙樹理小說無從展開重新學會「說」的遠景，缺乏一致性，這是趙樹理小說再現「世界」的內在困境在更微細層面的反映。對於趙樹理的小說語言，周揚曾認定：「他在他的作品中那麼熟練地豐富地運用了群眾的語言，顯示了

〔註56〕趙樹理：《「鍛鍊鍛鍊」》，《趙樹理全集》第 5 卷，第 239 頁。

他的口語化的卓越的能力；不但在人物對話上，而且在一般敘述的描寫上都是口語化。」〔註57〕後來有的研究者更進一步認為，「對可『說』性文本的追求是趙樹理小說創作自覺的理性意識」〔註58〕。還有的研究者甚至認為：「很明顯，趙樹理試圖建立的跨越『聲音場』和『文字場』之間的過渡性文本——『可說性文本』，本身已經溢出了現代小說的闡釋框架，在民間說書藝術語言進入現代小說並進行自身的現代轉化的同時，保持現代小說語言的潔淨、簡單和閱讀快感，這種雙重文本的魅力，在現代小說立場上的簡單批判顯然不能解決問題。」〔註59〕這些意見都是正確且富有啟發性的，引人思考一些與趙樹理再現「世界」的內在困境有關的問題，即趙樹理的「可說性文本」到底是如何構成的？

1.「官腔」

在《李有才板話》中，張得貴秉命通知閻家山村民第二天到廟里選村長：「明天選村長啦，凡年滿十八歲者都去！」又放低嗓子說：「老村長的意思叫選廣聚！」小保評價：「他也學會打官腔了：『凡年滿十八歲者』……」小順道：「還有『老村長的意思』。」〔註60〕老槐樹底下的人對於張得貴「學會打官腔」非常敏感，從語言上將張得貴劃到了另一階層。這是「官腔」一詞唯一一次在趙樹理小說中出現，它作為一個符號，起著區分人物的屬性的作用。而所謂「官腔」，從李有才編排張得貴的快板來看，含有重複他人的語言，毫無意義及價值的意味：

> 張得貴，真好漢，
>
> 跟著恒元舌頭轉；
>
> 恒元說個「長」，
>
> 得貴說「不短」；
>
> 恒元說個「方」，
>
> 得貴說「不圓」；
>
> 恒元說「砂鍋能搗蒜」，
>
> 得貴就說「打不爛」；

〔註57〕周揚：《論趙樹理的創作》，見《論趙樹理的創作》，第14頁。

〔註58〕白春香：《趙樹理小說敘事研究》，第24頁。

〔註59〕楊天舒：《趙樹理小說創作與民間文藝資源》，第95頁。

〔註60〕趙樹理：《李有才板話》，《趙樹理全集》第2卷，第258頁。

> 恒元說「公雞能下蛋」，
>
> 得貴就說「親眼見」。
>
> 要幹啥，就能幹，
>
> 只要恒元嘴動彈！〔註61〕

張得貴的「官腔」是學來的，而且基本上是閻恒元語言的重複，因此更加沒有意義和價值。當然，就張得貴本人來說，其要害不在於「官腔」，而在於是閻恒元的應聲蟲。但當他「學會打官腔」之後，老槐樹底人對他的惡感就更甚了。「官腔」甚至起著決定性質的作用。不會「官腔」的張得貴也許不過是一時的走狗，而「學會打官腔」之後的張得貴可能就是一世的走狗了。有人希望張得貴的兒子小旦勸勸張得貴以後不要當恒元的尾巴，小旦搶著說：「那天不勸他？可是他不聽有什麼法？為這事不知生過多少氣？有時候他在老恒元那裡拿一根蔥、幾頭蒜，我娘也不吃他的，我也不吃他的，就那他也不改？」〔註62〕趙樹理最終未在《李有才板話》中敘述張得貴有沒有悔改，但在《李家莊的變遷》中敘述李家莊人允許類似的人物小毛改過自新，在其他小說中繼續敘述類似人物的存在，或許無意將張得貴式的人物在小說敘述的意義上趕上絕路。〔註63〕不過，無論如何，趙樹理在小說的意義上表達了對於「官腔」的否定。這一點通過李有才對章工作員的評價來看將更加清楚。選舉會開始前，李有才放出牛來預備往山坡上送，小順怕他誤了選舉，攔住他，他強調誤不了，因為在他看來，負責主持選舉的章工作員「不論什麼會，他在開頭總要講幾句『重要性』啦，『什麼的意義及其價值』啦」，光講完這些自己就回來了。〔註64〕李有才雖然沒有直接說章工作員「打官腔」，但也是在諷喻他關於「重要性」、「意義及其價值」的講話恰好是不重要的，缺乏意義和價值的話，也就是一種「官腔」。由此可見，不管是張得貴，還是章工作員，只要他們「說」的是「官腔」，老槐樹底下的人們就要視為對立面的。老楊同志是一個與章工作員工作方法不同的農救會官員，他按照制度深入群眾，住在老秦家，做宣傳也與章工作員不一樣。章工作員「開頭總要講幾句『重要性』啦，『什麼的意義及其價值』啦」，老楊同志則先聽了李有才編的快板，

〔註61〕趙樹理：《李有才板話》，《趙樹理全集》第2卷，第255頁。

〔註62〕趙樹理：《李有才板話》，《趙樹理全集》第2卷，第272～273頁。

〔註63〕相對於趙樹理的猶豫，梁斌在《紅旗譜》中是毫不猶豫地將類似的人物李德才釘上了革命、歷史和道德的恥辱柱，在虛構的意義上實施了全面的放逐。

〔註64〕趙樹理：《李有才板話》，《趙樹理全集》第2卷，第260頁。

聽大家「說」，然後「借著評論得貴，順路給大家講了講『農救會是幹什麼的』」，於是「大家聽得很起勁」。〔註65〕老楊同志先聽後「說」，而且「順路給大家講了講」農救會，就擺脫了打「官腔」的危險。換言之，章工作員試圖將「重要性」、「意義及其價值」灌輸給閻家山村民，於是成了「官腔」，而老楊同志則先聽後「說」，通過交談將「重要性」、「意義及其價值」分享給了閻家山村民，因此免於成為「官腔」並被閻家山拒絕的危險。

在《登記》中，趙樹理再次嘲笑了「官腔」毫無意義及價值。艾艾和小晚、燕燕和小進，兩對戀愛中的青年男女為他們的自由結婚奮鬥，但處處受阻，直到婚姻法公佈、區政府干涉之後，才順利結婚。在模範結婚會上，艾艾說：「大家講起官話來，都會說『男女婚姻要自主』，你們說：咱們村裏誰自主過？說老實話，有沒有一個不是父母主婚？」〔註66〕艾艾說「大家講起官話來」，其義與小保說張得貴「打官腔」是一樣的，即都指重複他人語言之毫無意義毫無價值。在這個意義上，小晚對王助理員的批評也是對「官腔」的嘲笑。他認為王助理員光聽來登記的人說個「自願」，問自願的理由更問得沒道理：「他既然要這樣問，人家就跟背書一樣給他背一句『因為他能勞動』。哪個莊稼人不能勞動？這也算個理由嗎？」〔註67〕這裡還涉及更重要的問題，即問答之間，都是「官腔」。以「官腔」對「官腔」，這一方面暗示著「農民」應對「官腔」的生存智慧，一面便將問題推向了更加無意義無價值的深淵。當然，小晚一語戳穿「因為他能勞動」的「官腔」性質，意味著趙樹理無意將「官腔」問題處理為無可挽救的「世界」病症。這與張愛玲的態度是不一樣的。在《秧歌》中，張愛玲也描寫了一個結婚登記的細節，幹部問結婚理由，新郎新娘回答的都是因為對方能勞動。有區別的是，《秧歌》的敘事者接下來淡淡地敘述道：「任何別的回答都會引起更多的問句，或許會引起麻煩。」〔註68〕這淡淡的敘述，透露的是張愛玲認為現狀不可改變的態度。而在趙樹理，無論就其創作初衷還是就《登記》的文本實際而言，其主旨都是認為「世界」是可以改變的。

趙樹理最後一次正面敘述「官腔」問題是在《靈泉洞（上部）》中。小說

〔註65〕趙樹理：《李有才板話》，《趙樹理全集》第2卷，第290頁。
〔註66〕趙樹理：《登記》，《趙樹理全集》第4卷，第29頁。
〔註67〕趙樹理：《登記》，《趙樹理全集》第4卷，第29頁。
〔註68〕張愛玲：《秧歌》，臺北：皇冠出版社，1989年，第14頁。

介紹劉石甫:「他原名劉承基,在省城作『官』的時候,見人家那些作官的彼此都稱呼『字』,他便也請人起了個『字』叫『石甫』——這個字在省城雖然連他那位秘書同學也沒有稱呼過他,可是回到靈泉溝以後用得呼呼響。」〔註69〕但事實上劉石甫並沒有做成「官」,因此「官腔」也沒有學會打。但回靈泉溝後偏偏好打「官腔」,小說對此有辛辣的諷刺:

> 靈泉溝人們的土話把門窗的「門」念成煤炭的「煤」,劉石甫不
> 止要把「門」字改正過來,而且要把燒火的「煤」也說成「門」。他
> 說省城裏是那麼說,別人沒有到過省城,無法和他分辯,也只好讓
> 他燒「門」算了。〔註70〕

敘事者對於不會打「官腔」卻偏偏好打「官腔」的劉石甫,表現出一種強烈的語言上的潔癖,而「官腔」的無意義無價值在此更表現出負面效果,即「官腔」不僅無意義無價值而已,更戕害人性,使醜惡者更其醜惡。小說還接著敘述劉石甫「說話好用最時髦的字眼,不論用的是不是地方,用上去說得通說不通,總是想起來就用」〔註71〕,進一步將「官腔」無意義無價值的假面撕開,充分喜劇化了。〔註72〕

一言以譬之,遠離事實和「說」者的身份的「說」,便是「官腔」。這也就是無法與真實建立有效的關聯,對於以文學反映雙重真實的作家趙樹理而言,自然是必須撕碎並喜劇化的東西。因此,在小說中,他不僅嘲笑了張得貴、劉石甫這些反面人物的「官腔」,而且對章工作員、王助理員之類的非反面人物,也絕不姑息其「官腔」,從而表現出一種語言上的潔癖。

2.「老百姓的話」

從「官腔」聯想到「民腔」或「老百姓的話」是容易的,二者是直接對立的「說」。但趙樹理在「官腔」上表現出來的語言潔癖,似乎並不逕直轉為對於「老百姓的話」的認同。同樣是在《靈泉洞(上部)》中,敘事者一方面讓劉石甫燒「門」算了,辛辣地諷刺「官腔」,另一方面對滿口方言的吳參謀,也並未稍讓詞鋒。敘事者不僅敘述除了勤務兵無人能懂吳參謀的方言,而且

〔註69〕趙樹理:《靈泉洞(上部)》,《趙樹理全集》第 5 卷,第 117 頁。
〔註70〕趙樹理:《靈泉洞(上部)》,《趙樹理全集》第 5 卷,第 118 頁。
〔註71〕趙樹理:《靈泉洞(上部)》,《趙樹理全集》第 5 卷,第 118 頁。
〔註72〕趙樹理這樣的小說敘述總讓人感覺另有所指,似乎在借敘述者之口影射同時期小說創作無限拔高小說人物,在人物的對白中填滿新生的意識形態詞彙。當然,這未必是作家的自覺,未便逕下論斷。

音、字並敍，說明吳參謀口中的「漢荣」是「現在」，「鬥西豪西林！麻子鬥不登！貴迷鬥西極讓加入升斗，日本雜木冷狗不大吳蒙老」是「都是活死人！什麼都不懂！國民都是這樣的教育程度，日本怎麼能夠不打我們呢」，「把賊妖精的歹狗忠良拉哈老」是「把最要緊的代購軍糧忘了」。〔註73〕如此直露地在小說中敍述方言的難於形成交流，雖然是安置在一個國民黨軍官頭目身上，也不能不讓人意識到，趙樹理以「老百姓的話」指代的絕不完全是老百姓口頭的日常語言。在最早的創作談中，趙樹理說：

> 我既是個農民出身而又上過學校的人，自然是既不得不與農民
> 說話，又不得不與知識分子說話。有時候從學校回到家鄉，向鄉間
> 父老兄弟們談起話來，一不留心，也往往帶一點學生腔，可是一帶
> 出那等腔調，立時就要遭到他們的議論，碰慣了釘子就學了點乖，
> 以後即使向他們介紹知識分子的話，也要設法把知識分子的話翻譯
> 成他們的話來說，時候久了就變成了習慣。說話如此，寫起文章來
> 便也在這方面留神。〔註74〕

這段通常被用來說明趙樹理如何以農民的語言來進行小說敍述的話，擬想的讀者對象恰恰不是農民，而是知識分子。趙樹理很清楚地將農民稱為「他們」，那麼「我們」是誰？趙樹理雖然沒有明說，但這也很清楚，「我們」便是知識分子。只有這樣解釋，才能與趙樹理日後自省自己「究竟還不是農業生產者而是知識分子」的話建立起準確的聯繫。但趙樹理沒有明說，也自然有其道理，就是不打算將自己直接歸類為知識分子，試圖取得一種調和二者關係的立場，進行「翻譯」工作。他說了「把知識分子的話翻譯成他們的話來說」，他做的卻不止於此，他還把「他們的話」翻譯成「知識分子的話」來說，至少是翻譯成知識分子能懂的話來說。上述對於吳參謀方言的直露描寫，便是把「他們的話」翻譯成知識分子（能懂）的話的一個反面佐證。趙樹理通過諷刺吳參謀的方言，一方面影射那些刻意使用方言土語的小說，另一方面則證明他自己的小說「口語化」，不僅是知識分子的話被翻譯成了農民的話，而且農民的話也被翻譯成了知識分子（能懂）的話，因而討論趙樹理小說的語言，不僅是「可說性」的問題，也是「可讀性」的問題。〔註75〕

〔註73〕趙樹理：《靈泉洞（上部）》，《趙樹理全集》第 5 卷，第 119～120 頁。

〔註74〕趙樹理：《也算經驗》，《趙樹理全集》第 2 卷，第 350 頁。

〔註75〕1951 年 6 月 6 日《人民日報》即發表了毛澤東修改過的社論《正確地使用祖
　　　 國的語言 為語言的純潔和健康而鬥爭》，1955 年 10 月 25～31 日中國科學院

　　蔣暉曾經通過分析《李有才板話》發現:「趙樹理的困境是,他不可能不通過寫作而超越寫作,即不可能不通過創作小說而完成對五四小說的批判,不可能不通過文字而尋找聲音並從中確立文學的本眞觀念。」〔註76〕所謂「不可能不通過寫作而超越寫作」,轉化成「可說性」與「可讀性」的問題,也就是指趙樹理不可能不通過小說的「可讀性」來超越「可讀性」,實現小說的「可說性」。他在1964年發表的《賣煙葉》開頭交代說:「我寫的東西,一向雖被列在小說裏,但在我寫的時候卻有個想叫讀者當作故事說的意圖。」〔註77〕這意味著他的主觀意圖只能通過寫來傳達,得到接受結果卻是「可讀性」的小說,而非「可說性」的故事。那麼,不管他怎麼呼籲「要把書本上的語言改成人話,改成口語」〔註78〕,都無法越過「可讀性」來實現「可說性」。這一點甚至在他的小說敘述上就有深刻的體現。楊天舒指出:「《賣煙葉》的失誤就在於它試圖僭越『腳本』而成爲眞正的『口頭創作』,可作爲紙質文本的創作思維又決定了那又是不可能的,因此它成了一個奇怪的『擬口頭文學』,而不僅僅是從前的那些可供講述的雙重文本。」〔註79〕當然,正如有的研究者認爲的那樣:「趙樹理的小說在敘述格局上借鑒了擬書場的表現形式,但在其大部分作品中卻基本上拋棄了由於說書人敘述者的顯在存在而必然形成的各種繁複臃腫的程序化敘述,從而創造出一種有別於擬書場格局的隱含書場格局。」〔註80〕趙樹理大多數時候總是注意到了「可讀性」與「可說性」的分歧,而傾力於保證小說的「可讀性」。

　　然而,正是在保證小說的「可讀性」之時,趙樹理不得不將對於農民而言「可說」的話翻譯爲對於知識分子而言「可讀」的話。在《李有才板話》中,敘事者介紹李有才「有個特別本領是編歌子」,接下來解釋:「這種歌,在閻家山一帶叫『圪溜嘴』,官話叫『快板』。」〔註81〕這個解釋非常值得分析:這種歌在閻家山叫「圪溜嘴」,說明「圪溜嘴」是「老百姓的話」,「快板」

在北京召開了現代漢語規範問題學術會議,1956年2月6日,國務院發佈了《關於推廣普通話的指示》,在全國範圍內推廣普通話。趙樹理《靈泉洞(上部)》對吳參謀方言的喜劇化描寫,宜與有干係。

〔註76〕蔣暉:《〈李有才板話〉的政治美學》,《文藝理論與批評》,2006年第6期。
〔註77〕趙樹理:《賣煙葉》,《趙樹理全集》第6卷,第221頁。
〔註78〕趙樹理:《文藝面向農村問題》,《趙樹理全集》第6卷,第209頁。
〔註79〕楊天舒:《趙樹理小說創作與民間文藝資源》,第107頁。
〔註80〕白春香:《趙樹理小說敘事研究》,第35～36頁。
〔註81〕趙樹理:《李有才板話》,《趙樹理全集》第2卷,第250頁。

則明確標識是官話，屬於「官腔」系統，而「歌子」介於二者之間，是什麼話呢？只能說是對「圪溜嘴」的翻譯。在趙樹理看來，「圪溜嘴」太「老百姓的話」，「快板」太「官腔」，因此另外造了「歌子」一詞，算是對二者的同時翻譯。但是，除了「圪溜嘴」只出現在解釋性的敘述中，且僅出現一次外，歌子和快板都分別承擔了相應的敘事功能。小說第一節「書名的來歷」明顯是為了保證小說的「可讀性」，故而解釋完歌子就是官話的快板之後，在敘述中就一直使用快板一詞，甚至還生造出「板人」和「板話」兩個詞。而小說最終乃以「李有才板話」命篇，最後一節以「『板人』作總結」命節，更說明趙樹理為了保證「可讀性」而在有意地遠離「老百姓的話」的同時向「官腔」靠攏。這也就是說，無論是「可說性」還是隱含書場格局的判斷，對於《李有才板話》都不是充分有效的。趙樹理解釋書名的來歷時，將「板話」與詩人的「詩話」勾連，〔註82〕而非與《大唐三藏取經詩話》這樣的說唱藝術建立關係，更說明趙樹理的深意在「可讀性」而非「可說性」。因此，雖然小說第二節開始只在敘述中使用了一次「快板」一詞，此外無論在人物對白和敘事者的敘述中都只用的是「歌」或「歌子」，但都必須承認，《李有才板話》首先是面對知識分子的具有「可讀性」的小說，然後才是面對農民的具有「可說性」的故事。趙樹理並未從對於「官腔」的語言潔癖徑直轉向「老百姓的話」，尤其是他的小說敘述語言並未如此，是很明顯的。

而且，《李家莊的變遷》中的兩個細節甚至可以進一步說明，趙樹理有意識地在小說中祛除「老百姓的話」。棄「圪溜嘴」而取「歌子」已說明這一點，而《李家莊的變遷》敘述小常在李家莊做動員工作：

　　……就本著犧盟會行動綱領的精神，用老百姓的話演義了一番，說得全村男男女女都知道犧盟會是幹甚的了。〔註83〕

小常到底是怎樣「用老百姓的話演義了一番」，「老百姓的話」是怎樣的，沒有答案，這便更進一步說明趙樹理有意識地不讓小說中出現「老百姓的話」。另外，《李家莊的變遷》敘述「這裡的世界完全成了我們的了」之時，除了讓村長講了總成績，就是讓鐵鎖報告了壞消息，至於最熱鬧的自由講話，則沒有一句李家莊人說的話出現在小說敘述中，〔註84〕這也說明趙樹理有意祛除

〔註82〕趙樹理：《李有才板話》，《趙樹理全集》第2卷，第253頁。
〔註83〕趙樹理：《李家莊的變遷》，《趙樹理全集》第3卷，第68頁。
〔註84〕趙樹理：《李家莊的變遷》，《趙樹理全集》第3卷，第127頁。

「老百姓的話」。在小說中一一呈現自由講話說了什麼，當然並不妥帖，但這恰好反證，一旦進入小說的邏輯，趙樹理無法眞正使用「老百姓的話」，而只能是使用一種翻譯性的語言。因此，如果一定要將趙樹理「口語化」的小說寫作與「老百姓的話」建立關聯，就必須強調，所謂「老百姓的話」絕不是農民口頭的方言土語，如「圪溜嘴」之類的話，而是經作家翻譯之後，在作家的擬想中，既能爲知識分子提供「可讀性」又能爲農民提供「可說性」的一種語言。這也就是說，即使在最保守的立場上來看，「老百姓的話」作爲「官腔」的對立存在，同時是趙樹理小說語言的一種想像性的標的物。

3. 語言與文字

從「可說性」方面引申，趙樹理通過小說敘述構建了一種「說」的烏托邦。但從「可讀性」方面引申，他又通過小說敘述設立了語言與文字之間的等級關係。這一點最早反映在《孟祥英翻身》中。孟祥英的婆婆聽說婦女要上冬學，感慨萬千：「不識字還管不住啦，識了字越要上天啦！」〔註85〕可見婆婆對「識了字」的孟祥英更爲忌憚。《小經理》通篇敘述的是「能說話」的三喜「說」不過王忠，但「識了字」的三喜就將王忠收拾得服服帖帖了。三喜因爲家裏窮，從小沒有念過書，通過東問西問認識了好幾百字，但還閱讀不了書，「這是他最不滿意的一件事」〔註86〕。三喜當上經理後，王忠抓住他識字太少這一點跟他搗蛋，故意事事讓他出主意。無奈之下，三喜決定「翻開賬本偷偷地學」，「起先只是認字和瞭解賬理，後來又慢慢學著寫——把賬本上的字寫到水牌上，寫滿了就擦，擦了又寫，常是半夜半夜不睡覺」。〔註87〕小說敘述到了這裡，已經頗有能「說」不如能「寫」的意味了。接下來趙樹理更深入一筆，寫三喜老婆不明就裏，晚上跑到合作社要求三喜回家。三喜爲了練習寫「醬」字，不願回家，他老婆賭氣不走，當晚就住在合作社。「他沒法，只好關住門；可是『醬』字還沒學好，又坐上寫起來，直寫到和王忠寫的差不多才睡。」〔註88〕就像是爲了完成一個盛大的儀式，三喜對於識字、寫字到了絕對心無旁騖的境界，既能廢寢忘食，又能不顧年輕的妻子獨守空房。通過這樣的小說敘述，趙樹理的確將文字提到了遠比語言重要的程度。

〔註85〕趙樹理：《孟祥英翻身》，《趙樹理全集》第 2 卷，第 384 頁。
〔註86〕趙樹理：《小經理》，《趙樹理全集》第 3 卷，第 223 頁。
〔註87〕趙樹理：《小經理》，《趙樹理全集》第 3 卷，第 226 頁。
〔註88〕趙樹理：《小經理》，《趙樹理全集》第 3 卷，第 227 頁。

因此，必須先討論清楚在趙樹理的小說敘述中，語言與文字的等級關係到底是怎樣一種存在，然後才能進入他的小說敘述所構建的「說」的烏托邦的分析。

在《三里灣》中，趙樹理一開頭就敘述了馬有翼教王玉梅寫字的細節，並暗示將來他們會結為夫婦。兩人經過一系列波折之後，終於要走到一起了。馬有翼失去了與范靈芝在一起的機會，決定不能再錯過王玉梅，而王玉梅雖然不願意嫁進馬家院變成「常沒理」，不願意「從社會主義道路上返到資本主義道路上去」，但最終還是選擇了與馬有翼在一起。她選擇的根本原因是：「你這位到外邊學過藝的先生，寶葫蘆裏自然有寶，不過我還要看看你能不能用你的寶來變化一下我所不贊成的事實！」〔註89〕由此可見，雖然有家庭關係上的擔憂和意識形態選擇上的焦慮，但王玉梅更在意的還是馬有翼「到外邊學過藝」，即馬有翼的文字能力。這就意味著，文字具有比語言更高一級的地位。而且，王玉梅期待馬有翼「用你的寶來變化一下我所不贊成的事實」，更意味著文字具有特殊的改造「世界」的能力；至少在王玉梅的期待裏是這樣的。趙樹理通過敘述王玉生和范靈芝的結合進一步確認了文字與語言的等級關係。從范靈芝的角度來看，她放棄馬有翼選擇王玉生，是放棄馬有翼的文化選擇王玉生的實踐能力。而從王玉生的角度來看，他與袁小俊離婚與范靈芝結婚，則是放棄了袁小俊在能不夠教唆下學會的「說」，選擇了范靈芝的文化能力，即放棄了語言，選擇了文字。范靈芝向王玉生示愛時，玉生說：「我的老師！只要你不嫌我沒有文化，我還有什麼考慮的呢？」〔註90〕面對文字，王玉生簡直不假思索就答應了下來。因此，雖然從總體上看，趙樹理在《三里灣》中的小說敘述是圍繞著資本主義與社會主義兩條道路之爭的軸心轉動的，但也必須承認，趙樹理絕無以意識形態否定文字之意。相反，他試圖通過小說敘述將文字收納進意識形態需要的包裹當中。

當然，收納工作是困難的。在此後的小說敘述中，趙樹理傾力敘述的是文字之害。雖然在《靈泉洞（上部）》和《楊老太爺》中，作家也敘述上過學的銀虎和鐵蛋走上了革命的道路和社會主義建設的工作崗位，但在《互作鑒定》和《賣煙葉》當中，則是全面敘述文字之害。《互作鑒定》和《賣煙葉》的主題當然有所差別，但主角都是青年中學生，一個是耽於寫詩不安心勞動

〔註89〕趙樹理：《三里灣》，《趙樹理全集》第 4 卷，第 325 頁。
〔註90〕趙樹理：《三里灣》，《趙樹理全集》第 4 卷，第 319 頁。

的劉正，一個是耽於寫小說不願意勞動的賈鴻年。這兩篇小說都強調文字的
腐蝕性和欺騙性。《互作鑒定》以劉正寫給縣委書記的一封信開頭，接下來小
說敘述縣委王書記下鄉調查劉正信中反映的情況，發現他所寫的與劉正的同
學陳封等人所說的完全不一樣，而且是劉正以文字掩蓋了實情。因此，「說」
完全解構了「寫」，語言全面壓倒了文字。劉正在詩中寫：「我們英雄的人民
才是萬物之主，古往今來創造出奇蹟無數。小小河流啊，我們一定要把你征
服！」〔註91〕但據陳封他們說，劉正不但沒有征服河流的實際行為，而且徹
徹底底被文字征服，徒作大言。面對劉正關於「偉大的理想」的疑問，王書
記最後說：「要是連水也不想下，連大鋸也不想拉，連沙鍋也不想燒，認為那
都只有『沒出息』的人才肯幹，而自己則是這幫『沒出息人』的天然指揮者，
那便是抱著個站在別人頭上的理想，去占你所謂『沒出息』的人們——其實
也就是你的詩裏所說的『英雄人民』的勞動成果了。要知道那不叫什麼『偉
大的理想』，而應該說是『不可告人的野心』！」〔註92〕將劉正所「寫」與劉
正所「說」、所行對照，王書記揭下了劉正「寫」「英雄人民」的假面，說明
劉正為文字「英雄人民」所欺騙，不懂得「英雄人民」就是「沒出息」的人。
如此一來，一個為文字所腐蝕因而不能理解現實的人物形象就被塑造出來
了。而通過這一人物形象的塑造，趙樹理也深刻地表達了顛倒語言與文字之
間的等級關係的意圖。此後，在《賣煙葉》中，趙樹理繼續貫徹這一意圖，
敘述愛好文學、熱衷寫小說的賈鴻年如何本質上是一個自私自利的個人主義
者，敘述王蘭如何差一點被賈鴻年的文學才華和書信欺騙，再一次說明文字
的腐蝕性和欺騙性。當然，趙樹理的意圖是勘破文字的腐蝕性和欺騙性，因
此在《賣煙葉》中，王蘭最後從賈鴻年來信的字裏行間讀出了賈鴻年是個人
主義者的秘密，並發現他的思想淵源有自，即出身於習慣投機倒把的家庭。
王蘭同時還發現了祛除文字的欺騙性和腐蝕性的方法，即堅持參加生產，堅
持以人人為我、我為人人的社會主義精神指導自我的行為。趙樹理由此再一
次表現出將文字收納到意識形態的包裹中的用心。但是，必須強調，這次收
納是力不從心的。王蘭放棄賈鴻年的故事背後是一個反敘述，即賈鴻年始亂
終棄，這意味著表面是意識形態戰勝了文字，背後很可能是文字戰勝了意識
形態，二者之間，勝負難料。因此，在語言與文字之間，儘管趙樹理始終努

〔註91〕 趙樹理：《互作鑒定》，《趙樹理全集》第 6 卷，第 121 頁。
〔註92〕 趙樹理：《互作鑒定》，《趙樹理全集》第 6 卷，第 123 頁。

力想構建「說」的烏托邦，建立語言高於文字的等級關係，還是無法完全在小說中保證這一點。正如他的小說敘述必須付諸文字一樣，他在小說敘述中也不得不敘述出文字比語言更高的等級關係。

當然，趙樹理顛倒語言與文字的關係的努力是始終值得珍惜的，並且也是更加值得分析和討論的，這便是他在小說中構建的「說」的烏托邦，以及他試圖將「說」的烏托邦延伸到整個社會主義中國的文化生活遠景的努力。

四、「說」的烏托邦

在趙樹理小說構建的「說」的烏托邦中，首先出現的是群眾覺醒之後的「齊聲」與「亂喊」，其次是把「理」「說」清的敘事意圖，最後是將「說」延伸至整個社會主義中國的文化生活遠景的泛「說」論。

1. 群眾的「齊聲」與「亂喊」

群眾最初在趙樹理小說當中出現，是一個正由迷悟走向覺醒的集體群像，這便是《小二黑結婚》當中描寫的不敢參與基層政權工作、在大會上主張「忍事者安然」的群像逐漸被小二黑、小芹以及一個被金旺興旺作踐垮了的年輕人所修改的群像。這一群像在《李有才板話》中表現為由忍氣吞聲到自動組織起來對抗閻恒元，在《孟祥英翻身》中表現為由「老百姓的心，大部分還是跟著牛差差那夥人們的舌頭轉」〔註 93〕到人心大變，在《李家莊的變遷》中表現為二妞、鐵鎖、冷元、白狗等人的漸次覺醒，在《劉二和與王繼聖》中表現為大和、鐵則、魚則等人的溫和與小胖、聚寶等人的厲害，在《邪不壓正》中表現為只會說幾句莊稼話的安發當了貧農組組長，在《登記》中表現為對自由戀愛結婚由鄙視到讚賞的轉變。此後，群眾一旦「齊聲」「說」，就意味著「說」出「真理」。

在趙樹理的小說中，覺醒後的群眾第一次「齊聲」「說」出現在《李有才板話》第三節。該節敘及閻恒元、老槐樹底人各自準備好應對換屆選舉的策略後，馬鳳鳴揭露現任村長閻喜富壓迫外姓人的事實，章工作員吃驚地問：「真有這事？」「除了姓閻的，別人差不多齊聲答道：『有！』」〔註 94〕「齊聲」「說」出的是一個無可置疑的事實，閻喜富因此被抓起來了。第二次還是在《李有

〔註 93〕趙樹理：《孟祥英翻身》，《趙樹理全集》第 2 卷，第 382 頁。
〔註 94〕趙樹理：《李有才板話》，《趙樹理全集》第 2 卷，第 261 頁。

才板話》中，第八節敘述老楊同志向老槐樹底人介紹組織農會的辦法，保證「一來沒有恒元那一派的人，二來入會以後都知道會是做什麼的」，「大家齊聲道：『這樣好，這樣好！』」〔註95〕「齊聲」「說」出的是對一種政治主張及其實踐的肯定，鬥爭最後取得了大勝利。這兩處都表明，「齊聲」「說」的一定是正確的，即合乎「理」的，無論「說」的事實，還是對政治的認定。當然，這裡的「齊聲」都發生在特別細節化的文本語境中，表現出一種偶然性，未必是趙樹理對於「齊聲」「說」有著如何特殊的敘事意圖。不過這一點在《李家莊的變遷》中有所改變。首先，它表達了對於「齊聲」的肯定；其次，它從「齊聲」中敘述出來「亂喊」。先說對於「齊聲」的肯定。小說第 10 節敘述日本侵佔縣城之後，村長逃跑，村副李如珍不孚眾望，王區長組織重建李家莊村政，冷元提議鐵鎖當村長。「大家不等主席說表決，都一致喊道：『贊成！』後來王區長又叫舉了一下手，仍然是全體通過鐵鎖當村長。村副雖然不缺，可是大家都說李如珍包庇小喜，不叫他再當村副，非改選不行，結果改選了王安福。」〔註96〕大家「一致喊」、「都說」，可以「不等主席說表決」，超越正常的行政程序，而行政程序最終確認大家「一致喊」、「都說」合乎行政程序運作的結果，除了在直觀的層面上說明眾意難違之外，便是說明，群眾的「齊聲」經得起現代政治機器運算的檢驗，具有不證自明的合「理」性。甚至可以說，群眾的「齊聲」是驗證現代政治運作是否合「理」的重要參數，這在趙樹理後來的小說如《登記》、《三里灣》、《邪不壓正》有具體的表現。但在《李家莊的變遷》中，趙樹理似乎還無意於將群眾的「齊聲」在小說敘述上提到如此的高度，反而著意於從群眾的「齊聲」中分辨「亂喊」的危險，這是值得重點分析的第二點。李家莊變遷之後，縣長主持全村公審李如珍、小毛：

> 審完以後，全村人要求馬上槍斃，可是這位縣長不想那麼辦。縣長是在老根據地作政權工作的。老根據地對付壞人是只要能改過就不殺。他按這個道理向大家道：「按他們的罪行，早夠槍斃的資格了……」群眾中有人喊道：「夠了就斃，再沒有別的話說！」縣長道：「不過只要他能悔過……」群眾亂喊起來：「可不要再說那個！他悔過也不止一次了！」「再不斃他我就不活了！」「馬上斃！」「立刻

〔註95〕趙樹理：《李有才板話》，《趙樹理全集》第 2 卷，第 294 頁。
〔註96〕趙樹理：《李家莊的變遷》，《趙樹理全集》第 3 卷，第 86 頁。

斃！」縣長道：「那也不能那樣急呀？馬上就連個槍也沒有！」又有
人喊：「就用縣長腰裏那支手槍！」縣長說沒有子彈，又有人喊：「只
要說他該死不該，該死沒有槍還弄不死他？」縣長道：「該死吧是早
就該著了……」還沒有等縣長往下說，有人喊：「該死拖下來打不死
他？」大家喊：「拖下來！」說著一轟上去把李如珍拖下當院裏來。
〔註97〕

在這段彙聚著文明與野蠻、制度性暴力與群眾性暴力、「理」與「勢」、欲望
與理想、「說」與聽等眾多矛盾的小說敘述中，趙樹理充分分辨出群眾「齊聲」
中「亂喊」的紊亂態勢。縣長的「說」不僅毫無效力，而且無法完成。群眾
等不及縣長「說」出一整句話就「亂喊」起來，在群眾的「齊聲」面前，縣
長一個人的「說」變得無足輕重。但敘事者的意圖卻在於說明縣長的「說」
合「理」，而群眾的「齊聲」不合「理」，這便意味著，趙樹理清醒地意識到
在特殊的歷史語境和現場，「說」以量勝，不管是否合「理」，只要群眾「齊
聲」「亂喊」，就能突破「理」的限制，滿足嗜血的欲望。那麼，一旦與「理」
無關，群眾的「齊聲」也就變成無意義的「說」。群眾「齊聲」「亂喊」，不但
截斷縣長的「說」，而且意味著群眾「齊聲」本身是對「說」的否定，即不願
意聽縣長「說」，也不願以「說」的方式表達欲望和存在。同時，群眾「亂喊」
的話語次序從「可不要再說那個！他悔過也不止一次了！」到「立刻斃！」，
語句越來越短，語氣越來越短促，而且從分析道理轉向表達要求，也表明群
眾「齊聲」的極限就要被衝破，就要將「說」徹底丟棄，而付諸行動。因此，
從積極的意義上看，群眾的「齊聲」「亂喊」意味著一切「理」都已「說」盡，
已無可再「說」之「理」，此時眾怒難犯，眾意已決，仁至義盡，多「說」無
益，徒添擾攘；從消極的意義上看，群眾的「齊聲」「亂喊」意味著野蠻與暴
力，「理」被欲望淹沒，群眾缺乏「說理」的素質和能力。從《李家莊的變遷》
接下來的敘述判斷，趙樹理將群眾的暴力敘為「太不文明了」，意味著他是從
消極的意義上敘述群眾的「齊聲」「亂喊」的。至少在《李家莊的變遷》這篇
小說中，趙樹理是充分意識到群眾「齊聲」的結果可能會是「亂喊」，是悖逆
「理」的、不願意「說理」的「說」。當嗜血報復的欲望得到滿足以後，小說
敘述李家莊的群眾接受縣長等人的訓導，放棄誅殺小毛，重新以「說」的方
式對待小毛。這又轉而說明，群眾「齊聲」「亂喊」並非茫無目的，欲望也並

〔註97〕趙樹理：《李家莊的變遷》，《趙樹理全集》第 3 卷，第 119 頁。

非毫無止境。因此，儘管從「齊聲」中分辨出了「亂喊」，趙樹理的小說敘述還是未曾割斷群眾與「理」的天然聯繫。這也就是說，趙樹理小說中構造出來的「農民說理的世界」，乃是以大部分人的意志為基礎；或者至少應該說，趙樹理小說敘述並召喚著公共的「理」或具有普遍意義的「理」，而這樣的「理」符合大多數人的意願和利益。

在上述意義上，《登記》以「大家都說這種婚姻結得很好」〔註98〕結尾，《三里灣》以群眾質疑范登高能「老老實實當個好社員」〔註99〕結束對范登高的思想批判，說明趙樹理還是在小說敘述中堅持群眾的「齊聲」與「理」的天然關係的。這一點在《「鍛鍊鍛鍊」》中尤其表現的明顯。小腿疼不承認自己偷花，認為就算是偷也是副主任楊小四教唆的：「昨天晚上在大會上說叫大家拾花，過了一夜怎麼就不算了？你是說話呀是放屁哩？」——

> 她一罵出來，沒有等小四答話，群眾就有一半以上的人「嘩」
> 地一下站起來：「你要造反！」「叫你坦白呀叫你罵人？」「……」三
> 隊長張太和說：「我提議：想坦白也不讓她坦白了！乾脆送法院！」
> 大家一齊喊「贊成」。小腿疼著了慌，頭像貨郎鼓一樣轉來轉去四下
> 看。〔註100〕

在與楊小四的單兵鏖戰中，小腿疼尚存一息之念。一旦群眾「齊聲」「亂喊」起來，她就慌了，不管有沒有「理」，她顯然感覺自己已經占不著「理」了。趙樹理以此在小說的意義上建立了群眾「齊聲」與「理」的堅實關係，只要群眾「齊聲」，則一切迎刃而解，小腿疼要慌神，後來主任王聚海也不得不承認自己不該不問清楚情況就先說話。

因此，趙樹理一方面在小說中分辨群眾「齊聲」中「亂喊」的危險信息，一方面則構建群眾「齊聲」與「理」的天然關係，從而完成了他小說中「說」的烏托邦的第一個面相。

2. 把「理」「說」清

趙樹理小說構建的「說」的烏托邦的第二個面相是把「理」「說」清。這個面相與「勢」有關。在《李家莊的變遷》中，鐵鎖官司失敗後，冷元建議一鐝頭把李如珍他們搗下溝裏，楊三奎道：「你們年輕人真不識火色！人家正

〔註98〕趙樹理：《登記》，《趙樹理全集》第4卷，第30頁。
〔註99〕趙樹理：《三里灣》，《趙樹理全集》第4卷，第308頁。
〔註100〕趙樹理：《「鍛鍊鍛鍊」》，《趙樹理全集》第5卷，第237頁。

在氣頭上啦，說那些冒失話抵什麼事？」〔註101〕小常初到李家莊組織犧盟會時，冷元、白狗他們躍躍欲試，修福老漢說：「要看勢，也不要太過火了！」冷元說：「不怕！你不聽小常說以後大家都要有權啦嗎？只要說到理上，他能把咱們怎麼樣？」〔註102〕這說明在無「勢」可依的情形下，「說」什麼都是無效的，而一旦「大家都要有權」，就不妨「說」了；而且，「只要說到理上」，就有可能把「理」「說」清。因此，把「理」「說」清是在「仗勢力不說理」的人已經無「勢」的「世界」中才有可能出現的情形。事實上，也正是在敘述「世界」的建設階段，而非推翻一個「世界」以建立另一個「世界」的階段，趙樹理小說敘述了把「理」「說」清的一些必要、可能和意義。

在《來來往往》這個「擁軍愛民故事」中，趙樹理敘述金山找張世英的指導員告狀，說明張世英踢斷了他七條豆角秧，指導員表示問清楚是張世英踢斷的話就叫他賠，金山說：「俺又不是叫他賠，只要他把理說清！」〔註103〕金山在此表現出明確地認「理」不認「利」的態度，說明把「理」「說」清在趙樹理的小說中具有一種超功利的、形而上的意義。小說後來敘述雙方不僅把「理」「說」清楚了，而且都對對方有了一層更深刻的理解和尊重，頗有不打不相識之致。這表明在趙樹理的小說敘述中，把「理」「說」清之後，「世界」將獲得更深刻的合「理」性。當然，值得注意的是，《來來往往》涉及的雙方都有把「理」「說」清的願望，且「說」清楚之後都有依「理」行事的行動，即張世英不僅道歉，還賠償損失，而金山也接受道歉，並表示理解，返回賠償的野菜。這說明只有在「來來往往」中，通過相互間的不斷相識、同情和理解，構建共同的語言、情感和標準，才能把「理」「說」清。〔註104〕如果這一過程中涉及的任何一項條件未能滿足，把「理」「說」清的過程就會變得曲折，甚至最後有「理」「說」不清。在《三里灣》中，金生他們向范登

〔註101〕趙樹理：《李家莊的變遷》，《趙樹理全集》第3卷，第10頁。
〔註102〕趙樹理：《李家莊的變遷》，《趙樹理全集》第3卷，第64～65頁。
〔註103〕趙樹理：《來來往往》，《趙樹理全集》第2卷，第349頁。
〔註104〕哈貝馬斯解釋交往行動模式時說：「一個發言者只有借助他的表達，至少與一個『世界』發生關係，並且是利用了行動者與世界的這種關係原則上是適合於一種客觀評判的這種狀況，從而要求他的對手採取一種合理動員的態度，這個發言者才能提出一種可以批判的要求。」見哈貝馬斯：《交往行為理論——行動的合理性與社會合理化》（第1卷），洪佩郁、藺青譯，重慶：重慶出版社，1994年，第140頁。在微細之處，趙樹理的小說敘述體現出某種交往理性。

高把「理」「說」清的過程，就一再出現一些條件未能滿足的情況，從而使整個過程變得相當漫長而曲折，且最終小說也未能敘述范登高心悅誠服的狀態。金生和范登高雖然都強調「說」「理」，但在情感上，金生傾向於合作辦社，范登高傾向於個人生產，因此無法把「理」「說」清。范登高認爲金生有本位主義，金生則認爲范登高只顧個人生產，〔註105〕於是金生講兩條道路的問題，范登高就覺得「他們是借著黨的牌子故意捏弄我」，〔註106〕雙方在語言、情感和標準上都表現出相當的不一致，因此，即使是縣委的老劉同志在場並命令式地說某次黨會的主要目的就是范登高、袁天成帶頭檢查自己的嚴重的資本主義思想，〔註107〕范登高也不爲所動，甚至氣勢洶洶地擺起革命功勞。在這種情況下，「理」是越「說」越不清楚的。而且，張樂意老漢甚至搬出了他們過去共同的敵人劉老五來「說」范登高，范登高也「還要發言」，〔註108〕可見范登高絕不認爲自己與劉老五有什麼共同之處。范登高最終不再「接話」，是因爲金生他們說：「自願的原則是說明『要等待群眾的覺悟』。你究竟是個黨員呀還是個不覺悟的群眾？要是你情願去當個不覺悟的群眾，黨可以等你，不過這個黨員的招牌可不能再讓你掛！」〔註109〕雙方總算找到了共同的語言、情感和標準，即對於怎樣才是一個黨員的認識，於是把「理」也「說」清楚了，即只要是個黨員，就必須無條件支持合作辦社，沒有什麼「理」可「說」，「說」了就不是黨員，就是不覺悟的群眾。范登高不願意做一個不覺悟的群眾，因此也就放棄了其他方面的糾纏不清，決定入社了。那麼，與此相關的問題是，如果范登高不是黨員，那麼范登高所糾纏不清的問題，金生他們其實是無法把「理」「說」清的。這也就是說，《三里灣》以偷換概念的方式把一個無法「說」清的「理」「說」清了。在小說敘述的意義上，趙樹理顯然深知其中的奧秘，因此並沒有敘述范登高心悅誠服的場景。多年以後，也即1962年，再次談到《三里灣》中馬多壽、范登高等人的表現時，趙樹理說：「《三里灣》書中說到的具有資本主義思想的人們，最後是以他們入了初級社作爲繳了械的表現的，其實入初級社只能說是初步放棄了個體所有制這一塊陣地，至於入社之後，再遇上某一些關節，他們的資本主義殘餘思想，

〔註105〕趙樹理：《三里灣》，《趙樹理全集》第4卷，第191頁。
〔註106〕趙樹理：《三里灣》，《趙樹理全集》第4卷，第281頁。
〔註107〕趙樹理：《三里灣》，《趙樹理全集》第4卷，第290頁。
〔註108〕趙樹理：《三里灣》，《趙樹理全集》第4卷，第292頁。
〔註109〕趙樹理：《三里灣》，《趙樹理全集》第4卷，第296頁。

還是會各按其改造程度之深淺，或多或少出現的。」〔註110〕此時頗有分寸地談論「資本主義殘餘思想」的表現，雖然已別有時代的感喟和需要，但不妨用來從側面說明趙樹理在進行《三里灣》的小說敘述之時，就意識到了把「理」「說」清的困難以及即使把「理」「說」清了，「農民」思想情感的轉變也絕非朝夕之事。但趙樹理並未因此放棄把「理」「說」清的小說敘述，而是進一步在《互作鑒定》、《賣煙葉》等小說中敘述劉正、賈鴻年被「說」服的過程，分別以縣委王書記、中學教師李光華的訓導之詞收束情節，說明作家始終堅守把「理」「說」清的價值和可能。這種知其不可而為之的寫作態度，更深刻地顯示了趙樹理小說敘事意圖的烏托邦性質。

在趙樹理把「理」「說」清的烏托邦面相背後，還有一層深厚的政治倫理的考慮，是值得分析的。在《「鍛鍊鍛鍊」》中，小說敘述了小腿疼服小、王聚海認輸的過程，但這些都是在「說」來「說」去中完成的；即使是楊小四的促狹中也不乏把「理」「說」清的限度，並非一定要送小腿疼上法院，或置之死地。對於這一點，趙樹理自己在 1959 年曾經有過解釋：「這是一個人民內部矛盾問題，王聚海式的，小腿疼式的人，狠狠整他們一頓，犯不著，他們沒有犯了什麼法。可是他們思想、觀點不正確，又無是無非，確實影響了工作進展。對於他們這一類型的人，我覺得最好的辦法是把事實擺出來，讓他們看看，使他們的思想提高一步。」〔註111〕作家很清楚地指明了矛盾的性質和解決的辦法，即對於人民內部矛盾，只要把「理」「說」清即可，無需上綱上線，「狠狠整他們一頓」。相較於 1959 年越來越緊張的政治空氣，趙樹理將政治倫理化，主張把「理」「說」清（比如以《「鍛鍊鍛鍊」》的方式「說」清），的確表現出某種深厚的底蘊。當然，在僵硬的政治思維中，這種深厚的底蘊很容易與小資產階級知識分子的頑固性建立關聯，並以此追溯趙樹理的「墮落」或意義。應當澄清的是，一個在《三里灣》、《互作鑒定》、《賣煙葉》等小說敘述中極力批判知識分子的小資產階級性質的作家，無論如何，其政治倫理都不至於那麼簡單。很顯然，趙樹理通過把「理」「說」清思考的是社會主義問題，而非社會主義之前的問題。證諸小說文本，則趙樹理在《邪不壓正》中通過小昌之口道出「說什麼理？勢力就是理！」，指的是劉錫元對下河村的統治，而壞幹部小昌治理下河村時，問題的解決是訴諸把「理」「說」

〔註110〕趙樹理：《與讀者談〈三里灣〉》，《趙樹理全集》第 6 卷，第 98 頁。
〔註111〕趙樹理：《當前創作中的幾個問題》，《趙樹理全集》第 5 卷，第 304 頁。

清的。一再主張「看看再說」的中農聚財，是等到了「農民說理的世界」（「這真是個說理的地方！」）的歷史實現的。因此，必須強調，趙樹理「說」的烏托邦的第二個面相，乃是與社會主義建設或「革命的第二天」緊密相關的。

3. 泛「說」論

在與「革命的第二天」相關的意義上，趙樹理將「說」的問題延伸至對於社會主義中國文化生活遠景的考慮，構建了具有一定分析價值的泛「說」論。所謂泛「說」論，首先是趙樹理在太行山從事文化工作時對於文藝宣傳工作的一種設想。1962 年 11 月在廣西桂林市文藝工作者、文藝愛好者座談會上，他曾說：「我們的小說是由評話來的，幾個人部頭都是這樣發展而來。這是能『說』的小說，後來的小說有不少是離開『說』了。我主張報上的文章，不但是小說能『說』，社論、通訊等也最好是能『說』的。我們在太行山時，辦個刊物，各種各樣的文章都發表在上面，我們把這些文章都變成『話』了。」〔註 112〕的確，趙樹理發表在《中國人》上的各類文章都是能「說」的，如鼓詞、相聲、有韻話、童謠、歌、快板等等，其中尤其明顯的是將毛澤東《論持久戰》改寫為通俗易懂的《漫談持久戰》，將新聞改為口頭能「說」的故事〔註 113〕或者編為鼓詞〔註 114〕，在在彰顯了他主張一切文章都變成「話」，都能「說」的意圖。1943 年，當他的《小二黑結婚》寫完以後，趙樹理甚至還寫了一篇「算術講話」《談「○」》，發表在《青年與兒童》第 5 卷第 8 期（1943 年 6 月 1 日出版），將數學問題變成口語化的文章，的確是非常徹底地實踐自己一切文章都變成「話」都能「說」的主張。當然，表面上看起來，趙樹理這種主張和這些實踐都是相當樸素的，即因為農民不識字，不能讀，只能聽。但漸漸地，他為自己的主張建立更為深刻的理論性，尤其為自己寫作能「說」的小說，構建了更為堅實的理由。1947 年時，趙樹理說：「五四以來的新小說和新詩一樣，在農村中根本沒有培活了；舊小說（包括鼓詞在內）在歷史上雖然統治農民思想有年，造成了不小的惡果，但在十年戰爭中，已被炮火把

〔註 112〕趙樹理：《生活・主題・人物・語言》，《趙樹理全集》第 6 卷，第 134 頁。

〔註 113〕如報導日本的臺灣籍官兵在廣州大舉遊行示威的《是報仇的時候》，更有戲仿羅斯福爐邊閒話的《李二嫂的爐邊閒談》。

〔註 114〕如《神槍手劉二堂》。趙樹理發表在《抗戰生活》革新號第 1 期上的《茂林恨》，單獨出版的《戰鬥與生產相結合——一等英雄龐如林》，都可算是以鼓詞形式寫作的新聞。

它的影響沖淡了，現在說來，在這方面也是個了不起的空白。」〔註115〕這意味著對於農村而言，能「說」的小說是一個亟待補充的需要，有最基本的群眾基礎。1949 年趙樹理談到中國舊小說時更進一步說：「那一種形式為群眾所歡迎並能被接受，我們就採用那種形式。」〔註116〕這就不僅找到了能「說」的小說的群眾基礎，而且確立了它在形式上的合法性。不僅如此，趙樹理還試圖分析「知識分子的情感和群眾的情感恐怕是兩個體系」〔註117〕，說明知識分子對於能「說」的小說的鄙薄乃是源於情感與群眾的隔膜，從而在反面確立能「說」的小說的合法性。之後，當趙樹理在 1958 年 9 月一次曲藝座談會上開宗明義地說「評話是接受了中國小說的傳統的」，「把它作為中國文學正宗也可以」，「中國幾部重要的小說，如《紅樓夢》、《水滸》等，基本上是評話體，流傳了好幾百年」，〔註118〕就是他對能「說」的小說瓜熟蒂落般的結論了。值得注意的是，在這次座談會中，趙樹理還說：「評書（以及曲藝中的其他曲種）直接和群眾在一起，是和群眾沒有脫離關係的文學形式，我們小看它就會犯錯誤。」〔註119〕他從文學政治的意義上正面強調了能「說」的小說在形式上的政治正確性，就不僅重申了能「說」的小說的群眾基礎，如同1949 年曾經做過的那樣，而且明確了放棄能「說」的小說的危險，即脫離群眾，使文學形式喪失生命力。在文學形式的傳統、生命力、農村的需要與接受、合法性等多層面的考量下，趙樹理全面確立了能「說」的小說的價值、意義和位置。

1955 年，趙樹理曾說：「每個人都應該成為文藝愛好者，否則文藝便失去了普遍的作用。到將來的時候，每個人都應該會寫文藝作品，正如每個人都應該學會畫畫、唱歌一樣；但不應該每個人都要把興趣集中到文藝創作上，否則別的事就沒人做了。」〔註120〕這個源於前蘇聯的文藝烏托邦之夢，他在1959 年給出了一個更為詳細的描述。當抨擊印刷工具現代化以後出現的刊物限制了文學的功能和意義之後，趙樹理暢想出下列「說」的烏托邦：

〔註115〕趙樹理：《藝術與農村》，《趙樹理全集》第 3 卷，第 231 頁。
〔註116〕趙樹理：《在連載、章回小說作者座談會上的發言》，《趙樹理全集》第 3 卷，第 356 頁。
〔註117〕趙樹理：《在詩歌朗誦座談會上的發言》，《趙樹理全集》第 4 卷，第 40 頁。
〔註118〕趙樹理：《從曲藝中吸取養料》，《趙樹理全集》第 5 卷，第 259 頁。
〔註119〕趙樹理：《從曲藝中吸取養料》，《趙樹理全集》第 5 卷，第 262 頁。
〔註120〕趙樹理：《談課餘和業餘的文藝創作問題》，《趙樹理全集》第 4 卷，第 397 頁。

到了共產主義社會時期，腦力勞動與體力勞動的差別消滅了，人人都成為有文化的勞動者了，那時候，人人都像古今的文人一樣，吟詩答對，琴棋書畫都來得幾手，把文學藝術運用得像旋刀、鋤頭那樣熟悉，興趣濃淡雖然也各有不同，但或多或少每人都有所作。那時候的社會環境，到處都經過藝術化，各人的作品雖然不能像現在那樣寫在色澤、大小各不相同的紙塊上到處亂貼，可是都還有各種不同的發表場所那是肯定的，絕不是都發表到刊物上。那時候的小三子和他的朋友可能都學會了開動機器，但口頭上的口頭文學不是只在擔糞時候才能發表，開著機器一樣可以那樣做。那時候，每個公社可能都出了刊物，但小三子的朋友還是不需要通過刊物就能向小三子挑戰，而且即使每個生產隊辦一個刊物，也容納不下隊員們的全部創作。〔註121〕

在這個烏托邦裏，每個人不僅是文藝愛好者，而且都是文學藝術上的熟練工人。這個烏托邦是一個經過藝術化的社會環境，裏面的人們進行著無差別的人類勞動，他們當然也寫，也在刊物上發表作品，但卻主要維持著口頭文學創作。因為即使每個公社每個生產隊都辦一個刊物，也無法容納他們的全部創作。而且，他們的體力勞動和腦力勞動同時進行，他們隨時隨地發表口頭文學創作，發生文學交流，是無法忍受刊物的限制的。在這個意義上，趙樹理不僅確立了能「說」的小說在傳統（過去）的位置，而且確立了能「說」的小說的姊妹藝術在未來的位置，從而直接將能「說」的藝術烏托邦化了。可以說，這種將「說」延伸至對於社會主義中國文化生活遠景的思考的方式，已經將「說」完全泛化，變成了作家對於未來社會的烏托邦想像了。在這個意義上衡量趙樹理《賣煙葉》的創作，不能不說，趙樹理的小說創作已臻化境，他試圖通過小說文本的具體編織過程來呈現「說」的烏托邦在紙面上的存在。換言之，趙樹理不是在寫《賣煙葉》，而是在「說」《賣煙葉》。

當然，趙樹理最終意識到「《賣煙葉》……是我寫的作品中最壞的一篇」〔註122〕，偉大的烏托邦理想要提前化作現實中的實踐，往往是要付出代價的。

〔註121〕趙樹理：《群眾創作的真繁榮》，《趙樹理全集》第 5 卷，第 314 頁。
〔註122〕趙樹理：《回憶歷史 認識自己》，《趙樹理全集》第 6 卷，第 473 頁。

第四章 「農民」的主體性

一、「農民」的主體形象

二、「農民」主體性的覺醒與確立

三、曖昧的敘述主體

四、「農民」主體的可能

　　在趙樹理筆下的「說理的世界」中，「農民」佔據了主體位置〔註 1〕，負責提問、傾聽、觀察、記錄，並掌控信息中介，給出歷史、政治及倫理的結論。周揚最早發現了這一點，認爲在趙樹理小說中：「農民的主人公的地位不只表現在通常文學的意義上，而是代表了作品的整個精神，整個思想。因爲農民是主體，所以在描寫人物，敘述事件的時候，都是以農民直接的感覺，印象和判斷爲基礎的。他沒有寫超出農民生活或想像之外的事體；沒有寫他

〔註 1〕 主體位置（the positions of the subject），借用福柯的說法。福柯認爲醫生的主體的位置，「也同樣是由它相對於對象的各種不同範圍或群體有可能佔據的處境所確定：從某種明顯或不明顯的提問界限來看，它是提問的主體，從某種信息的程序來看，它是聽的主體；而從典型特徵的一覽表來看，它則是看的主體，從描述典型來看，它是記錄的主體。主體位處最佳的感覺距離上。這個距離的邊緣限界著適當的信息種子；主體利用工具性的中介，這些中介可以改變信息的範圍，改變主體對間接或直接的感知層次的位置，保證它從表面層次向深度層次的過渡，使主體在肉體內部的空間中循環流動——從明顯的病症到器官，從器官到組織，最後，從組織到細胞。在這些感知的境況中，還應加上主體在信息網絡中可能佔據的位置（在理論教學或臨床教學中：在口頭交流或書寫文獻的體系中：作爲病歷、報告、統計數據、一般理論命題計劃或決定的傳播者和接受者）」。福柯：《知識考古學》，謝強、馬月譯，北京：生活・讀書・新知三聯書店，1998 年，第 65～66 頁：Michel Foucault, *The Archaeology of Knowledge*, translated from the French by A. M. Sheridan Smith, London, Routledge, 1994, p52.

們所不感興趣的問題。」〔註2〕所謂「農民是主體」，不是「在通常文學的意義上」的主人公，這對於趙樹理筆下的「說理的世界」而言，的確是非常重要的命題。張麗軍在他的博士論文中將1895～1949年知識分子構建的「農民」形象變遷史做了如下描述：「在魯迅先生喚醒『鐵屋子』裏沉睡的農民之後，中國農民在階級鬥爭的革命者的階級意識宣傳中開始走向了自我覺醒的『人的現代化』道路。日本帝國主義的侵略戰爭徹底摧毀了農民舊的生產與生活方式，『老中國兒女』在抗戰中確立並增強了爭取自由的鬥爭意識；解放區文學中，農民形象成爲文學和歷史舞臺的中心與主角，革命徹底結束了地主階級的封建統治，農民在政治、經濟上徹底翻身，在精神文化上有了自覺追求。現代文學農民形象，經歷了一個召喚——覺醒——革命——翻身的、從被動逐漸走向主動的、自我主體意識萌生與成長的精神嬗變過程。」〔註3〕以此言之，趙樹理筆下的「農民」形象作爲解放區文學的「方向」，佔據了變遷史的末端，「自我主體意識」或許已然成熟，從而在文學史的意義上證明周揚強調「農民是主體」的準確性和深刻性。

但是，正如李祖德在他的博士論文中分析的那樣：

> 當代文學「農民」話語的表層結構可以分爲以下幾個層次：一、國家文藝政策、路線和方針以及毛澤東文藝思想中的「農民」話語及敘事；二、文學作品或者敘事文本中的「農民」話語及其類型；三、文藝理論及文藝批評中的「農民」話語。

> 第一個層次可以說是一種主導性的話語規則，起著一種「立法者」的作用。第二層次則是1950、1960年代整個「農民」話語的結構和表現形態，起著「生產者」或「實踐者」的作用，也即是起著生產各種「農民」話語類型的作用。而第三個層次則是處於第一層次和第二層次之間的一種交互式話語，它的主要作用就在於調整和調試話語規則和話語類型之間的關係，起著一種「闡釋者」的作用。

〔註4〕

〔註2〕 周揚：《論趙樹理的創作》，《論趙樹理的創作》，第13頁。

〔註3〕 張麗軍：《想像農民——鄉土中國現代化語境下對農民的思想認知與審美顯現，1895～1949》，東北師範大學博士學位論文，2006年，第149頁。

〔註4〕 李祖德：《「農民」話語研究導論——1950、1960年代中國當代文學的「農民」敘事及其文化、政治與美學》，北京大學博士研究生學位論文，2006年，第99頁。

不僅在當代文學的意義上,「農民」是一種具有多表層性的話語,而且在本書
的論述範疇中也是具有多表層性的話語。這也就是說,從農村認識到文學農
村,再到周揚等人的批評,「農民」作為一種話語形態,其表現形式及功能雖
然相互關聯,但並不完全一樣。因此,分析「農民」在趙樹理筆下的「說理
的世界」中佔據的主體位置的狀況,是必要的。而更重要的是,分析「農民」
主體位置之時,趙樹理作為敘述主體的位置何在?趙樹理筆下的「農民」主
體在被闡釋的意義上,有何可能並如何可能?從對於「農民」的話語分析中,
能否觸發某種既通往過去又通往現實與未來的歷史情境?

一、「農民」的主體形象

據趙樹理自述,他的小說都是提出並期待解決一定的問題。那麼,在他
的小說中,誰是提出問題的(敘事者或小說人物),誰是回答問題的(敘事者
或小說人物),如何提出及回答,無疑是觀察趙樹理小說寫作目的、分析「農
民」的主體形象的關鍵之處。相關的是,誰在對問題的解決提出質疑和做出
歷史評價,誰表示拒絕或沉默(或只能沉默),具體表現如何,是「農民」主
體形象的重要側面。這些側面使趙樹理的小說文本充滿裂隙,而這些裂隙是
趙樹理的小說文本相較於歷史文本而言有獨立價值的地方;或者說,這是文
學政治有效的地方。雖然這些地方不完全是作家的自覺,但毫無疑問,其價
值和意義是應當通過深入的文本分析來加以確認和肯定的。表格 4 清晰地表
明,趙樹理每篇小說提出的具體問題各不一樣,但提問者基本上都是「農民」,
回答者則以農村幹部為主,表示質疑和做出評價的也以「農民」或農村幹部
為主,處於拒絕或沉默狀態的,也以「農民」為主,這意味著周揚關於「農
民是主體」的判斷是有效的。那麼,接下來的問題是,「農民」的主體形象如
何?

1. 說理的主體

趙樹理在小說中將「農民」敘述為主體,其最突出的形象是說理的主體。
無論是何種問題,其提出、回答與評價都與說理密切相關。二黑、小芹對父
母包辦婚姻不滿,小芹認為與三仙姑說不了理;李有才等人不滿閻恒元壟斷
村政,認為他們沒理也要強佔三分理;孟祥英遇事好說理,婆婆很不以為然;
鐵鎖等人發現李如珍等人統治的李家莊無法說理,決定聯合起來重建一個說
理的世界;聚財、小昌等人發現勢力就是理,小昌就攫取勢力,聚財則等待

說理的地方的實現;聚寶所以能夠始終看穿王光祖等人的把戲,就在于堅持說老直理;范登高反擊王金生,也是指責對方爲人處世不走理;馬多壽老婆的外號就叫常有理;金虎更從小就發現私塾的先生不說理,主動放棄學業;張來興堅持說理,得罪了漢奸東家,丟掉了工作;劉正認爲大家不說理,而實際上不說理的是他;王蘭發現賈鴻年說理不走理,其實是個不說理的:總之,正如本書已經分析過的那樣,趙樹理小說中的人物最不肯放過的就是說什麼理,理怎麼說,能不能說理。因此,毫無疑問,趙樹理敘述的「農民」主體,其最突出的形象是說理的主體。

這個無處不在的主體形象,表現出一種先天特徵,似乎是從來如此,一直存於「農民」活動的農村秩序之中,一旦遇到障礙,就會彰顯出來。《李有才板話》和《李家莊的變遷》都敘及存在一種說理的慣例,這便是說理的主體形象表現出先天性的原因。因爲說理慣例的存在,「農民」遇到障礙的第一反應就是去說理。而連鎖發生的問題就是,怎麼說理,說什麼理,能不能說理。以《李家莊的變遷》爲例,春喜要訛鐵鎖的房產,想到的辦法就是援用說理的慣例。鐵鎖同意循慣例說理,以爲在李如珍主持的說理中,能夠把理說清,結果卻發現說不得理。或者說,正如鐵鎖在太原的工友發現的那樣,理不止一種,他已經初步意識到怎麼說理,說什麼理,能不能說理,是隱藏在說理的慣例中的巨大秘密。這個秘密一旦揭開,便會促使說不得理的「農民」萌生革命的激情。鐵鎖在說理的慣例中遇到的挫折,構成了他在太原接受小常的革命啓蒙的基本歷史淵源和動因。正是因爲堅持說理,鐵鎖才會發生疑惑,認爲如今的世界由不說理人統治著,必須找到某種方法和路徑推翻不說理人的統治,建立建設一個說理的世界。

在趙樹理 1949 年以後創作的小說《靈泉洞(上部)》中,說理主體的先天性表現得更爲徹底。童稚之年的金虎在弟弟銀虎受到欺辱時敢於反抗,藐視私塾先生的干涉,認爲私塾先生打自己是大人打小孩,是不說理。〔註5〕這意味著說理的主體形象無待於後天的養成,乃是浸淫說理慣例日久,先天存在於「農民」身上的。

〔註5〕趙樹理:《靈泉洞(上部)》,《趙樹理全集》第 5 卷,第 100 頁。

表格4（本表「問題」欄的填寫主要依據趙樹理《回憶歷史 認識自己》
　　　一文）

篇　目	問題	提問	回答	質疑	評價	拒絕	沉默
小二黑結婚	自由結婚	小二黑	區長	二諸葛	鄰居們	二諸葛	童養媳
李有才板話	減租	李有才	老楊	李有才	李有才	老秦	老秦
來來往往	踢斷豆秧	王金山	指導員		金山爹		
孟祥英翻身	翻身	敘事者	敘事者	婆婆	村裏人		
地板	地租	王老四	王老三	王老四	王老三		
李家莊的變遷	壓迫	鐵鎖	小常	王安福	村長		
催糧差	狗腿子	敘事者	敘事者	敘事者	敘事者		
富貴	封建	富貴	富貴	敘事者	敘事者		老萬
劉二和與王繼聖	鬥地主	聚寶		聚寶	聚寶	王光祖	老劉
小經理	管合作社	三喜	支部		敘事者	王忠	
邪不壓正	整頓流氓	聚財	安發	聚財	聚財	軟英	劉忠
傳家寶	婦女勞動	李成娘	小娥丈夫	李成娘	小娥丈夫		
田寡婦看瓜	看瓜	田寡婦	孩子們		秋生		
登記	自由結婚	艾艾	報紙	小晚	大家		
求雨	求雨	于天祐	于長水				
三里灣	合作辦社	范登高	王金生	范登高	范靈芝	馬多壽	常有理
靈泉洞（上部）	鬥地主	金虎	銀虎				
「鍛鍊鍛鍊」	偷棉花	楊小四	楊小四	王聚海	王鎮海	小腿疼	
老定額	政治教育	蛹蛹	林忠	李大亨	李占奎		
套不住的手	勞動	徒弟	陳秉正		敘事者		

篇　目	問題	提問	回答	質疑	評價	拒絕	沉默
楊老太爺	資本主義	楊大用	村長	鐵蛋	村裏人		
張來興	舊社會	代表	王世恭		縣長		
互作鑒定	知識青年	劉正	王書記	同學們	陳封		
賣煙葉	青年投機	賈鴻年	王蘭	周天霞	李光華		

　　但這種先天性是被革命啓蒙激發爲反抗的熱情，還是壓迫成委曲求全於被奴役的姿態，則視乎「農民」對自我主體形象的確認以及對壓迫者的理解。趙樹理勾勒了一系列敢於自我確認的反抗者形象，如二黑、小芹、李有才、鐵鎖、聚寶、銀虎等，也勾勒了老秦、老劉、聚財等不敢反抗奴役的形象。更爲重要的是，一旦二和、軟英要從被奴役的狀態中掙脫出來，完成自我主體形象的確認，要求說理的時候，趙樹理還敘述了他們的父親老劉、聚財對於這種萌動的扼殺。老劉因爲住著王光祖的房子，種著王光祖的地，欠著王光祖的債，認爲說理就是自尋死路，自始至終都阻止二和說理，二和因此難以完成自我主體形象的確認。面對這種狀況，聚寶認爲一輩子都是無法翻身的。在不說理的勢力的嚴重壓抑下，說理的主體形象不但難以確立，而且會被消磨殆盡，成爲某種不可能的東西。與二和、老劉的情況相比，軟英雖然在父親聚財的阻撓下，久久無法實現主體形象的確認，但還是與父親一起等到了工作組的來臨，被動地進入了說理的世界。此後，軟英完成了主體的自我確認，聚財也意識到自己內心期待的說理的地方，並非全無可能實現，從而感到一種壓力的釋放。但是，正如趙樹理對聚財評價的那樣，一旦不說理的狀況再次發生，聚財將還是那個觀望者，被壓抑得太久了，他可能已經失去了確認自我主體的能力。在這裡，趙樹理清醒地意識到，「農民」說理的主體形象的自我確認是一個漫長、曲折、複雜的過程。而且，這個過程絕不因爲 1949 年社會主義制度的確立而終結。在 1949 年以後的小說中，趙樹理固然塑造了一些完成了主體的自我確認的形象，但正如他自己也承認的那樣，他長於塑造舊人物，短於塑造新人物，還是花了大量的精力塑造范登高、馬多壽、常有理、小腿疼、劉正、賈鴻年等表面上說理、實際上不說理的人物形象。很顯然，如同李如珍、春喜等人一樣，他們只是打著說理的幌子的人物，並非說理的主體，未能擺脫不說理的奴役。

更確切地說，李如珍、春喜、小昌、范登高、小腿疼、劉正、賈鴻年等人都是說理的主體的對立面，都是必須被克服的形象。這也就是說，說理的主體的確認，不僅是「農民」覺醒並自我確認的問題，也是對自我及對立面的克服的問題。只有這幾個方面的問題都解決了，說理的主體形象才能真正確立，並豐滿起來。當然，所謂克服對立面及自我克服，並不完全是你死我活的階級鬥爭。至少在趙樹理對於小毛、范登高、馬多壽、小腿疼等的寬宥的小說敘述及評價之詞中，可以發現，趙樹理並不希望以肉體傷害甚或消滅的方式，實現說理的主體形象的確立。因此，說理的主體形象表現出一種強烈的倫理特徵，甚或情感特徵；非此即彼的邏輯在此得到極大的沖淡。

2. 他者化的主體

說理的主體同時也是一個他者化的主體。雖然說理的主體表現出先天性的特徵，但這主要是指「農民」有說理的欲求，天生傾向於以說理的方式提問和解決問題，而不是指「農民」天生具有說理的能力，更不是指「農民」說理一定能發生作用。而一旦「農民」具備了說理的能力，並以說理的方式影響了某些具體事件，就很有可能在此之前發生了他者化問題。所謂他者化，主要指的是「農民」作為說理的主體，形象上發生了變化，染上了某種非「農民」的特點。更確切地說，「農民」表現出了他者希望「農民」表現出來的特徵。事實上，當趙樹理以肯定的敘述態度敘述李有才、冷元、元孩、聚寶等人的能說會道之時，他已經有意識地區分他們得勢之前和得勢之後說理的效果。在老楊同志來做工作之前，李有才說理換來的是背井離鄉；同樣的事情也發生在聚寶身上。而冷元在李家莊被犧盟會組織起來之前，他的冷話帶來的是更深的劫難，之後才變成有效的言辭。元孩說的老直理，也是在鬥劉錫元的群眾大會上才能發揮真正的效力。同樣地，得勢前後，「農民」說理的方式也發生了變化。《李有才板話》較為清楚地反映了這一點。得勢之前，李有才的快板只是對現狀的諷刺和揭露，得勢之後，他的快板就發揮著組織村民起來鬥爭及對鬥爭進行記錄和評價的作用，這是一個從消極被動向積極主動變化的過程。得勢之前，李有才是個消極被動的說理的主體，得勢之後，他變成了一個積極主動的說理的主體。而變成一個積極主動的說理的主體之後，李有才的快板增加了「農救會」、「減租」、「群眾會」等具有明顯的意識形態色彩的新詞彙。更重要的是，李有才快板的創作機制發生了變化。在得勢之前，李有才只是根據個人的理解和願望創作快板，而在得勢之後，他就

是在老楊同志的要求下命題作文了。當然，李有才並沒有對老楊同志的要求感到牴牾。但需要強調的是，此時的李有才已非彼時的李有才，李有才以老楊同志的語言進行說理，是以老楊同志希望的樣子進行說理，從而變成了一個他者化的說理主體。

這個他者化的主體，甚至表現出某種程度上的失語特徵。《李有才板話》中有一個老陳罵小元的細節，趙樹理沒有敘述老陳如何罵，卻詳細敘述了武委會主任和老楊同志對小元的批評和訓誡，並且敘述道：

> 老陳聽完了他們的話，把膝蓋一拍道：「好老同志們！真說得
> 對！把我要說他的話全說完了！」〔註6〕

梅儀慈認為這個細節意味著農民認同官方最終的指示確實表達了他自己的願望，是《李有才板話》快板主題和形式上都以作者的敘述框住農民口頭說書的言辭，使其言辭喪失自主性的具體表現。〔註7〕的確，像老陳這樣的農民，面臨農村秩序的變動時，他可能缺乏有效的進行說理的語言。而表現在趙樹理的小說文本中，由於作者並不敘述老陳罵小元的具體內容，便成為一種失語。類似的情形出現在《三里灣》中，范靈芝試圖說服自己的父親走社會主義道路，卻覺得無從說起，只能暗自佩服王金生、張永清他們說話的本領。據范靈芝與馬有翼之間的交往來判斷，范靈芝並不是拙於言辭的人。但她無法運用王金生、張永清等人口中的意識形態語言對范登高進行說服，這意味著那些語言相對於她而言，是他者的語言。當她尚未習得他者的語言，就無法進行有效的說理；而一旦她習得了他者的語言，她就成為一個他者化的說理主體。《三里灣》沒有敘述范靈芝轉變為一個他者的過程，《李家莊的變遷》通過敘述鐵鎖的變化，完成了說理主體他者化的敘述。與老陳的情況類似，漫遊到太原的鐵鎖聽了小常的一席話之後，覺得小常所說即是自己心中所想，沒有絲毫不懂的地方。回到李家莊，冷元他們問起鐵鎖的太原之行，鐵鎖便將小常說過的話重述了一遍，引得群情激奮。正如前文曾經分析過的那樣，鐵鎖經歷了一個學會說話的過程。這個學會說話的過程，就是鐵鎖習得他者語言的過程；當他在李家莊以一個能言善辯的面貌出現之時，他也就成為了一個他者化的說理主體。雖然不能就此揭掉鐵鎖身上的「農民」標籤，

〔註6〕趙樹理：《李有才板話》，《趙樹理全集》第2卷，第302頁。

〔註7〕See Yi-tsi Mei Feuerwerker, *Ideology, power, text: self-representation and the peasant「other」in modern Chinese literature*, California: Stanford University Press, 1998, p133.

也必須承認，鐵鎖成長爲新一代的「農民」了，其身上烙下了明確的他者的標記。

當然，「農民」作爲一個說理的主體，其先天性本來源於歷史的沉澱，因此也必將隨歷史的變化而發生變化。如果將「農民」視爲一種本質性的、永恒的、不可變異的主體性存在的話，就無疑陷入了形而上學的誤區。趙樹理曾通過小說敘述嘲諷過這一點。在《互作鑒定》中，作家寫劉正對於雇工出身的縣委副書記的印象是「土頭土腦」，但一經交談，卻發現自己的成見太深：

> 他以爲雇工出身的王書記只會講「勞動生產的重要性」，怎麼還會挑字眼哩？他以爲像「激動」呀，「公式」呀，「適用」呀，「所謂」呀：這些詞頭只有上過學的人才會用，「土頭土腦」的王書記爲什麼還會用得那麼恰當呢？〔註8〕

劉正對於雇工出身的王書記的成見，意味著對於「農民」的本質性想像總是存在的。但這種存在乃是一種形而上學的誤區，是忽略了「農民」作爲一個說理的主體，本來就有內在的和歷史的豐富性的。當然，在王書記讓劉正吃驚的背後，應當隱藏著一段類似於鐵鎖經歷的主體他者化的過程。劉正失去了對這一過程的理解，因此對雇工出身的王書記的說理能力缺乏適當的理解。趙樹理通過劉正的吃驚敞開雇工出身的王書記背後所可能隱藏的類似於鐵鎖經歷的主體他者化過程，表明「農民」作爲一個說理的主體，既是內在的，也是歷史的，從來都不是一成不變的。那麼，要理解趙樹理小說中的「農民」主體形象，就必須看到這種內在性和歷史性，否則就會失去其本有的豐富內涵。

同樣地，小元、小昌、范登高等人只是說理的主體他者化的另外一些表徵。小元在村政的變遷中起過重要作用，小昌是扳倒劉錫元的功臣之一，范登高也是三里灣革命史當中的正面形象，但當他們被他者的生活習慣薰染，被權力腐蝕，被經濟利益所誘惑時，就走到了說理的主體的對立面。爲了拯救這些在他者化的過程中被異化的主體，趙樹理在小說敘述中要求他們重新學會說理。當然，重新學會說理是困難的。正如前文分析的那樣，范登高要重新學會說理，再度經歷他者化的過程，是非常艱難的。直至《三里灣》終篇，范登高也沒有表現出心悅誠服的姿態。趙樹理對此抱有相當清醒的態度，他認爲范登高的改變是一個長期的過程。這意味著在不同歷史語境下，主體他者化的發生過程是不一樣的。

〔註8〕趙樹理：《互作鑒定》，《趙樹理全集》第6卷，第113頁。

當然，即使在相同的歷史語境下，主體他者化的發生過程也是不一樣的。這一點很清楚，《三里灣》以社會主義和資本主義兩條道路之爭爲線索結構小說即表明，在趙樹理看來，「農民」在相同的歷史語境之下也是會發生不同的他者化過程的。如果說王金生希望盡快步入社會主義社會，成長爲一個空前的歷史主體，那麼范登高潛在的願望就是取代劉老五，回退到革命前。張樂意批評范登高說：「你給劉老五趕驟子，王小聚給你趕驟子，你還不是和劉老五學樣子嗎？」〔註9〕不能說張樂意的批評完全合乎邏輯，但也無法否認，在《三里灣》的小說語境中，范登高的確無法從劉老五之外的人那裡習得資本主義個人生產的秘方。這意味著在說理的主體他者化的過程中，存在變數；他者化之後的主體未必就是說理的主體。趙樹理當然明白這一點，只是因爲在他看來，「農民」經歷了漫長的壓迫之後，具有說理的能力是相當難得的，必須不憚於他者化過程中出現的變數，「農民」才能成爲強有力的說理的主體，創造歷史。因此，他通過他者化來敘述「農民」的成長。作爲一個作家，趙樹理並沒有完全將「農民」的主體形象本質化，他試圖按照自己的願望塑造「農民」主體形象的變遷，從而成爲一個相對於「農民」而言的他者，使「農民」他者化了。

3. 群眾：一個絕對的主體

趙樹理不僅將「農民」說理的主體形象敘述爲他者化的主體，而且敘述爲一種具有集體性特徵的主體。前文已經分析過，鐵鎖的成長絕不止是一個個體的成長，也不止是暗示一個歷史主體的成長，而是明示鐵鎖及其所屬的「農民」群體的集體成長。因此，「農民」的主體形象具有集體性。群眾是表徵這一集體性的最重要的符碼。當然，趙樹理小說的敘事者對於群眾的敘事態度是極爲複雜的，表現出不斷地爲群眾編碼──解碼──再編碼的特點。但總體而言，群眾被視爲理的代言者。而群眾作爲理的代言者，即意味著群眾佔據了絕對的主體位置，是一個絕對的主體。〔註10〕這樣一來，「農民」作

〔註 9〕 趙樹理：《三里灣》，《趙樹理全集》第 4 卷，第 292 頁。

〔註10〕 這裡所討論的群眾，在勒龐看來，毫無疑問是烏合之眾（crowd）。但是，與其說勒龐在他的意見中表現出了清醒的理智，不如說他表現出了一種司空見慣的無知與傲慢。勒龐立論的根底很清楚，他說：「無可否認，文明是少數智力超常的人的產物，他們構成了一個金字塔的頂點。隨著這個金字塔各個層次的加寬，智力也相應地越來越少，它們就是一個民族中的群眾。一種文明的偉大，如果依靠僅僅以人多勢眾自誇的低劣成員的選票，是無法讓人放心

爲具有集體性特徵的說理主體，構成群衆的具體個體組成，保證群衆這個絕對的主體具有說理的特點，而群衆作爲絕對的主體，則構成一種勢，保障著每一個說理的「農民」主體能夠有效地進行說理。在《李家莊的變遷》中，鐵鎖成長爲一個說理的主體之後又泯然衆人的表現，深刻地表現了趙樹理期望以「農民」個體都成爲說理主體、從而保證群衆說理的敘事意圖。而表格 3 所顯示的情況，即趙樹理有 11 篇小說都以共產黨組織的群衆性會議或大會結尾，則表現了趙樹理的另一個敘事意圖：以群衆作爲絕對主體，構成保障「農民」說理的勢。在《靈泉洞（上部）》中，鐵栓針對金虎等人畏懼雜毛狼的情緒說到：「如今最大的毛病是咱們的勢力還小，等咱們的勢力長大了，把他們的老根刨了，他們就不厲害了！」〔註 11〕這個細節很好地展露了作家的敘事意圖。雜毛狼及其所依附的勢力被敘述爲不說理的一方，而鐵栓、金虎則是欲說理而不得的一方。因此，鐵栓他們要蓄勢待發，就是要等待「農民」從說理的個體成長爲說理的集體，以集體的勢力保證說理的主體成爲絕對的主體。

當然，從說理的個體成長爲說理的集體，其過程並不輕鬆、短促，每一個個體成熟的狀況也不一致。趙樹理在《李家莊的變遷》和《登記》中都特別表現了這一點。《李家莊的變遷》寫村民活活撕死了李如珍，王安福否認文明的訓誡，認爲以血換血是合理的、正常的要求，《登記》寫村民認爲艾艾、燕燕自由戀愛有傷風化，都在表現群衆作爲一個絕對的主體，其構成成份並非平均成熟的說理的主體。在這個意義上，趙樹理顯然有意識地通過寫共產黨組織的群衆性會議或大會展現群衆作爲絕對主體的缺陷，並試圖以此垂誡，達到教育群衆，加快群衆成熟的目的。《小二黑結婚》便證明了趙樹理的這個敘事意圖。小說寫經過鬥爭金旺、興旺兄弟的群衆大會之後，「村裏人也都敢出頭了。不久，村幹部又都經過大改選，村裏人再也不敢亂投壞人的票了」〔註 12〕，很明顯，村民有所成熟了。《李有才板話》也有類似的橋段，寫

的。另一件無須懷疑的事情是，群衆投下的選票往往十分危險。它們已經讓我們付出了若干次遭受侵略的代價，我們眼看著群體正在爲其鋪設道路的社會主義就要大獲全勝，異想天開的人民主權論，十有八九會讓我們付出更慘重的代價。」（古斯塔夫・勒龐：《烏合之衆：大衆心理研究》，馮克利譯，北京：中央編譯出版社，1998 年，第 158 頁。）因此，儘管在他的分析中不乏真知灼見，他的意見還是處於本書的論題之外，不能構成根本性的對話意義。

〔註 11〕趙樹理：《靈泉洞（上部）》，《趙樹理全集》第 5 卷，第 115 頁。
〔註 12〕趙樹理：《小二黑結婚》，《趙樹理全集》第 2 卷，第 234 頁。

的是鬥爭閻恒元的群眾大會之後，「要求加入農救會的人更多起來，經過了審查，又擴充了四十一個新會員」〔註13〕，「農民」正逐步覺醒並凝聚為一個有力的絕對主體。而《李家莊的變遷》中的村民雖然在群眾大會中活撕了李如珍，但到底接受文明的訓誡，放棄了對小毛實施肉刑，《登記》中的村民對於自由戀愛，「連一向說人家聲名不正的老頭子老太太，也有說好的了」〔註14〕，可見「農民」主體的成熟固然不能突飛猛進，依然還是在成熟的過程當中的。

　　一旦群眾作為主體已經成熟，或者說，一旦趙樹理在小說敘事中先在地設定群眾是成熟的主體，群眾就佔據了絕對的主體位置，成為絕對的主體。這在《小經理》、《三里灣》、《「鍛鍊鍛鍊」》、《賣煙葉》等小說中都有具體表現，而尤以《小經理》和《「鍛鍊鍛鍊」》為明顯。《小經理》寫三喜缺乏自信，認為自己不能勝任經理，但經過一番努力，做經理非常出色，這證明群眾的選擇及對人物的評價，具有毋庸置疑的正確性，群眾因此佔據了主體位置。《「鍛鍊鍛鍊」》寫小腿疼一看到群眾裏有一半人站起來了就馬上放棄狡辯，意味著群眾有著絕對的威懾力量，可見群眾是不可質疑的，是理的絕對代表，任使小腿疼多麼能言善辯，內心有多少不滿，都無濟於事。范登高的政治選擇必須接受群眾的審查，賈鴻年必須因道德人格向群眾懺悔，也意味著群眾佔據了主體位置。因此，群眾不僅是一種勢，而且是歷史、政治、倫理評價的最終執行者，是絕對的主體。

　　但是，所以強調趙樹理在小說敘事中先在地設定群眾為成熟的主體，是因為正如前文曾經分析的那樣，在他的小說中，「群眾」往往又是一個主體指向曖昧的符碼。下面且通過《登記》中區分委書記的話來再次說明這個問題：

　　　　群眾說你們聲名不正，那是他們頭腦裏還有些封建思想，以後要大家慢慢去掉。……黨員同志們，你們說說人家罵得對不對呀？檢查一下咱們區上村上這幾年處理錯了多少婚姻問題？想想有多少人天天罵咱們？再要不糾正，受了黨內處分不算，群眾也要把咱們罵死了！〔註15〕

很顯然，前一個「群眾」需要接受教育，並未佔據主體位置，而後一個「群眾」則成了行政權力的監督者，是有效的理的代言者。兩個「群眾」相互矛

〔註13〕趙樹理：《李有才板話》，《趙樹理全集》第2卷，第298頁。
〔註14〕趙樹理：《登記》，《趙樹理全集》第4卷，第30頁。
〔註15〕趙樹理：《登記》，《趙樹理全集》第4卷，第30頁。

盾,但背後的實體構成其實是一樣的,即都是張家莊的村民。那麼,為何「群眾」自相矛盾的意義能夠並行不悖地從區分委書記的口中說出來?其中關竅即在於「群眾」本身被趙樹理當作一個主體指向曖昧的符碼,其內涵和外延都是可以隨意改變的。〔註16〕因此,必須意識到,群眾作為一個絕對的主體,雖然是趙樹理小說文本中存在的一種文本事實,但也只是文本事實的一種而已。

不過,分析群眾作為一種絕對的主體的意義,還是非常必要的。只有注意群眾作為絕對主體,如何由說理主體的個體構成,又如何為說理主體的個體提供保障,才能較好地把握「農民」作為說理的主體的有效且有價值的地方。至少就小說文本提供的線索而言,趙樹理構建「農民」說理的主體形象,乃是希望說理的「農民」能夠成為一種勢,有效地監督和制衡行政權力的運作,並在歷史、政治、道德等諸層面保證一個「說理的世界」的出現。一個先天地傾向於說理的主體,如果成為絕對的主體,至少在趙樹理的文學政治中,乃是一種重要的存在。

二、「農民」主體性的覺醒與確立

趙樹理將「農民」構造為具有先天性特徵的說理主體,這個主體同時又表現出他者化的特徵。這組矛盾源於作家發現「農民」主體性覺醒的第一契機以後,將階級革命、民主、權力等諸多話語加入了主體覺醒的過程。而「農民」的主體形象經歷他者化之後仍然保持為「農民」主體,則是因為第一契機始終發揮效力,且趙樹理意識到「農民」主體性確立的根本不在於中途添加的諸多話語,而在於「農民」的勞動本身。一旦發現了勞動是確立「農民」主體性的根本的秘密之後,趙樹理就選擇了以勞動鍛鍊的方式重塑一些偏離了他所筆下的「農民」主體性的小說人物的主體性質。

1. 反抗作為第一契機的意義

從趙樹理的小說文本出發,「農民」主體性覺醒的第一契機是反抗。二黑、小芹是在反抗父母包辦婚姻的時候意識到自己有決定自己婚姻的權利的,並同時意識到不說理的事實的存在,接受自由結婚的觀念。李有才等人是在反

〔註16〕當然,這絕對不是趙樹理的問題,而是社會主義制度之下的群眾路線的基本實踐所造成的。

抗閻恆元的統治時，意識到組織起來，形成一個說理的集體的重要，接受了現代政治中的組織觀念和民主選舉觀念。鐵鎖等人也是在反抗李如珍的統治時，接受小常（也即共產黨）的革命啟蒙，發現自己的力量，並以現代政黨政治的方式實現了重建「說理的世界」的願望。軟英是在反抗中意識到世界上有別樣的婚姻，自己有權利進行選擇。二和是在反抗中發現東家不說理，雖然在父親的阻撓下遲遲未能確立自我的主體性，但卻頑強地堅持反抗，使大和也意識到，只要具備勞動能力，不愁東家〔註17〕。類似事實在趙樹理的小說文本尚有許多，此處不贅。總之，「農民」是在反抗的過程當中意識到自己的權利和能力的。

　　而因為「農民」主體性覺醒的第一契機是反抗，「農民」很容易與階級革命、民主、權力等諸多話語發生有機聯繫。反抗總是有對立面存在的，而「農民」反抗的對立面，抽象地說是不說理的人，具體地說則是經濟上的壓制和政治上的輕視，即缺乏必要的土地經營權和政治參與權利。鐵鎖本來有一定的土地，但由於缺乏政治參與權利，結果就在李如珍操控的說理陰謀下，失去了土地。這樣的情況一旦由共產黨組織的階級革命話語來描述，就轉換成農民與地主之間的階級對立，村政的不民主，以及農民沒有政治權利。這不但沒有背離「農民」的利益，而且承諾保障並實現一切，因此，在反抗中覺醒的「農民」，不難體會到一種心心相印的感覺。鐵鎖與小常一夕談話，發現他所說的，即是自己所想的；老陳聽了武委會主任對小元的批評，覺得對方說出了自己所有的心裏話，都是重要的文本證據。但這種和諧的狀態並不是始終一貫的。在「革命的第二天」，覺醒後的「農民」很快就發現話語是話語，實踐是實踐，不說理的事實並不一定會隨著話語的轉換而消失。在《李有才板話》中，章工作員雖然說的都是階級革命、民主選舉、政治權利等嶄新的話語，但由於其實踐遠離實際，李有才等村民就視其為「官腔」。在《登記》中，艾艾說大家講起官話來，都說男女婚姻要自主，但實際上全是父母做主。這都說明，「農民」主體性覺醒的第一契機在持續發揮作用，在反抗了革命前的各類不說理的人與事之後，又進一步反抗新的話語掩蓋下的不說理的人與事。因此，儘管經歷了階級革命、民主、權力等諸多話語參與的他者化過程，

〔註17〕二和不願意繼續給不說理的東家放牛，大和說：「咱惹不起他吧也怕不起他？不給他放就不給他放吧，不論到那裡還愁尋不上個主兒！」見趙樹理：《劉二和與王繼聖》，《趙樹理全集》第 3 卷，第 188 頁。

「農民」還是「農民」，保持著對「說理的世界」的追求。加繆曾經分析過奴隸的反抗行動，認為：

> 這種難以遏制的最初的抗爭逐漸使人與抗爭融為一體，使其一言一行均表現出抗爭。他想讓人們尊重他身上的這個部分，並將其置於其餘一切之上，鍾愛它勝過一切，甚至生命。這個部分對他說來成為至高無上的財富。奴隸以前處於委曲求全的境地，現在一下子要求獲得「一切」，否則便「什麼也不是」。他的覺悟隨著反抗而蘇醒。〔註18〕

加繆針對兩次世界大戰所造成的人類死亡發出的議論，雖然言辭激切，但不無道理。趙樹理小說中的「農民」一定程度上也是進行抗爭的奴隸，在「革命的第二天」，也必然堅持反抗，要求獲得「一切」，「一切」都說理，否則便「什麼也不是」。在這個層面上，《李有才板話》斥責老秦式的感恩戴德無疑是極具文學政治意義的。在一次反抗的行動勝利結束之後，老秦居然絲毫不理解反抗的價值，反而照舊跪下謝恩，這的確是對「農民」主體在反抗中覺醒的莫大諷刺。同時，這也深刻表明，「農民」主體性覺醒的第一契機是多麼可貴。

當然，必須注意，趙樹理並未如加繆的分析一般，將反抗「置於其餘一切之上」。當反抗造成嗜血仇殺之時，趙樹理表示了有所克制的反對。例如在《李家莊的變遷》中，趙樹理便敘述了縣委書記、鐵鎖等人對村民反抗行為的文明訓誡，以及村民受訓後嗜血欲望的收斂。而在《邪不壓正》中，作家將劉錫元之死敘述得含糊其辭，也是一種有所克制的反對態度的表徵。倪文尖便認為，關於劉錫元之死，暴力的正當性既無可置疑，也不是革命的主角，主角仍然是說理。〔註19〕這也就是說，反抗的目的乃是為了說理，「農民」主體性覺醒的第一契機通往的是說理的主體。也正是因為這一點，一旦階級革命、民主、權利等話語的實踐出現不說理的情況，反抗才會持續發生效力，保證「農民」的主體性。也是在這個意義上，《「鍛鍊鍛鍊」》中高秀蘭寫大字報批評王聚海「太主觀」，而王聚海安排一個閑職給高秀蘭以了事的細節〔註

〔註18〕阿爾貝・加繆：《反抗者》，呂永真譯，上海：上海譯文出版社，2010年，第17頁。

〔註19〕參見倪文尖：《如何著手研讀趙樹理——以〈邪不壓正〉為例》，《文學評論》，2009年第5期。

〔註20〕趙樹理：《「鍛鍊鍛鍊」》，《趙樹理全集》第5卷，第226～227頁。

20〕，頗有分析價值。高秀蘭反抗的是「革命的第二天」王聚海代表的官僚體系表現出的不說理的病症，但這個新生不久的體系居然能輕易地將反抗無形化解，可見危機多麼嚴重。當然，如同趙樹理的其他小說一樣，結局總是大快人心。高秀蘭的反抗與楊小四等人的反抗一起，代表著群眾說理的要求，導引著王聚海代表的官僚體系完成了一次自我治療，從而規避了體制的危機。趙樹理通過勾連反抗與說理的天然聯繫，說明了「農民」主體性覺醒的第一契機有多麼重要。

另外，反抗除了指向上述外在性的對象，也指向「農民」內在的某些需求與欲望。無論是《三里灣》中的范登高，還是《老定額》中的林忠，如果他們無法反抗自己內在的某些要求與欲望，只求個人經濟利益的保全和增加，就會在不說理的道路上越走越遠。趙樹理的這種小說敘述表明，無論是反抗，還是說理，都內在地歸屬於社會主義「我為人人，人人為我」的平等、互助的訴求，不同於加繆分析的將反抗「置於其餘一切之上」的奴隸。對於趙樹理而言，反抗不僅僅是為了反抗，而是為了當家作主。因此，當「農民」主體性覺醒的第一契機出現以後，更關鍵的任務是尋找「農民」主體性確立的根本。

2. 勞動

「農民」主體性確立的根本何在？趙樹理找到的答案是勞動。在 1948 年寫的政論《窮苦人要學當家》中，趙樹理說：

> 咱們這些窮苦老實農民，因為受的壓迫太多，壓得自己沒有喘過氣來，常好說些沒出息話。有的說：「咱一輩子只會勞動，啥也不會說，人家叫咱幹啥咱幹啥吧！」有的說：「不論人家怎麼分，分給咱多少咱要多少吧！」這都是太看不起自己了。「窮苦」、「老實」、「勞動」，不只不是我們的短處，還是我們的資格，三步功名缺了一步，不能入咱們的貧農團，和從前那個不是大學畢業不能作官一樣。不要小看自己，這種資格是受苦受難換來的，別人想裝也裝不像。
>
> 〔註21〕

這些見解談不上高明，至少在 1948 年的歷史語境中，不過是中國共產黨土地政策和農民政策的翻譯。而且，以作官比加入貧農團，也不免擬於不倫，儘

〔註21〕趙樹理：《窮苦人要學當家》，《趙樹理全集》第 3 卷，第 239 頁。

管趙樹理的出發點是照顧讀者的理解能力。但由此反觀趙樹理的小說文本，如早於此的《李有才板話》、《孟祥英翻身》、《地板》、《富貴》及與此同期的《邪不壓正》，則不能不注意到，作家不僅在翻譯一時的政治政策，而且在尋找「農民」主體性確立的根本。在《李有才板話》中，老楊同志肯定「老槐樹底的能人也不少」，李有才、小明、小保等人也果然在老楊同志的領導下成功實現了閻家山「翻天地」。這便是在小說的意義上確認「農民」的主體性。關於勞動與「農民」主體性的關係，如果在《李有才板話》中還表現不是很明顯的話，在《孟祥英翻身》中就已經非常顯豁了。前文曾論涉趙樹理對農民如何掙脫主奴關係的思考，他寫孟祥英，略渡荒事跡而詳翻身過程，便是這一思考的具體表現。而且，除卻對於解放區「自己動手、豐衣足食」政策的配合，趙樹理通過《孟祥英翻身》的寫作找到了一種掙脫主奴關係的方法。就孟祥英個人而言，其翻身的關鍵在於出色的勞動能力。孟祥英所以能夠擺脫婆婆和丈夫的控制，就意識形態而言，在於工作員和八路軍的勝利，就個人而言，即在於她挑水砍柴渡荒無所不能，能夠通過勞動自立。孟祥英無所不能的勞動者形象，極好地表明了「農民」主體性確立的根本就在於勞動。如果沒有強大的勞動能力，孟祥英勢必像她能言善辯的婆婆一樣，被奴役在封建倫理制度之下，永遠無法覺悟，無法完成自我主體性的確認。更進而言之，解放區工農兵的話語及其實踐固然極大地幫助了「農民」主體性的確立，但與其說其作用是原發性的，不如說是推波助瀾，根本還在於「農民」是否具有主體性覺醒及確立的可能。〔註22〕《孟祥英翻身》的意義在於，不僅勾連解放區具體政治政策與「農民」主體性確立的關係，而且在於突出強調了「農民」主體性確立的根本在於勞動。

當然，正如蔡翔說的那樣：「在 20 世紀的中國左翼思想中，『勞動』是最為重要的概念之一。『勞動』的馬克思主義化的重要性在於，它附著於『無產階級』這一概念，展開一種既是民族的，也是世界的政治——政權的想像和實踐活動。同時，這一概念也有效地確立了『勞動者』的主體地位，這一地位不僅是政治的、經濟的，也是倫理的和情感的，並進而要求創造一個新的

〔註22〕 勞動與婦女的關係，在延安時代，顯然要比本書論述的情況複雜得多，其中甚至不無戰時需要構成的意識形態話語陷阱。參見江上幸子：《從〈中國婦女〉雜誌看抗戰時期中國共產黨的婦女運動及其方針轉變》，《左翼文學的時代——日本「中國三十年代文學研究會」論文選》，王風、白井重範編，北京：北京大學出版社，2011 年，第 195～214 頁。

『生活世界』。作爲一種震盪也是回應的方式，當代文學也同時依據這一概念組織自己的敘事活動。」〔註23〕這意味著，勞動不僅內在於文學的敘事活動，而且是文學敘事的依據，是一個比文學更高意義上的存在。從宏觀上看，勞動的確有可能是一個高於文學的範疇。但是，具體到趙樹理的小說文本，必須承認，勞動不僅是文學敘事的依據，而且也轉換成了文學敘事的一個組成部分。勞動被文學收編，在具體的文本脈絡中，自然要生發出新的意義系統。《地板》的關鍵詞所以是勞動，《傳家寶》裏的金桂所以能取代婆婆成爲家庭的主人是因爲勞動，而《「鍛鍊鍛鍊」》中的「小腿疼」、「吃不飽」成爲反面人物形象，《互作鑒定》中的劉正、《賣煙葉》中的賈鴻年成爲被批評的農村知識青年，《套不住的手》中的陳秉正得到褒揚，無不與趙樹理對勞動的理解有關。黑格爾認爲勞動對於發現和確立主體性具有根本意義，他說：「正是在勞動裏（雖說在勞動裏似乎僅僅體現異己者的意向），奴隸通過自己再重新發現自己的過程，才意識到他自己固有的意向。」〔註24〕與其認爲趙樹理的小說直接歸屬於20世紀中國左翼思想對於勞動的理解，不如認爲趙樹理通過小說中的勞動尋找「農民」「固有的意向」，尋找與左翼思想並不直接相關聯的「農民」主體性的可能。在《李有才板話》中，區委會主任批評陳小元的第二條是，「不生產，不勞動，把勞動當成丟人事，忘了自己的本分」，〔註25〕可見勞動不僅是主體性的問題，而且還是「農民」的「本分」的問題。類似的情形在《富貴》中構成了基本的敘事線索，富貴因爲失去了土地，逐步退化爲無業游民和地方上的浪蕩子弟，最終失去「農民」的「本分」。在這個逐步退化的過程中，富貴一直在努力通過自己的「勞動」養活妻兒。但是，他的「勞動」不僅遭受鄰里的歧視，而且被敘事者否定。敘事者認爲失去土地的富貴的確已經沒有德性了，富貴自己也作如是觀，而在政府的幫助下富貴重獲土地了，才重獲德性。不僅如此，他還敢於向族長王老萬興師問罪了。很明顯，在這個小說文本中，不是所有的「勞動」都被認可的。只有在土地上的耕作，符合「農民」的「本分」的「勞動」，才是被認可的。這就意味著，趙樹理小說文本中的勞動，並不直接涉及談無產階級的問題，甚至只是談「農

〔註23〕蔡翔：《革命／敘述：中國社會主義文學——文化想像（1949～1966）》，第224頁。

〔註24〕黑格爾：《精神現象學》上卷，賀麟、王玖興譯，北京：商務印書館，2010年，第148頁。按，著重號爲原文所有。

〔註25〕趙樹理：《李有才板話》，《趙樹理全集》第2卷，第302頁。

民」問題。康濯回憶趙樹理曾說「農民也並不是共產主義者」，這從側面證明，趙樹理對於勞動與「農民」關係的理解不能直接歸屬於中國的無產階級問題。在 1949 年 7 月 10 日的全國文代會上，趙樹理說自己「政治水」稍好一點兒，但還需提高，〔註 26〕謙抑之辭背後固然不乏志得意滿的味道，但到底說的也是實情，他很快就被周揚責成寫重大題材了。趙樹理只能通過自己熟悉的「農民」問題來思考中國的社會主義問題，這在政治上是一種不足，但在文學上，卻有著更為強韌的生命力。

由於趙樹理小說文本中的勞動內涵如此具體，故而不僅是「農民」主體性確立的根本，而且只能是「農民」主體性確立的根本。一旦觸及到與「農民」有一定距離的問題，勞動就被轉換成了勞動鍛鍊〔註 27〕。與此同時，「農民」也成為某種本質性的存在，具有不可置疑的意義和價值。

3. 勞動鍛鍊

在武委會主任對陳小元的批評中，已經暗含著小元必須接受勞動鍛鍊，從而重歸「農民」隊伍的意思；而富貴重獲土地進行勞動，其實就是富貴在「革命的第二天」進行勞動鍛鍊，改造自己的思想和德性，重歸「農民」隊伍。這是 1949 年之前趙樹理對勞動鍛鍊和「農民」關係的小說敘述。1949 年之後，他的小說敘述延續這一點，並有深入發展，將勞動鍛鍊視為一部分小說人物獲得或重獲「農民」主體性的必由之路。在《三里灣》中，趙樹理敘述了三對年輕人的愛情故事。其中馬有翼與王玉梅、王玉生與范靈芝之間的愛情敘述，除了隱含著語言與文字之間的複雜關係，還暗示了勞動與「農民」主體性的關係。范靈芝放棄馬有翼而選擇王玉生，馬有翼無奈之下只好選擇王玉梅，都與勞動有關。范靈芝不缺少馬有翼的文化，需要的是王玉生的勞動能力，馬有翼也不少文化，缺少的是王玉梅的勞動能力，合言之即是農村的青年學生范靈芝、馬有翼都需要接受勞動鍛鍊，因此兩人不能結為婚姻。如果說這兩對婚姻與勞動的關係並不那麼直接，趙樹理的敘事意圖在第三對

〔註 26〕趙樹理：《我的水平和宏願——在全國文代會上的發言》，《趙樹理全集》第 3 卷，第 353 頁。

〔註 27〕勞動鍛鍊作為一項有計劃、有預謀的意識形態改造運動，主要是指 1958 年前後針對幹部、知識分子和青年學生與工農群眾結合的問題，強調用無產階級思想塑造這些人群，以培養無產階級自己的幹部、知識分子和青年學生。（參見牛衛中：《論勞動鍛鍊》，西安：陝西人民出版社，1958 年。）趙樹理的《互作鑒定》、《賣煙葉》等小說與此歷史運動有關。

婚姻的敘述上就相當明快了。大年老婆要把小俊說給滿喜，滿喜直言「我又不是收破爛的」，但聯想到小俊已開始下地勞動，總算是「覺悟了」，〔註 28〕竟自動了心。這愛情或者婚姻來得頗為蹊蹺，究其實際，則是敘事者認為勞動鍛鍊使小俊「覺悟了」，重新獲得了「農民」主體性，故而是值得滿喜娶為妻子的。不能不說，趙樹理此時對於勞動鍛鍊及「農民」主體性都是信心滿滿的。

如果在寫作《三里灣》的時候，趙樹理還能在勞動與文化之間敘述花好月圓的故事，1957 年之後，他所感覺到的則是二者之間難以調和的矛盾了。就趙樹理個人而言，這種感覺與他的女兒趙廣建不肯回老家務農有關，也與他瞭解到的一些農村青年學生的狀況有關。趙樹理發現：

> 不幸三十年前農村中對於「出路」那種傳統的錯誤解釋，今天仍然在農村起著一定的作用，最可恨的是它還影響著農村中一部分青年。一個農民家庭出身的中學生，在畢業以後要是仍然回家種地，他的家長和親戚、鄰居，往往又和在三十年前責備我一樣地說：「念了一陣書做了個什麼？」「什麼也幹不了！種地吧！」說這一類舊話的人自然仍受著他們舊思想的支配。……老人們這樣想，情有可原；中學畢了業還這樣想就不太應當了。〔註 29〕

而他自己的女兒趙廣建也是「看不起勞動人民」，接受了「這種與社會主義極不相容的舊觀點……壞遺產」。〔註 30〕在這些情況的觸動下，趙樹理創作了小說《互作鑒定》和《賣煙葉》。《互作鑒定》中的劉正是愛好寫詩的中學生，常常想方設法逃避勞動，強說自己滿身都是「關節炎」，而且比較敏感，認為自己生活在冷酷的黃蜂窩裏，所有人都千方百計跟他作對，因此寫信給縣委書記請求調離光明公社。他的同學陳封看過他不好好勞動卻去寫詩時寫的一首歌頌「英雄的人民」的詩，表示：「這詩我以為還寫得不錯。」〔註 31〕劉正就是這樣一個有文化、詩「還寫得不錯」的農村青年；他在光明公社裏感到的是黑暗，他害怕他詩裏歌頌的「英雄的人民」，希望到城裏工作。《三里灣》當中范靈芝與王玉生之間那種兩情相悅的感覺，在《互作鑒定》中毫無蹤跡。

〔註 28〕趙樹理：《三里灣》，《趙樹理全集》第 4 卷，第 351 頁。
〔註 29〕趙樹理：《「出路」雜談》，《趙樹理全集》第 5 卷，第 13 頁。
〔註 30〕趙樹理：《願你決心做一個勞動者》，《趙樹理全集》第 5 卷，第 46 頁。
〔註 31〕趙樹理：《互作鑒定》，《趙樹理全集》第 6 卷，第 121 頁。

劉正想逃離光明公社，固然主要問題在於他本身「看不起勞動人民」，但光明公社的確有不夠溫暖的一面。王書記來到光明公社召集大家給劉正作鑒定之時，陳封檢討自己刻薄過劉正，但王書記走後，他將王書記對劉正的批評概括爲「自命不凡，坐臥不安，腳不落地，心想上天」，〔註32〕仍然刻薄，並未表現階級友愛與溫情。因此，承認了自己的錯誤的劉正，還是可能幻想乘著「偉大的理想」的翅膀，逃離光明公社的。在這裡，勞動與文化之間的矛盾表現出無法緩解的態勢。那麼，勞動鍛鍊能不能使劉正重獲「農民」主體性，就成爲難有標準答案的問題了。

《賣煙葉》中賈鴻年的情況與劉正是類似的。賈鴻年能寫長篇小說，雖然被認爲不如當時發表在刊物的作品，但無論是語文老師李光華，還是文學愛好者王蘭，都欣賞、佩服他的文學才華。但這個人不僅「看不起勞動人民」，不安心在農村勞動，而且幹起了投機倒把的事情。李光華說：

> 我大體上對他有個瞭解，不過總覺得一個聰明的小夥子，經一經勞動鍛鍊是可以改造好的，沒有想到他很快就發展到投機倒把這條路上來！〔註33〕

這等於是徹底宣佈了勞動鍛鍊對於改造知識青年的無效。趙樹理或許感覺到勞動與文化之間的矛盾已經不可調和，勞動鍛鍊已經無法保證「農民」主體性的延續了。這的確是一個難題，也是當時的社會主義危機之一。列寧 1920年給蘇聯共青團員的意識形態箴言，「只有在勞動中與工人農民打成一片，才能成爲眞正的共產主義者」，〔註34〕1950 年代初就已化爲初生的社會主義中國的上山下鄉運動。然而，開始時的政治激情和浪漫，到趙樹理創作《賣煙葉》的 1964 年，恐怕更多地已經只是社會主義危機的一種症候了。王蘭作爲一個農村勞動者，她與賈鴻年婚戀的失敗，正是這種症候的小說表現。

當然，必須注意的是，在《互作鑒定》和《賣煙葉》中，勞動鍛鍊已經被敘事者徹底僵化爲農村的體力勞動，「農民」也因此成爲某種本質性的存在，不可變異，不可置疑。這可能是作家趙樹理始料未及的，也可能是他內心深處的憂慮潛藏在小說文本中。至少在 1957 年寫的信當中，他是這樣鼓勵

〔註32〕趙樹理：《互作鑒定》，《趙樹理全集》第 6 卷，第 123 頁。
〔註33〕趙樹理：《賣煙葉》，《趙樹理全集》第 6 卷，第 262 頁。
〔註34〕列寧：《青年團的任務》，《列寧文選》第 2 卷，莫斯科：外國文書籍出版局，1947 年，第 863 頁。

女兒的：「只要你在生產中眞有所建樹，你是會感到生產本身就有快樂的。」
〔註35〕他相信勞動鍛鍊能夠生產一個快樂的主體，從而確保知識青年獲得「農民」主體性。而且，在《賣煙葉》中，他也敘述了回鄉勞動的王蘭的快樂。但是，王蘭的快樂敵不過失去婚戀對象的哀愁，更敵不過賈鴻年的「鬼」化。趙樹理從關於勞動鍛鍊的正面敘述開始，漸漸走向反面，不自覺地證明了勞動鍛鍊對於重塑「農民」主體性的無效。農村青年一旦接受了中學教育，無論是劉正，還是賈鴻年，甚至是王蘭，都不由趙樹理遏抑地向知識青年異化了。這不僅證明了勞動鍛鍊的失效，而且證明趙樹理小說文本中的勞動、「農民」等概念面臨失效的危險。

三、曖昧的敘述主體

「農民」作爲說理的主體既具有先天性特徵，又仍然需要經歷他者化過程；勞動確立了「農民」的主體性，卻又無法阻止農村青年向知識青年異化，勞動與「農民」都面臨失效的危險：這些相互矛盾的情形出現在趙樹理小說文本中，當然可以越出小說敘述，從趙樹理身處的歷史語境中尋找原因。但在接通小說文本與歷史語境的關係之前，有必要從趙樹理的小說形式中鈎稽線索。事實上，只有從小說形式中鈎稽出有效的線索，才能在小說文本與歷史語境中構建結實有力的關係。

伊格爾頓認爲「形式通常至少是三種因素的複雜統一體」，即它部分地由文學形式的歷史所形成，是占統治地位的意識形態結構的結晶，體現了一系列作家和讀者之間的特殊關係。從這個意見提供的角度觀察趙樹理小說文本的敘述主體，將會看到一系列曖昧的敘述主體。分而言之：敘事者聲口固然以說書人爲主，但有些文本同時含有說書人與寫書人，甚至是作者；敘事者身份以村民和農村工作者爲主，但有些文本是作者，有些文本敘事者身份模糊；敘事者的認同對象則基本上都是多重的，「農民」，農村幹部，群眾，共產黨，敘事者……幾乎每個文本的認同對象都在三種以上。（詳情見表格 5）趙樹理小說的敘述主體如此複雜，則其中「農民」的主體形象出現內在的矛盾，自然是趙樹理小說的形式本身就足以致之的。當然，問題並不就此結束，通過分析這曖昧的敘述主體來接通小說文本與歷史語境的關係，才是題中之義。

〔註35〕趙樹理：《願你決心做一個勞動者》，《趙樹理全集》第 5 卷，第 47 頁。

1. 聲口問題與預設讀者

趙樹理小說作為「可說性文本」，首先是面對知識分子的具有「可讀性」的小說，然後才是面對「農民」的具有「可說性」的故事。《李有才板話》尤其明顯地證明了這一點。它的敘事者有三種聲口存在，即說書人、寫書人、作者。其中說書人負責說出李有才所作歌子關聯的基本故事，寫書人負責轉換成文字，作者則交代小說的敘事規則。這樣的分類難免有些機械，但目的在於盡可能呈現趙樹理的小說文本在形式上的複雜用心，有效地捕捉趙樹理小說寫作的預設讀者。

表格 5（說書人指 storyteller，寫書人指 writer，作者指 author。）

篇　　目	敘事者聲口	敘事者身份	敘事者的認同對象
小二黑結婚	說書人	村民	二黑、小芹、區長
李有才板話	說書人、寫書人、作者	農村工作者	李有才、老楊等
來來往往	說書人	不明顯	指導員、農會主席
孟祥英翻身	說書人、寫書人	農村工作者	敘事者
地板	說書人	農村工作者	王老三、農會主席、區幹部
李家莊的變遷	說書人	村民	鐵鎖、小常、王安福等
催糧差	說書人	解放區人	敘事者
富貴	說書人	農村工作者	區幹部
劉二和與王繼聖	說書人	村民	聚寶、小胖等
小經理	說書人	村民	共產黨、群眾
邪不壓正	說書人	農村工作者	老拐、聚財、安發、組長等
傳家寶	說書人	農村工作者	小娥的丈夫（區幹部）
田寡婦看瓜	說書人	村民	孩子們
登記	說書人	進城的農民	艾艾、燕燕、區委書記等
求雨	說書人	村民	于長水

篇　目	敘事者聲口	敘事者身份	敘事者的認同對象
三里灣	說書人	農村工作者	王金生、劉書記、王申等
靈泉洞（上部）	說書人、寫書人	舊社會過來人	金虎、銀虎
「鍛鍊鍛鍊」	說書人	農村工作者	楊小四、高秀蘭、王鎮海等
老定額	寫書人、說書人	作者	支書李占奎
套不住的手	寫書人	不明顯	陳秉正
楊老太爺	說書人	農村工作者	村裏人、村長等
張來興	寫書人、說書人	與會代表	含混不清
互作鑒定	寫書人、說書人	農村工作者	王書記
賣煙葉	說書人	作者	王蘭、李光華等

《李有才板話》第一節交代書名的來歷，最後兩段寫道：

> 抗戰以來，閻家山有許多變化，李有才也就跟著這些變化作了些新快板，還因爲作快板遭過難。我想把這些變化談一談，把他在這些變化中作的快板也抄他幾段，給大家看看解個悶，結果就寫成這本小書。

> 作詩的人，叫「詩人」，說作詩的話，叫「詩話」。李有才作出來的歌，不是「詩」，明明叫做「快板」，因此不能算「詩人」，只能算「板人」。這本小書既然是說他作快板的話，所以叫做《李有才板話》。〔註36〕

這兩段話首先總結李有才的快板與閻家山的關係，接著強調「我想把這些變化談一談」，透露出敘事者說書人的聲口，而「結果就寫成了這本小書」「給大家看看」，透露的是敘事者寫書人的聲口，把要「談」的先「寫」出來，即通過「寫」實現「說」。「寫」出來的結果是「這本小書」，而不是「這本小說」，意味著在敘事者看來，《李有才板話》無章可循，難以進行文體上的界定，不能直接定義爲「這本小說」。果然，通過回顧知識分子命名「說作詩的話」爲「詩話」，敘事者以轉向假借的方式繼承了知識分子的命名方式，將「這本小書」命名爲「板話」。在命名的過程中，敘事者同時使用「歌」和「快板」來

〔註36〕趙樹理：《李有才板話》，《趙樹理全集》第 2 卷，第 253 頁。

指代李有才創作的「圪溜嘴」，透露出「既不得不與農民說話，又不得不與知識分子說話」的特點。「歌」主要是在「與農民說話」，「快板」主要是在「與知識分子說話」。而「板人」、「板話」作為對「詩人」、「詩話」的戲仿，意味著嘲諷性地繼承知識分子傳統，似尊重非尊重，似繼承非繼承，表現出「農民」與知識分子之間存有距離的狀態。而敘事者的位置，顯然離「農民」更近一些。而這種交代書名來歷的方式，很難不讓人聯想到魯迅的《阿Q正傳》。可見敘事者戲仿的不僅是傳統的知識分子，也是現代的知識分子。敘事者交代書名來歷，用心如此複雜，難怪梅儀慈認為《李有才板話》是趙樹理從不同角度考察「寫書人」概念和角色的作品。〔註37〕因此，在敘事者的聲口中，還夾雜著作者的聲口。這樣一來，《李有才板話》不僅與口傳文化及其謄寫有著不可否認的關聯，而且與現代書面文化也有血脈聯繫，從而深刻地表明其預設讀者不僅有「農民」，也有知識分子。甚至不妨說，如此別具用心地交代書名來歷，透露出趙樹理試探自己的作品將會在知識分子中（或在文壇上）出現怎樣的接受效果的心思。作為一個剛剛憑藉《小二黑結婚》而引起一定關注的人，趙樹理有此心思，並不奇怪。在緊接下來的《孟祥英翻身》中，他再次表現出類似心思。《孟祥英翻身》序也有「寫成這本小書」的字樣，此外還另起一段：「至於她生產渡荒的英雄事跡，報上登載得很多，我就不詳談了。」〔註38〕這句話的意思其實已經包含在關於材料來源的說明中了，似乎有些多餘。但趙樹理竟然另起一段增加一句看似多餘的話，聯繫起小說結尾虛擬的讀者與作者之間的問答，則不能不懷疑這句話添加得別有幽懷。而這幽懷可能就在於強調自己的「這本小書」不是報紙新聞，不是一般的宣傳材料，乃是小說。這樣一來，《孟祥英翻身》的寫作就不僅是寫書人擬說書人，說故事給「農民」「解個悶」，而是作者控制下的寫書人，曲折地向知識分子說明《孟祥英翻身》的小說性質。因此，從一開始，趙樹理「為農民寫作」的背後就隱藏著寫給非「農民」群體看的意圖。

當然，趙樹理寫給非「農民」群體看的意圖並不是在每一篇小說文本中都能觀察出來。表格5顯示，除了《李有才板話》與《孟祥英翻身》，只有《靈泉洞（上部）》、《老定額》、《張來興》、《互作鑒定》、《賣煙葉》等作品存有明

〔註37〕See Yi-tsi Mei Feuerwerker, *Ideology, power, text: self-representation and the peasant 「other」 in modern Chinese literature*, p128.
〔註38〕趙樹理：《孟祥英翻身》，《趙樹理全集》第2卷，第375頁。

顯的痕跡。如果說,前兩篇作品是趙樹理初次登上文壇的試探心態的表現,後五篇作品則是面臨文壇的意識形態要求與批評的應激反應。其中《賣煙葉》,更具症候性。趙樹理作為一個慣於以說書人聲口進行寫作的作家,在《賣煙葉》的序中交代:

> 我寫的東西,一向雖被列在小說裏,但在我寫的時候卻有個想叫農村讀者當作故事說的意圖,現在既然出現了「說故事」這種文娛活動形式,就應該更向這方面努力了。閒話少說,讓我寫一個買煙葉的故事試試靈不靈。〔註39〕

趙樹理試圖反抗他寫的東西被命名為小說,強調自己希望被「說」的意圖,卻發現自己還必須「試試」能不能寫「說」的故事。這種深刻的矛盾,極其內在地說明,不是農村讀者在「說」趙樹理「寫」的故事,而是知識分子在「看」趙樹理「寫」的故事,趙樹理寫的東西的小說性質是不可磨滅的。但他的反抗大有意義,表明在現代寫作體制下,復活口傳文學,甚至只是激活口傳文化的活力,並非輕而易舉之事。因此,趙樹理創造的敘述主體,雖然主要以說書人的面目示人,但背後隱藏著寫書人、甚至作者形象。而寫書人形象,尤其是作者形象的存在,彰顯的是趙樹理的知識分子身份,拉開的是與「農民」之間的距離。如果說敘事者的聲口中夾雜著寫書人和作者的聲口,那麼,趙樹理小說的敘述主體將在其所敘述的「農民」主體性中滲透進去非「農民」主體甚或反「農民」主體的內容,宜屬理所當然。這樣一來,「農民」主體的他者化形象及勞動鍛鍊對於農村知識青年的無效,也就獲得了第一個說明。

2. 敘事者身份:村民、農村工作者與作者

從文本實際觀察,趙樹理小說的敘事者主要有三種身份,即村民、農村工作者和作者。這三種身份或隱或顯、或主或次地並存於趙樹理的每一篇小說中,構成了小說敘述主體的曖昧性。(詳情見表格 5「敘事者身份」一欄)村民、農村工作者與作者,三種身份各有交集,但也存在矛盾。它們所以並存於小說中的原因,或許能從趙樹理 1949 年 6 月發表的《也算經驗》一文中找到。趙樹理在那篇文章中說:

> 我的材料大部分是拾來的,而且往往是和材料走得碰了頭,想

〔註39〕趙樹理:《賣煙葉》,《趙樹理全集》第 6 卷,第 221 頁。

> 不拾也躲不開。因為我的家庭是在高利貸壓迫之下由中農變為貧農
> 的，我自己又上過幾天學，抗日戰爭開始又作的是地方工作，所以
> 每天盡和我那幾個小冊子中的人物打交道；所參與者也盡在那些事
> 情的一方面。〔註40〕

這說明趙樹理出身農民，兼有知識分子身份，又是農村工作者。這些身份一一對應於敘事者的三種身份，說明趙樹理小說敘述主體的曖昧，不僅是小說敘述問題，而且間接源於趙樹理本身。同時，這種對應關係的存在表明趙樹理作為作者，與其作品的距離較近，並不十分介意小說的虛構性。甚至毋寧說，趙樹理在意的是小說的藝術真實與現實之間的嚴絲合縫。從某種程度上來看，趙樹理的小說的確具有信史的品質。

就「農民」主體性與敘事者身份的關係而言，最重要的是農村工作者，其次是村民，最後是作者。據表格 5 顯示，在趙樹理從《小二黑結婚》開始的 24 篇小說中，敘事者身份以農村工作者為主的小說有 10 篇，以村民為主的有 7 篇，以作者為主的 2 篇，其他不便歸類的總共 5 篇。在前引《也算經驗》一文中，趙樹理說：

> 有些很熱心的青年同事，不瞭解農村中的實際情況，為表面上
> 的工作成績所迷惑，我便寫《李有才板話》；農村習慣上誤以為出租
> 土地也不純是剝削，我便寫《地板》（指耕地，不是房子裏的地板）……
>
> 〔註41〕

以「青年同事」為預設讀者，很好地說明了趙樹理小說的敘事者身份以農村工作者為主，乃是非常自覺的行為。這意味著，趙樹理「為農民寫作」的具體對象乃是為農村工作者寫作。儘管農村工作者也是抱著特殊的使命而為了「農民」的，還是與「農民」本身隔了一層。因此，至少在那些敘事者身份以農村工作者為主的小說中，趙樹理敘述「農民」的主體形象時，很難避免將「農民」客體化，即將「農民」敘述為農村工作者的工作對象。事實上，正是因為這一點，趙樹理小說中的「農民」分類才更多地依賴政治標準，土地多少不僅決定著「農民」的階級身份，而且決定著「農民」的政治覺悟和情感體驗。而一旦土地少甚或租種土地的「農民」認識不了階級革命（或土地改革）的意義，他們就被認為是落後的，缺乏主體性的存在，必須經歷相

〔註40〕趙樹理：《也算經驗》，《趙樹理全集》第 3 卷，第 349 頁。
〔註41〕趙樹理：《也算經驗》，《趙樹理全集》第 3 卷，第 350 頁。

應的他者化過程或勞動鍛鍊，例如《李有才板話》中的陳小元和老秦、《邪不壓正》中的小昌和王聚財、《三里灣》中的范登高和馬多壽、《互作鑒定》中的劉正，等等。

　　與此同時，《李有才板話》對章工作員的塑造，《李家莊的變遷》對王工作員的塑造，其他小說對變壞的農村幹部的塑造，表現出一種農村工作者隊伍內部自我批評的意味。例如在《李有才板話》中，李有才等人固然在批評章工作員，定性的工作還是由老楊同志完成。「老楊同志指出他不會接近群眾，一來了就跟恒元們打熱鬧，群眾有了問題自然不敢說。」〔註42〕老楊同志對農村工作者的批評一針見血，意味著農村工作者雖然會犯路線錯誤，但仍然有高於群眾的判斷能力和判斷權力。作為工作對象，「農民」在農村工作者眼中，不但能夠被認識和分類，而且能夠因勢利導地加以改造。在這個意義上，「農民」被客體化了。當然，趙樹理試圖將被客體化的「農民」重新主體化，或在客體化「農民」的同時，也視「農民」為必須近身瞭解、不能隨意對待的主體。老楊同志被敘述為一個嚴守制度、與農民打成一片、且自身即為雇農出身的農村工作者形象，就隱含著辯證的主客邏輯。只是這個主客邏輯並不總是辯證統一，村民與農村工作者的對立，有時是相當嚴重的。頗有爭議的《「鍛鍊鍛鍊」》且不論，其中小腿疼和吃不飽所暗示的「農民」飢餓問題得到的關注是相當有限的。就以《富貴》而言，村民與農村工作者的對峙就很值得分析。小說開篇就說「富貴這個人，在村裏比狗屎還臭」，但敘事者意在顛覆村民的判斷：

　　　　我們的區幹部初到他村裏，見他很窮，想叫他找一找窮根子，可是一打聽村裏人，都一致說他是個招惹不得的壞傢夥，直到好多的受苦受難的正派人翻身以後，區幹部才慢慢打聽出他的詳細來歷。〔註43〕

富貴在村民的敘述中，肯定難以確立「農民」的主體形象，而「我們的區幹部」則破除了村民的敘述，通過還原富貴喪失「農民」主體性的過程，重塑了富貴的「農民」主體形象。很顯然，對於什麼是「農民」的主體形象，村民和農村工作者是出於對峙的位置。而敘事者稱「我們的區幹部」，即使不能完全將敘事者的身份認同落實為農村工作者，也不能不注意到這個集體型敘

〔註42〕趙樹理：《李有才板話》，《趙樹理全集》第2卷，第298～301頁。
〔註43〕趙樹理：《富貴》，《趙樹理全集》第3卷，第147～148頁。

事者傾向於農村工作者，在價值認同上是與他們一致的。那麼，到底誰敘述
中的富貴是真實的呢？當然，村民和農村工作者的敘述都是真實的，不同的
地方在於眼光。村民主要關心的是富貴的道德倫理問題，而農村工作者主要
關心的是富貴的勞動能力，認爲富貴的道德倫理問題根源於勞動，即被環境
剝奪了勞動的可能。由此可見，村民思想意識中的「農民」主體是由道德倫
理確立的，而農村工作者思想意識中的「農民」主體是由勞動確立的。二者
雖非截然矛盾，但終存對峙之處。敘事者的目的是通過農村工作者對富貴的
重新講述，改變村民的「農民」觀念。因此，「農民」的主體形象必然表現出
他者化的特徵。

　　而一旦敘事者的身份主要顯現爲作者，趙樹理小說文本中「農民」主體
形象問題就由何種意義上的主體進一步轉換爲「農民」形象是否真實的問題。
《老定額》和《賣煙葉》兩篇小說都是趙樹理遭到較多的質疑甚至否定之後
創作的，它們的敘事者身份主要顯現爲作者。《老定額》開篇交代得很清楚：

> 和我接近的同志們常勸我在寫人物的時候少給人物起外號。我
> 自己也覺著外號太多了不好，準備接受同志們的意見，只是這一次
> 還想寫一個有外號的人物，好在只用一個，對其他人物一律遵照同
> 志們的忠告。〔註44〕

提出忠告者的意思是起外號影響人物的真實性，敘事者也表示同意，但仍然
寫一個有外號的人物，無疑是在堅持作者的寫作是具有真實性的。從這樣一
個起點開始，小說《老定額》的敘事者身份便主要是作者了，小說也就成爲
小說作者以小說敘述的方式討論「農民」主體形象的真實性的文本。在這個
意義上，「農民」的主體性問題就變成了一個建構問題，即提出忠告的人是如
何建構「農民」，作者又是如何通過小說建構「農民」。那麼，重要的就不是
「農民」主體形象如何及是否具有主體性，而是提出忠告的人和作者如何建
構出一個「農民」主體性來。此時此刻，敘述主體與「農民」主體完全是兩
碼事。儘管敘述主體仍然可能表現出與「農民」的相關性，甚或親緣性質，
還是必須充分意識到，趙樹理小說的敘事者是一個曖昧的主體。

　　3. 多重價值認同

　　趙樹理小說敘述主體的曖昧特徵不僅見於敘事者聲口及身份，而且見於

〔註44〕趙樹理：《老定額》，《趙樹理全集》第 5 卷，第 353 頁。

價值認同。在分析說理問題時，趙樹理小說已經提供了大量文本細節，證明說理的多重性質。這些細節一旦匯總到小說的敘述主體上，就構成了敘述主體在價值認同上的曖昧特徵。

據表格5「敘事者的認同對象」一欄顯示，幾乎趙樹理的每篇小說都有兩個以上觀點不完全相同的認同對象，而其中出現頻率最高的是具有共產黨員身份或共產黨政府工作人員身份的區長、書記、支書、農會主席等；這些都是中國共產黨的農村工作者。由此可見，趙樹理小說的敘述主體最核心的價值認同是中國共產黨在農村的意識形態主張和政治政策。這種核心價值認同的存在，結晶爲小說形式的意識形態結構，除了表現在敘事者的意圖和策略上，便集中地體現在小說的結構安排上。趙樹理幾乎所有的小說都可析爲「村裏出問題──農村工作者來調查──村幹部和村民積極配合──解決問題──外來的農村工作者發表意識形態訓誡──群眾歡欣鼓舞（出問題的人反省）」，表現出明顯的群眾路線話語主導小說敘事的模式化特徵。因此，中國共產黨的「農民」主體想像，必然嚴重地限制趙樹理小說「農民」主體形象及主體性的建構。《李有才板話》中的「農民」積極投身階級革命，《李家莊的變遷》中的「農民」同時積極參加民族革命和階級革命，《三里灣》中的「農民」全身心投入合作化運動，無不與小說創作前後中國共產黨的「農民」想像若合符契，不能不說，趙樹理在價值認同上，是熱烈擁抱黨的政治政策的。

但是，趙樹理並不是機械地擁抱黨的具體政治政策的作家。表格5「敘事者的認同對象」一欄還充分展現了趙樹理小說的敘事者對各色各類村民形象的認同。從細節上看，這些認同有不少都構成對一些具體政策的認同的挑戰。例如在《邪不壓正》中，老拐、安發、元孩、聚財、軟英、小寶、組長等都是敘事者不同程度上的認同對象。小說的主旨是群眾起來之後，無論是劉錫元，還是小昌，都將無勢可依，「農民說理的世界」必然實現。但從細節上看，聚財在劉錫元得勢的時候，憑著「不太想得罪人」的思想保全了身家性命，在小昌得勢的時候，用的是同樣一套，則意味著群眾起來不一定就邪不壓正，在具體的農村日常生活中，黨的政治政策提供的保護是有限的。雖然小說結局是經過一番整頓，小昌失勢，群眾再次起來，但問題是「再沒有想到怕他們報復」的聚財，既無法如願得回自己原先失去的土地，也未曾有效地進入新的權力機制。那麼，當再次出現權力失衡的狀況時，聚財也許就只能再次奉行「不太想得罪人」的觀念了。小說是以聚財說出的「這眞是個說理的地

方」作爲主旨的，這意味著聚財是小說文本內部對中國共產黨的農村政治實踐進行評價的主體。那麼，在敘事者的價值認同中，應當說聚財的懷疑和肯定都具有相當重的分量。這就意味著，一個熱烈擁抱主流意識形態的敘事者，同時對主流意識形態有著一定距離。而一定的距離是保證敘事者的懷疑和肯定都有效的重要方式。蔣暉在分析李有才的形象時，就強調他與老秦、小順、小元等有土地的農民不同，李有才作爲雇農，有充分的時間和機會成爲閻家山的觀察者，從而才能創作快板，對閻家山的行政進行諷刺，對閻家山的行政改革和土地革命進行組織、宣傳和評價。〔註 45〕李有才作爲敘事者價值認同的對象，其地位之重要，意義之重大，是不可否認的。從細節上看，李有才從旁觀者變成了參與者，他的快板內容也從諷刺變成了歌頌，則不能不認爲，李有才的主體意識發生了重大的變化。既然李有才的主體意識發生了重大變化，就不得不意識到兩個問題：一是李有才本人作爲「農民」，其主體性已他者化了，二是他眼中的閻家山及老槐樹底人的形象，肯定也隨之發生了變化。既然他的眼光改變了老槐樹底人的「農民」形象，那麼，什麼是老槐樹底人「農民」形象的眞實面目呢？這個問題雖然提得頗爲吹毛求疵，但不能否認，《李有才板話》的敘述主體從中獲得了選擇性地構建「農民」主體形象的空間，從而表現出一定程度上的曖昧性質。類似的情況也見於《互作鑒定》中。其中的劉正也可以算是光明公社的觀察者，只是敘事者將其視爲反面的觀察者，借劉正的視角呈現的幻象還原光明公社的眞相。雖然敘事者和劉正在價值認同上剛好相反，但二者同爲光明公社的觀察者，都觀察到了光明公社的病症，只是給出了不同的解釋和藥方。一個穩妥的文本解讀雖然不能借助劉正的視角摧毀敘事者的視角，但理應注意到二者之間微妙的交集。而在這交集之中，敘述主體的曖昧性生成了。以此分析邏輯觀察趙樹理其他的小說文本，無疑將不停地發現，趙樹理並不是一個機械擁抱主流意識形態的作家，其小說的敘述主體有著豐富的曖昧性。因此，趙樹理小說中的「農民」主體形象表現他者化特徵，而「農民」主體性問題也就表現出了建構的特點。

當然，必須強調的是，正如曖昧的敘述主體有一個最核心的價值認同一樣，「農民」主體性的建構特點也無法改變這樣一個事實，即在趙樹理小說中，

〔註 45〕 See Hui Jiang, *From Lu Xun to Zhao Shuli: the politics of recognition in Chinese literary modernity, a genealogy of storytelling*, pp151〜159.

「農民」始終是作爲一個說理的主體存在的。不管是否將自己奉獻給階級革命和民族革命，不管是隸屬於富農、中農還是貧雇農，這個「農民」主體眞正期盼的是一個「農民說理的世界」的實現。只是「農民」在何種意義上成爲了主體，是被命名爲主體，還是自覺爲主體，必須進行嚴肅的分析。有鑒於此，必須同時注意到「農民」作爲說理的主體的有效性和建構性，注意到其中蘊含的複雜的文學政治問題和社會主義歷史問題，才能眞正把握趙樹理筆下「農民」主體的可能。

四、「農民」主體的可能

由於趙樹理小說中「農民」主體性的建構特點，如何理解和解讀其筆下「農民」主體所蘊涵的可能就成爲一個具有非常大的分析性的命題。而且，每一次理解和解讀，都隱藏著自身的意識形態的、文學的訴求以及對未來歷史圖景的想像。早至周揚拈出「農民是主體」這樣一個大命題的時候是如此，晚至「三農文學」的提出以及社會主義危機的分析、勞動烏托邦的建構，也是如此。但是，值得注意的是，幾乎所有的理解和解讀都從宏觀的歷史訴求出發，使用既有的意識形態話語、概念進入趙樹理小說文本，而缺乏直接從其小說形式及細節中提煉問題和概念，並進而形成分析範式的理解和解讀。雖然由外而內的理解和解讀也有極大的意義，但在求得文本的支撐之後，文本內部的問題依然是未嘗解決的。因此，如果在由內而外的文本分析基礎上，提煉出一些基本的問題和概念，形成相應的分析範式，並進而回應既有的關於趙樹理小說中的「農民」主體性的問題，或許可以較好地把握「農民」主體的可能。

如果承認在趙樹理的小說中，「農民」是「說理的世界」的主體這一命題有效，那麼，在由內而外的文本分析基礎上形成的問題、概念和範式就已經建立起來了。這一命題在何種意義上釋放了趙樹理小說的文學政治潛能？如果說明了這一點，或許就把握趙樹理筆下「農民」主體的可能。爲此，首先要做的是回應既有的關於趙樹理小說中的「農民」主體性問題的論述。

1. 革命及反封建

在趙樹理小說的闡釋史中，周揚是第一個提出「農民」主體問題的闡釋者。他的具體意見「因爲是農民是主體，所以在描寫人物，敘述事件的時候，都是以農民直接的感覺，印象和判斷爲基礎的」，只符合一部分文本事實；這

一點只要意識到趙樹理小說的敘述主體是一個曖昧主體，就不難發現。關鍵問題在於，周揚所謂的「農民」是何種意義上的。在《論趙樹理的創作》一文中，他開宗明義地談到：

> 經過八年抗戰，農民已經空前地覺悟和團結起來了。他們認識了他們貧窮的真正原因，他們決心為根本消滅這個原因鬥爭。他們把鬥爭會，清算會很正確地叫作「挖窮根」，這就是說，要把貧窮的根子挖出來，將它斬斷。農民的革命精力正在被充分的發揮，這個力量是沒有什麼東西能夠抗拒的，是無窮無盡的。它正在改變農村的面貌，改變中國的面貌，同時也改變農民自己的面貌。這是現階段中國社會最大的最深刻的變化，一種由舊中國到新中國的變化。

> 這個農村中的偉大的變革過程，要求在藝術作品上取得反映。

> 趙樹理同志的作品就在一定的程度上滿足了這個要求。〔註46〕

不難發現，這段話論涉了兩種「農民」。一種是經過八年抗戰，擁有改變農村面貌，改變中國面貌，也改變自己面貌的「革命精力」的「農民」，因此毫無疑問是當時中國社會革命的主體。另一種是藝術作品對這一革命主體的反映。周揚判斷趙樹理小說「在一定的程度上滿足了」反映革命主體「農民」變革農村的要求，說明周揚不僅注意到了革命現實與藝術再現之間的聯繫，而且注意到了二者之間的區別，即趙樹理小說中的「農民」不止是在藝術再現的層面上區別於革命現實中的「農民」，還在程度上存有區別，趙樹理小說並沒有完全滿足反映農村變革過程的要求。周揚先在地做出了「農民」是革命主體的判斷，無待於趙樹理小說提供的文本事實。更進而言之，周揚只是通過趙樹理小說來證明自己的先在判斷，他完全有可能在他人的小說中同樣發現「農民是主體」。當然，周揚通過趙樹理小說來討論「農民是主體」的問題，並不就是一個偶然的事件，強調他完全有可能在他人的小說中得到同樣的發現，乃是為了說明周揚所謂的「農民是主體」不僅只照亮了趙樹理小說文本提供的一部分事實，而且是一種先入為主之見。考慮到周揚是延安時期中國共產黨的意識形態主張在文藝界的喉舌，還不能不注意到，關於「農民是主體」的判斷，固然是革命事實與經驗的總結，也仍然含有中國共產黨的意識形態主張要求將「農民」呼為主體的因素。一旦這種因素存在，「農民是

〔註46〕周揚：《論趙樹理的創作》，見《論趙樹理的創作》，第 5 頁。

主體」即潛在地意味著「農民」是意識形態的崇高客體〔註47〕，「農民」作為一個實體是會隨著不同時期意識形態的變化或者同一時期對意識形態要求的不同理解而變形的。早在1943年評論《李有才板話》時，李大章就認為趙樹理把新型的青年農民寫成了跑龍套式的人物，是作家馬列主義修養不足的表現。〔註48〕這意味著在李大章看來，趙樹理在馬列主義修養上的欠缺導致《李有才板話》中佔據主體位置的「農民」並非真正具有主體性的「農民」。這種類型的意見進一步發展的結果是當《「鍛鍊鍛鍊」》發表後，有評論者質疑趙樹理寫的「農民」是不是真實地存在於社會主義農村中的「農民」。〔註49〕質疑者表面上討論的是文學的真實性問題，實際上指向的是針對「農民」的一種意識形態需要。周揚的意見與此一脈相承，雖然更為隱蔽，但仍然在其下列論述中嶄露端倪：

> 若有人懷疑，趙樹理豈不只是一個農民作家嗎？他的創作的和思想的水平不是降低到了「農民意識」嗎？回答當然不是。他不但歌頌了農民的積極的前進的方面，而且批判了農民的消極的落後的方面。他寫了好的工作幹部，這在農村中實現無產階級領導的骨幹，沒有這骨幹，農民的翻身是不可能的；同時也批判了壞的工作幹部。這好與壞的一個主要區別的標準，就是能不能和農民打成一片，替他們解決問題。〔註50〕

這是一個與「農民是主體」的判斷存在矛盾的論述。周揚強調趙樹理高於「農民」，沒有降低到「農民意識」，實際上就等於否認了「農民是主體」的判斷。如果「農民是主體」之外尚有一個高於「農民」主體的存在，那麼，「農民」

〔註47〕 這裡借用了齊澤克的說法。齊澤克說：「崇高的客體是不能過度接近的客體：如果我們離它太近，它就會失去其崇高的特徵，並成為一個普通的庸俗的客體——它固守於縫隙之中，居於中庸狀態，只能從某一角度去審視，朦朦朧朧地看它一眼。如果我們想在白晝的光線下察看它，它就會變成一個日常客體，就會自行消解，這是因為它本質上什麼也不是。」（見斯拉沃熱‧齊澤克：《意識形態的崇高客體》，季廣茂譯，北京：中央編譯出版社，2001年，第232頁。）如果不從社會主義革命的角度審視「農民」，「農民」就礙難佔據主體的位置。

〔註48〕 參見李大章：《介紹〈李有才板話〉》，見黃修己編《趙樹理研究資料》，第171頁。

〔註49〕 參見武養：《一篇歪曲現實的小說——〈鍛鍊鍛鍊〉讀後感》，《文藝報》，1959年第7期。

〔註50〕 周揚：《論趙樹理的創作》，見《論趙樹理的創作》，第13頁。

就不是眞正意義上的主體，而是被那個高於「農民」主體的存在呼爲主體的主體，實則意識形態的崇高客體，是不可接近，不可從另外的角度進行審視的。正因爲如此，趙樹理小說中的一些「農民」形象如小腿疼、楊小四等受到質疑，被認爲缺乏眞實性。究其實際，則是因爲這些「農民」形象破除了客體的崇高性質，還原爲日常存在，使意識形態無法呼這些「農民」形象爲主體。周揚眞正看中的應當是趙樹理小說中「寫了好的工作幹部」，他們是「在農村中實現無產階級領導的骨幹」，「沒有這骨幹，農民的翻身是不可能的」。趙樹理小說支持著這種論斷，它的敘事者最主要的認同對象是中國共產黨的農村工作者，最核心的價值認同是中國共產黨在農村的意識形態主張和政治政策。因此，準確地說，周揚在趙樹理小說中發現，農村工作者是主體。但他並不直接道出這一發現，轉而發明「農民是主體」的說法，可謂別有深意。當然，他並未打算隱藏什麼。他強調：「我與其說是在批評什麼，不如說是在擁護什麼。」〔註51〕這其實已明確表示，發明「農民是主體」，乃是立場的需要，是意識形態主張的需要，並非純粹的文學批評。周揚通過趙樹理小說尋找的與其說是一種文學的可能，不如說是一種政治的可能，一種政治在文學上的可能。

　　需要再次強調的是，周揚通過趙樹理小說來討論「農民是主體」的問題，並不就是一個偶然的事件。趙樹理小說的敘事者的主要認同對象是中國共產黨的農村工作者，最核心的價值認同是中國共產黨在農村的意識形態主張和政治政策，這兩點已經提供了重要的文本支撐，構成了周揚所謂「農民是主體」的必然性。而更爲重要的是，這些文本支撐出現在趙樹理小說中，也不是偶然的，而是源於作家趙樹理的自覺控制，趙樹理「爲農民寫作」的更具體、直接的對象乃是農村工作者。因此，周揚提出的「農民是主體」，儘管更多地是一種政治在文學上的可能，是一個政治命題，還是有著本質上的必然性的；而有關「趙樹理方向」、「敘事中國的起點」的論述，其合法性的起點也就在這裡。在一個告別革命的語境裏，黃修己說：「趙樹理所寫的農民，既是推翻封建主義的主力軍，又由於小生產者的地位使他們深受封建思想的影響。」〔註52〕這可以算是周揚命題的一種翻譯，褪去了革命的口號，留下了

〔註51〕周揚：《論趙樹理的創作》，見《論趙樹理的創作》，第17頁。
〔註52〕黃修己：《傳統要發揚 特徵不可失——我們向趙樹理學習什麼？》，見黃修己編《趙樹理研究資料》，第320頁。

反封建的內容。須知中國共產黨領導的革命本來就包含反帝反封建的內容，因此在告別革命的語境裏，關於趙樹理小說的闡釋，並未發生別開生面的變化。

2.「個體就是整體」

相形之下，竹內好的意見源於更爲直接的文本事實，並展現出非常大的區別。竹內好是在解讀《李家莊的變遷》時發現趙樹理文學的新穎特質的。他根據《李家莊的變遷》分出了三種文學類型：一是現代文學，它的「現代的個體正進入崩潰的過程，對人物已不能再作爲普遍的典型來進行描寫」；一是人民文學，它的個體「不是獨立於整體而存在的」，「不是完成的個體」，「最多只不過是一種類型，沒有達到典型的標準」；一是趙樹理文學，它的個體「與整體既不對立，也不是整體中的一個部分，而是以個體就是整體這一形式出現」。〔註53〕竹內好在現代文學、人民文學之外，命名一個趙樹理文學，並認爲現代文學的「現代的個體正進入崩潰的過程」，人民文學的個體「不是完成的個體」，而趙樹理文學的個體就是整體，是完成的，就不僅凸顯了趙樹理筆下的「農民」相對於現代文學的超越性，而且表明了它相對於人民文學的完成性。這樣一來，竹內好既確立趙樹理筆下的「農民」相對於「現代的個體」的超越性，又確立了其主體性，即不但不是「一種類型」，「不是整體中的一個部分」，而且「是以個體就是整體這一形式出現」的典型。

不過，竹內好未曾明言用以論證其所謂「個體就是整體」的鐵鎖的「農民」身份。事實上，鐵鎖是不是「農民」，對於竹內好的論證而言，也不構成意義。竹內好關注的問題，顯然不是「農民」問題，而是面對「現代的個體正進入崩潰的過程」這一現實，如何加以挽救的問題。而且，正如加藤三由紀指出的那樣：「要是對趙樹理和他的文學進行具體的分析，一定會出現很多竹內好的個體即整體的理論所概括不了的地方。」〔註54〕因此，竹內好所謂的「個體就是整體」，不能用來界定趙樹理筆下的「農民」的基本性質，也即不能由此界定趙樹理筆下「農民」的主體性；更進而言之，也不能由此推論趙樹理文學的基本性質和意義。但從相反的邏輯方向來看，則又應當承認，竹內好提出的「個體就是整體」問題部分地說明了趙樹理筆下的「農民」的

〔註53〕竹內好：《新穎的趙樹理文學》，見黃修己編《趙樹理研究資料》，第490頁。
〔註54〕加藤三由紀：《趙樹理研究在日本》，見中國趙樹理研究會編《趙樹理研究文集》下卷「外國學者論趙樹理」，第200頁。

特徵。至少就《李家莊的變遷》中的鐵鎖而言，竹內好提出的命題是有所據的。而個體與整體之關係作為一個問題，始終存在於趙樹理不同時期的小說中，竹內好專就《李家莊的變遷》中呈現出的「個體就是整體」問題立論，也有其深刻、獨到之處。在《小經理》中，當趙樹理以「眾人是聖人」的邏輯敘述三喜成長、承擔經理責任的故事之時，整體是一個絕對大於個體的存在。但三喜並未因此感到困惑不安，則端賴「個體就是整體」的保障。群眾作為表徵整體的一個符碼，本身意味著整體是由成熟的個體構成的，整體與個體之間存在著辯證統一的關係。而一旦「個體就是整體」無法落實到每一個個體身上，個體與整體之間就表現出激烈的衝突。例如在《「鍛鍊鍛鍊」》中，小腿疼面對「群眾就有一半以上的人『嘩』地一下站起來」的局勢，感覺到的就是個體與整體之間無法調和的矛盾，而自己唯有屈從群眾。這意味著整體湮沒並取代了個體，使個體喪失了主體性。因此，「個體就是整體」至少是保證「農民」個體的主體性一種路徑。

如果說在《李家莊的變遷》中，竹內好的發現是可靠的，趙樹理的確通過敘述鐵鎖的成長故事使得類似鐵鎖那樣的「農民」在「個體就是整體」的意義上獲得了主體性，那麼，在其他小說中，趙樹理的敘述提供的多少也可算是反面的例證。《「鍛鍊鍛鍊」》如此，其他小說，尤其是 1949 年以後的小說，莫不如此。在這個意義上，《登記》可以說是艾艾、燕燕等四個青年個體聯合起來反抗整體的故事。她們沒有真正的敵人，但無論是父母的不支持、鄰居的飛短流長、主任的雙重標準，還是登記員的不務實事，都阻撓她們嫁給各自心中的如意郎君。一方是時時努力，處處碰壁的個體，一方是如封似閉，不通情理的整體，雙方構成緊張的對立關係。雖然《登記》以大團圓結尾，但由於對立關係的化解源於一份報紙和一紙法令，則不能不說，整體未必發生了變化，只是屈從於一個更高的存在發佈的法令，表面上出現了變化而已。因此，個體不是整體，個體與整體的緊張關係將依然存在，而且關係模式也許將出現不可預測的變形。如果說艾艾、燕燕等人是得到了救援的個體，《三里灣》中的范登高、《互作鑒定》中的劉正、《賣煙葉》中的賈鴻年則是只能以被否定的方式得到救援的個體。范登高和劉正在心理上意識到整體是作為個體的敵人存在的，但敘事者將其心理意識敘述為政治疾病和心理疾病，試圖通過治療其疾病的方式將個體重新納入整體的版圖。賈鴻年雖未有明確的假想敵，但在王蘭的自我心理解剖中，他由情人變成了對手，被視為

一個整體中發生了病變的個體。賈鴻年的老師李光華最後垂誠於他，希望他從鬼途重返人路，也是以否定個體的方式重塑個體，然後將其納入整體的版圖。這些變形的個體與整體的緊張關係表明，個體在多大程度上是整體，成為「農民」多大程度上是主體或具有主體性的風向標。當然，這一風向標很難說是趙樹理有意為之，更多地可能是其小說的文學政治自律機制發生作用時出現的狀況。從歷史的後見之明來看，趙樹理小說的文學政治自律機制發生作用所確立的檢測「農民」主體性的風向標，意蘊深厚。

更確切地說，《互作鑒定》和《賣煙葉》處理的是農村中試圖擺脫「農民」身份的青年學生與「農民」整體的關係。且以《互作鑒定》為例，劉正不僅不安心勞動，而且認為「農民」出身的縣委書記「土頭土腦」，這意味著「農民」作為一個整體，不僅是他的假想敵，而且是他所瞧不起的整體。趙樹理顯然無法容忍這一點，因此敘述了一個「土頭土腦」的「農民」在劉正所認可的知識文化的層面上徹底打敗劉正的故事。在這裡，「農民」相對於劉正這樣的試圖擺脫「農民」身份的青年學生個體，成為一個絕對的整體，不能被指謫，更不能被嘲諷（為「土頭土腦」）。但是，劉正作為個體與「農民」整體恰好又格格不入。於是，敘事者別無他法，只好一面敘述劉正自我檢討，一面又敘述劉正的自我檢討不夠深刻，不夠發自內心。這引人推測的是，如果敘事者敘述劉正發自內心地懺悔，重新融入了「農民」整體，就是一種藝術的不真實。因此，劉正作詩歌頌英雄的勞動人民，就是一種違心的阿諛。齊澤克在分析專制制度下發生的「阿諛的英雄主義」時指出：「阿諛使我們斷然放棄了我們的『人格』；遺留下來的只是主體的空洞形式──作為這種空洞形式的主體。」〔註55〕劉正作為一個以「農民」整體為假想敵的個體，其歌頌整體的行為自然有阿諛之嫌，其自身因而成為「主體的空洞形式」的主體，等待著在與「農民」整體關係的重塑中獲得真正的主體性。但是，趙樹理似乎很難敘述「農民」整體對於類似劉正這樣的青年學生個體的救援能力。因此，趙樹理筆下的「農民」遭遇到了主體危機，而且他施救乏術。

3. 說理與社會主義

在趙樹理筆下的「說理的世界」中，「農民」作為說理的主體，與革命及反封建、「個體就是整體」既有聯繫，又有區別。當「農民」所說之理為革命

〔註55〕斯拉沃熱‧齊澤克：《意識形態的崇高客體》，第289頁。

及反封建之理時，「農民」就是革命及反封建的主體；當「農民」個體的成長意味著集體的成長之時，「農民」個體就是「農民」整體。但「農民」作爲說理的主體，具有先天的特點，並不一定要與革命及反封建發生關係。這也就是說，無論階級革命是否發生，「農民」都是說理的主體。而「農民」所以與階級革命發生關聯，從「農民」的角度來看，乃是希圖通過階級革命恢復或重建「說理的世界」；革命不革命並不重要，重要的是「說理的世界」是否存在。正是因爲這一點，《李家莊的變遷》中的「農民」最後參軍打仗，才沒有遠大的革命目標，而僅僅爲了守護李家莊現有的局面。從這個意義上說，「農民」參加革命本身就是保守的行爲，並非由於受到某種意識形態所構建的烏托邦想像的刺激，突然發生了變化。廢名《莫須有先生坐飛機以後》敘述中國農人不需要讀書人的現代文明，讀書人想以現代文明來征服他們適足以招致自我毀滅，〔註 56〕大旨近此。同樣地，當「農民」作爲一個先天的說理的主體存在時，就無所謂個體的成長，更無所謂集體的成長，因此「個體就是整體」與否，對於「農民」的主體性而言，也不具有根本意義。在「說理的世界」中，「農民」作爲個體，各個個體之間可以相安無事，個體與集體之間同樣可以相安無事。在《李家莊的變遷》中，如果鐵鎖沒有感覺到反抗的必要，且認爲李如珍、李春喜、李小喜等人能遵循說理的慣例，就不會自覺進行一個主體成長的過程。即使在說理的場合中受到了一定的欺辱，鐵鎖在太原遇到小喜時，也仍然因爲對方說話「很自己」而感動。另外，正如丸山升認爲的那樣，李有才是一個天生樂觀、且將樂觀背後的消極面縮小到不發生問題的程度的農民，〔註 57〕因此也就不發生個體因挫折而成長、變化之類的過程。但是，李有才是一個說理的主體，這一點並無疑義。由此可見，相對而言，重要的不是「個體就是整體」，而是「說理的世界」是否存在以及「農民」在其中是否佔據主體位置。

當然，釐清「農民」作爲說理的主體與革命及反封建、「個體就是整體」的關係，並非爲了消解「農民」作爲革命主體及「農民」個體就是整體的意義。相反，釐清關係的目的是爲了更好地彰顯「農民」作爲說理的主體的特

〔註 56〕 廢名：《莫須有先生坐飛機以後》，《莫須有先生傳》，桂林：廣西師範大學出版社，2003 年，第 130 頁。

〔註 57〕 參見加藤三由紀：《趙樹理研究在日本》，見中國趙樹理研究會編《趙樹理研究文集》下卷「外國學者論趙樹理」，第 204 頁。

性，並說明這一主體在與多種話語發生關聯之時，其本質上的保守特性。如果忽視作為革命主體的「農民」乃是從屬於說理主體的「農民」的一個範疇，就必然認為「農民」在革命中居於主導地位，而非同盟者地位，甚至更進一步地將中國共產黨領導的階級革命視為「農民」革命。無論就中國現代歷史的事實而言，還是就趙樹理小說提供的文本事實而言，「農民」顯然都處於屬從的位置，並不決定革命的性質。在中國現代史中，決定革命性質的是中國共產黨，而在趙樹理小說中，決定革命性質的是類似於老楊同志、小常那樣的農村工作者。趙樹理在小說中雖然並不總是標識這些農村工作者的共產黨員身份，但其意指是很清楚的。在《小經理》、《三里灣》和《靈泉洞（上部）》等小說中，「共產黨」作為意識形態符碼，甚至被明確地植入在文本中，確立小說內部的意識形態坐標。因此，在趙樹理筆下的「說理的世界」中，「農民」與革命、說理的關係是很清楚的。周揚視「農民」為革命主體，雖不能論為偶然，但終究是將「農民」喚為革命的主體，是毛澤東的革命話語在文藝批評領域的繁殖。「農民」本質上乃是說理的主體。在這個意義上來觀察「農民」與社會主義的關係，就會注意到，社會主義要在本質上與「農民」發生關聯，就必須重視「農民」乃是說理的主體這一問題的核心。在《三里灣》中，敘事者展開資本主義和社會主義兩條道路之爭的敘述時，一旦遇到說理不清的地方，就採取行政命令和權謀的方式完成敘事，充分證明了「農民」與社會主義之間尚有不小的距離。范登高抗拒入社，金生等人責以黨員大義，馬多壽抗拒入社，金生等人以拆散家庭、分割土地、徒留罵名相脅迫，都意味著在說理的層面上，金生等人主導的社會主義實踐無法說服「農民」，無法向「農民」證明社會主義將重塑一個更加美好的「說理的世界」。《楊老太爺》更深刻地說明了這一點。楊大用無法理解兒子在新的社會秩序之中的位置，試圖將兒子重新安置在自己理解的家庭關係中。兒子認為父親太落後了，但說服不了父親。村長也無能為力，最後只好通過欺騙的手段，籠絡住楊大用，讓他兒子好趁機逃出父親的牢籠。社會主義實踐未能在說理的層面上說服楊大用，卻讓楊大用擔上了落後的罵名。趙樹理的敘事意圖當然是要說明范登高、馬多壽、楊大用等人不說理，但小說文本本身提供了更為豐富的內容，即社會主義實踐固然試圖在說理的層面上有所作為，卻有心無力，不能真正做到以理服人。

　　由社會主義實踐無力在說理的層面上有所作為，說服「農民」，進而論證

社會主義本身不是合乎「農民」需要的，或不是說理的，毫無疑問過於急促。
實際上，「農民」的翻身作主，趙樹理在《李有才板話》、《李家莊的變遷》等
小說中已經敘述過，確實有賴於以社會主義爲遠景的階級革命。在事關「說
理的世界」重建的問題上，社會主義引導下的階級革命說出了切合「農民」
需要的「理」。這就意味著，社會主義並非不合於「農民」需要，或不說理，
只是在實踐過程中面臨嚴峻的挑戰，遭遇了深刻的危機，需要在說理的層面
眞正有所作爲，才能再次得到作爲說理的主體的「農民」扈從。「農民」作爲
說理的主體的保守性質，決定了「農民」與社會主義之間不可能是一而二、
二而一的關係。就文學政治的意義而言，這是趙樹理小說最深刻的地方之一。
它絕不盲從社會主義提供的烏托邦遠景以及「革命不是請客吃飯」的意識形
態律令，而是以「說理的世界」爲限，衡量一切。

　　但是，文學政治發生作用的結果，對於一個作家來說，往往是充滿困擾
的。趙樹理即在文學政治的自律之下，一邊體會政治的脈搏，一邊陷入小說
寫作的窘境。

第五章　趙樹理小說寫作的困境

一、眞實與社會主義政治

二、「世界」的消失

　　趙樹理小說創作的內在困境是多重的，在寫什麼、怎麼寫、爲誰寫三個層面上都存在難以擺脫的矛盾。而其中關鍵則在於趙樹理自我身份的設定。在他最早的創作談中，趙樹理說：「我既是個農民出身而又上過學校的人，自然是既不得不與農民說話，又不得不與知識分子說話。」〔註1〕雖然中國現代作家有不少來自農村或出身農民，但大多採取代農民說話的立場，而不是「與農民說話」，趙樹理有意偏離這一立場，選擇並置地看待農民和知識分子，使自身的角色陷於比較模糊的狀態。不過，就趙樹理此番言論之前的職業來看，其角色倒也並不模糊。他曾經是薄一波領導下的犧盟會的成員，後來在黨的領導下接連任《黃河》副刊《山地》的編輯、《新大眾》的編輯、《中國人》的編輯以及新華書店的編輯等，始終是黨內負責具體宣傳工作的人員，直到寫出《小二黑結婚》之後，才成爲專業作家。而所謂專業作家，對於當時的趙樹理來說，也主要是以另一種方式從事宣傳工作。因此，趙樹理本來就不僅僅是農民和知識分子，更重要的身份是黨的宣傳工作者和文藝工作者。但他的認識能力和理論水平，從一開始就與黨的方針、政策有一定距離，這便構成他小說創作的第一重困境，即體會政治脈搏與其寫作之間的緊張關係。

　　趙樹理小說創作的第二重困境是作者的政治與小說的文學政治之間的緊張關係。趙樹理的創作意圖是寫出符合不同時期政治政策需要、被各個方面認可的小說，但得到的結果是，他的小說成爲他體會不清政治脈搏的證據，遭遇到來自各個層面的批判。而在更爲內在的意義上，趙樹理小說發展出一

〔註 1〕趙樹理：《也算經驗》，《趙樹理全集》第 3 卷，第 350 頁。

種違背作者本意的反敘述,這與趙樹理在小說中思考小說寫作的作品,共同構成趙樹理小說的文學政治最能表徵創作主體的危機的內容。

本章同樣關心趙樹理小說的形式與社會主義政治的關係,關心的焦點集中在作者對形式的選擇與體會政治脈搏的關係,並由此展示趙樹理小說的文學性力量。

一、眞實與社會主義政治

《十里店》是趙樹理晚年生死之作,作者五易其稿,「自以爲重新體會到政治脈搏,接觸到了重要主題」〔註2〕,實際上卻被論定爲反映著趙樹理黑心的黑戲〔註3〕。可以肯定的是,體會政治脈搏是趙樹理一生創作的根本問題,反映在小說上,即是小說的主題、內容、思想、文體如何準確地傳達政治需要,並同時仍然是一種具有文學性的小說。這構成了趙樹理小說創作的根本動力與困境,也構成其小說形式的文學價值與局限。

1. 體會政治脈搏

趙樹理的小說幾乎都是命題作文,與具體的政治政策或農村工作需要密切相關。(詳情見表格6)針對這一點,有的研究者認爲趙樹理小說「來自於對政策敘事的被動摹仿」〔註4〕,更有人將趙樹理小說視爲「政策小說」,細緻地尋繹趙樹理的小說文本與相關時期政治文本的同構性,建立一種機械的關聯,〔註5〕這種思路在洞悉趙樹理及其小說與政治的密切關聯的同時,顯然有意遮蔽了作者及其作品必有的獨立性。

表格 6(參考資料:1.趙樹理《回憶歷史 認識自己》;2.黃修己《趙樹理年譜》。)

篇　目	政治政策或農村工作需要
小二黑結婚	1942 年 1 月 5 日《晉冀魯豫邊區婚姻暫行條例》頒行

〔註2〕趙樹理:《回憶歷史 認識自己》,《趙樹理全集》第 6 卷,第 473～474 頁。

〔註3〕金文聲:《從黑戲〈十里店〉看趙樹理的黑心》,《山西日報》1966 年 8 月 18 日。

〔註4〕李揚:《抗爭宿命之路──「社會主義現實主義」(1942～1976)研究》,長春:時代文藝出版社,1993 年,第 89 頁。

〔註5〕王長軍、王文卓:《〈李有才板話〉是一部政策小說──兼談政策小說的創作問題》,《天中學刊》,2002 年第 6 期。

篇　目	政治政策或農村工作需要
李有才板話	1942 年 5 月晉冀魯豫減租減息運動
孟祥英翻身	生產渡荒
地板	減租減息
李家莊的變遷	1945 年 9 月上黨戰役；上級號召揭發閻錫山的黑暗統治。
催糧差	幫助農村工作的新同志認識舊衙門的狗腿子
富貴	幫助農村工作者認識破產農民
石頭底	1947 年 10 月頒佈《中國土地法大綱》
邪不壓正	土地改革
登記	1950 年 5 月 1 日《中華人民共和國婚姻法》頒行
三里灣	1952 年 11 月成立農村工作部，逐步推行農業合作化。
靈泉洞（上部）	大躍進
續李有才板話	大躍進
「鍛鍊鍛鍊」	批評中農幹部中的和事佬
套不住的手	浮誇風
互作鑒定	三大差別
賣煙葉	三大差別
戶	人民公社

　　而且，需要從一開始就仔細分辨的是，趙樹理具有政治性的創作意見，並不完全是在表達對一時政治政策的附和。據 1949 年 9 月 30 日《人民日報》登載的榮安《人民作家趙樹理》記錄，趙樹理當時曾表示：「在十五年以前我就發下洪誓大願，要為百分之九十的群眾寫點東西，那時大多數文藝界朋友雖然已傾向革命，但所寫的東西還不能跳出學生和知識分子的圈子，當然就談不到滿足廣大勞動群眾的需要。……直到一九四二年延安文藝座談會上毛主席發表了文藝工作新方針之後，在黨的培養和幫助之下，我的這一志願才得到暢順的發展。」〔註6〕這通常是用來論證趙樹理與延安文藝政策的親緣關係的重要言論之一，但正是在此處，趙樹理的用意也並不單純是表達對政治政策的衷心擁抱。從他對自己往昔志願的珍惜及對「大多數文藝界朋友」的

〔註 6〕轉引自趙樹理：《和榮安的談話》，《趙樹理全集》第 3 卷，第 357 頁。

不滿來看，趙樹理更加想表達的是自己寫作主張的先知先覺和合法性。而且，鑒於在文壇由周揚、郭沫若、茅盾領銜，轟轟烈烈推行「趙樹理方向」之後不久，趙樹理的作品《邪不壓正》就被黨報《人民日報》判定爲「善於表現落後的一面，不善於表現前進的一面，在作者所集中要表現的一個問題上，沒有結合整個歷史的動向來寫出合理的解決過程」〔註7〕，重視趙樹理與一時一地的政治政策之間的裂隙是必要的。趙樹理所謂「黨的培養和幫助」，恰恰是體會政治脈搏，縮短自身創作與政治的距離。

但 1949 年以後，隨著政治形勢變化，趙樹理與具體政治政策的距離卻越來越遠。編《說說唱唱》時發表《金鎖》〔註8〕，談武訓〔註9〕，都被認爲立場錯誤，一再做檢討〔註10〕，身在文聯卻認爲文聯的作用只是「開會出席、通電列名」，〔註11〕不僅理解不了意識形態制度化的意義，而且深感「脫離實際，脫離群眾」，無法寫出作品〔註12〕。因此，趙樹理 1951 年 2 月 22 日發表在《文匯報》上關於「趕任務」的言論，固然是一種經驗之談，但恐怕更多的是自我說服，尋找體會政治脈搏的可能。趙樹理說：「如果本身生活與政治不脫離，就不會說臨時任務妨礙了創作，因爲人民長遠的利益以及當前最重要的工作才是第一位的，只是帶著應差拉夫的心情去『趕』，而是把它當作中心任務去幹，很嚴肅的，鄭重其事的，看作長期性的任務去完成。」〔註13〕抱著這種思想，趙樹理重新回到農村，在山西省平順縣川底村住下來瞭解農業合作化運動，決心寫小說「反映辦社過程中集體主義思想與資本主義思想的鬥爭」〔註14〕，這就是 1953 年冬開始寫作的《三里灣》。但他並未由此獲得自我救贖，反而發現：「我所生活過來的勞動人民大海，到了革命政權之下，時時刻刻起著變化，變化得使我的生活本領不適用起來。」〔註15〕於是，在提倡「百花齊放，百家爭鳴」的 1956 年，趙樹理終於直抒胸臆：「我感到創

〔註7〕 竹可羽：《評〈邪不壓正〉和〈傳家寶〉》，《人民日報》，1950 年 1 月 15 日。

〔註8〕 趙樹理：《對〈金鎖〉問題的再檢討》，《趙樹理全集》第 4 卷，第 31～34 頁。

〔註9〕 趙樹理：《對發表〈「武訓」問題介紹〉的檢討》，《趙樹理全集》第 4 卷，第 110～111 頁。

〔註10〕 趙樹理：《我與〈說說唱唱〉》，《趙樹理全集》第 4 卷，第 112～114 頁。

〔註11〕 趙樹理：《我的宗派主義》，《趙樹理全集》第 4 卷，第 492～493 頁。

〔註12〕 趙樹理：《決心到群眾中去》，《趙樹理全集》第 4 卷，第 119 頁。

〔註13〕 趙樹理：《談「趕任務」》，《趙樹理全集》第 4 卷，第 77 頁。

〔註14〕 趙樹理：《一九五三年文學工作計劃》，《趙樹理全集》第 4 卷，第 126 頁。

〔註15〕 趙樹理：《我在創作中的一點體會》，《趙樹理全集》第 4 卷，第 372 頁。

作上常有些套子束縛著作家，如有人對我的《傳家寶》提意見，說我沒給李成娘指出一條出路。也有人批評我在《三里灣》裏沒寫地主的搗亂，好像凡是寫農村的作品，都非寫地主搗亂不可。」〔註16〕看起來，從努力體會政治的脈搏到堅持作家的自主，趙樹理邁出了重要的一步。但與其說趙樹理邁步了，不如說他與政治（尤其是中國共產黨具體的農村政治）之間有著無法化約的距離，他直抒胸臆不過是被「引蛇出洞」，自己劃出界線罷了。

　　不過，趙樹理並沒有因此拒斥政治，反而是更深入地探索政治性寫作的可能。順著談「趕任務」的思路，趙樹理 1956 年覺得：「一個業餘寫作者，即使在實際工作中是被領導者，也不能等到工作過程中再去領會領導者的精神，而是要學會全面看問題，連貫地看問題，有時候可以幫助領導者作決定，有時候可以比一般同志們提前領會領導者的精神。……實際工作對寫作是大有幫助的。」〔註17〕他親自踐行自己的言論，除了 1958 年 12 月到 1959 年 3 月擔任山西陽城縣委書記處書記，還積極參加各項農村工作，甚至在 1959 年再次遇到「趕任務」的問題時說：「假如我們下到那個公社，因為我們和群眾一道做了工作，找著了增產關鍵，糧食多打了幾萬斤，我覺得這不是件小事；雖然這時沒有寫出精神食糧，生產出來物質食糧也不錯。」〔註18〕以類似犬儒主義的方式，趙樹理找到了與政治脈搏共振的一種可能。在這種可能裏，還蘊含著更為值得分析的信息，就是趙樹理試圖將寫作視為生產，而且是與物質生產存在可兌換關係的一種生產。通過這樣的途徑，趙樹理逼近了寫作本身就是政治、而且是生產性的而非消費性的政治這一嶄新的命題。當然，趙樹理並未充分自覺到自己已逼近一個嶄新的命題，即使是 1964 年他談「助業作家」的時候也尚未有足夠的自覺。所謂「助業作家」，是趙樹理創造出來指代那些「寫作是為了服從本行本業的直接需要的」，「而不是有了空餘時間來為一般社會讀者寫作品的」作家。趙樹理認為他們不用擔心政治標準與藝術標準衝突、作品與現實需要的偏差、作品的讀者及時效等問題，〔註19〕幾乎能夠規避一切體會政治脈搏的難題。由此可見，趙樹理無意保留寫作與政

〔註16〕趙樹理：《不要有套子——在中國作家協會創作委員會小說組「百花齊放、百家爭鳴」座談會上的發言》，《趙樹理全集》第 4 卷，第 473 頁。

〔註17〕趙樹理：《和青年作者談創作——在全國青年文學創作者會議上的發言》，《趙樹理全集》第 4 卷，第 459 頁。

〔註18〕趙樹理：《當前創作中的幾個問題》，《趙樹理全集》第 5 卷，第 301 頁。

〔註19〕趙樹理：《談「助業作家」》，《趙樹理全集》第 6 卷，第 271～276 頁。

治之間的距離，相反，他的理想是寫作充分政治化以後，能夠完整地消融在具體的政治政策之中，像水消失在水中一樣。這一理想雖然不免讓有些人望而卻步，但其中仍然有可貴的、可分析的地方。趙樹理說：「助業作家經常是要直接發動群眾來完成上級賦予的任務的，對上級、對群眾都要經常直接見面，因此在理解大政方針和深入群眾方面，要比我們這些在其他業務上不直接負責、只是『在上邊聽聽、到下邊走走』的人認眞得多。」〔註20〕「直接」和「認眞」是趙樹理衡量「助業作家」的關鍵指數，因此，與其說他在討論寫作與具體的政治政策之關係，不如說他在思考文學如何反映眞實的可能性問題。一旦問題從寫作與主流意識形態的關係轉換爲文學如何反映眞實，趙樹理思考「助業作家」的政治性和文學性才得以眞正呈露。也只有這樣，才能理解此後趙樹理放棄小說而以戲劇體會政治脈搏。《十里店》五易其稿，蘊含著趙樹理文學反映黨的農村政治和現實的農村生活的雙重眞實的卓絕努力。雖然就劇本創作本身而言，趙樹理已經敗下陣來，轉而寫劇本《焦裕祿》，但不能不說，趙樹理試圖通過創作實踐來探尋文學的文學性和政治性的底線。也正是在這個意義上，有的學者認爲趙樹理晚期的三篇小說《張來興》、《互作鑒定》、《賣煙葉》的中心問題是「寫作」自身〔註21〕，才是有效的。不過，在這些問題上，趙樹理始終不是自覺的，雖然不自覺的狀態並不完全妨礙其文學的基本品格和意義。但因爲趙樹理表面上總是自覺地勾連文學與政治政策的關係，強調趙樹理的自覺與其文學之間的區別，是必要的，也是彰顯趙樹理文學意義的一種路徑。

所謂文學反映眞實，對趙樹理來說，至少意味著兩個方面的內容，其一是趙樹理在農村工作和生活中接觸到的瑣碎現實所構成的眞實經驗，其二是他同時接觸到政治政策所敘述和要求的眞實。前者是他據以形成小說敘述的經驗基礎和創作動因，後者是他自覺溶入的敘述結構和意識形態圖景。二者互爲補充，共同構成趙樹理體會政治脈搏的活力和張力。他曾自稱爲「通天徹地而又無固定崗位」的幹部，「這種幹部在那時候宜於充當向上反映情況的角色——易於瞭解下情，又可以無保留地向上反映」。〔註22〕這種狀態大致也

〔註20〕趙樹理：《談「助業作家」》，《趙樹理全集》第6卷，第272頁。
〔註21〕張頤武：《趙樹理與「寫作」——讀解趙樹理的最後三篇小說》，見中國趙樹理研究會編《趙樹理研究文集》上卷「近二十年趙樹理研究選粹」，北京：中國文聯出版公司，1996年，第258～275頁。
〔註22〕趙樹理：《回憶歷史　認識自己》，《趙樹理全集》第6卷，第472頁。

適合用來描述趙樹理小說的意義，即小說寫作的立場和對象並不穩定（無固定崗位），但針對具體的問題能同時敘述自我經驗與政治政策之間的交叉和衝突，小說以此獲得一定的文學性和政治性。但是，由於小說寫作的立場和對象並不穩定，趙樹理面臨無法自適的困境。當具體的政治政策要求與自我經驗之間產生激烈衝突時，他就會感到「有些套子束縛著作家」，物質生產或許比精神生產更有意義。而且，由於他表面上總是自覺勾連文學與政治政策的關係，矛盾激化之後，難免感覺自己被時代潮流拋棄，最終放棄寫作。被貼大字報之後，趙樹理「每天除了聽一聽學毛選的青年們的報告，便讀了一本《歐陽海之歌》，這些新人新書給我的啟發是我已經瞭解不了新人，再沒有從事寫作的資格了」〔註23〕。也許他內心深處還存有某種懷疑，但無論怎麼說，他當時都只有期待重新洗牌了。

2. 形式的症候

在趙樹理的小說中，留下了大量文學如何反映真實的痕跡，它們構成了極其複雜的形式的症候群。就類型而言，可以簡單地分為突破蘇聯模式和大團圓結尾等。

蘇聯模式，本是政治經濟學上的一個專有名詞，〔註24〕但廣泛地覆蓋著1949 年前後中國的各個角落；此處主要指代趙樹理對一部分寫作事實的批評。1962 年 8 月 11 日，在大連「農村題材短篇小說創作座談會」上，趙樹理髮言說：

> 我對共產主義思想的寫法有些想法。
>
> 《小二黑結婚》沒有提到一個黨員，蘇聯寫作品總是外面來一個人，然後有共產主義思想，好像是外面灌的。我是不想套的。農村自己不產生共產主義思想，這是肯定的。農村的人物如果落實點，給他加上共產主義思想，總覺得不合適。什麼『光榮是黨給我的』這種話，我是不寫的。這明明是假話，就沖淡了。
>
> 我們生活在這個時代，怎麼給時代以影響。有些作品是民主革命，還沒到社會主義革命。寫生產，也還是由集體主義的鼓舞。《套

〔註23〕趙樹理：《回憶歷史　認識自己》，《趙樹理全集》第 6 卷，第 482～483 頁。

〔註24〕Johann Arnason 將蘇聯模式視為現代性的一種模式，討論其起源、影響及失敗。見 Johann Arnason, *The future that failed: Origins and destinies of the Soviet model*, London: Routledge, 1993.

不住的手》這個老頭要寫社會主義的鼓舞，或寫或講，總覺得不自然。是不是有點自然主義？現在我們寫領導人物總不免外加些。《三里灣》的支書，也很少寫他共產主義的理論。有些農村人物是符合共產主義的。農民是同盟軍，是因為有一部分相同的，我就寫同盟這部分，至於其他，就需要外面加進去。一個隊真正有一個人去搞社會主義，就很了不起了。所以，我的作品有時反映不充分，腳步慢一些。自己沒看透，就想慢一點寫。〔註25〕

趙樹理所謂「蘇聯寫作品總是外面來一個人，然後有共產主義思想，好像是外面灌的」，與其說批評的是蘇聯作品，不如說批評的是中國作家。外來者帶來共產主義，可以說是1940年代以來寫農村革命的基本寫法，因此構成了一種寫作模式，即「蘇聯模式」。〔註26〕當然，蘇聯文學對中國的影響遠不止此，王蒙的回憶很直觀地說明了這一點。〔註27〕在1960年代，趙樹理的意見也談不上新鮮，其時中蘇交惡，批蘇批修早已蔓延至文壇，並蔚為風氣。不過，趙樹理有獨特之處，他強調自己的寫作一直在拒絕蘇聯模式。這就意味著，他的言論源於自覺，出於自信，而發於批蘇批修的政治氣候中。那麼，與其強調趙樹理表面上的應時，不如分析其內地裏的自我堅守。由於政治氣候變

〔註25〕 趙樹理：《在大連「農村題材短篇小說創作座談會」上的發言》，《趙樹理全集》第6卷，第83～84頁。

〔註26〕 蘇聯模式對中國文學更深刻的影響表現在文學體制上，斯炎偉簡略地分析了蘇聯模式進入中國文學體制的來龍去脈。參見斯炎偉：《論「蘇聯」因素──當代文學早期的外來影響》，《文藝爭鳴》，2007年第4期。另外，田金全簡要地介紹社會主義現實主義在中國的研究和衍變狀況，亦可參閱。見陳建華主編：《中國俄蘇文學研究史論》第2卷，重慶：重慶出版社，2007年，第91～123頁。

〔註27〕 王蒙說：「我們這一代中國作家中的許多人，特別是我自己，從不諱言蘇聯文學的影響。是愛倫堡的《談談作家的工作》在50年代初期誘引我走上寫作之途。是安東諾夫的《第一個職務》與納吉賓的《冬天的橡樹》照耀著我的短篇小說創作。是法捷耶夫的《青年近衛軍》幫助我去挖掘新生活帶來的新的精神世界之美。在張潔、蔣子龍、李國文、從維熙、茹志鵑、張賢亮、杜鵬程、王汶石直到鐵凝和張承志的作品中，都不難看到蘇聯文學的影響。張賢亮的《肖爾布拉克》、張承志的《黑駿馬》以及蔣子龍的某些小說都曾被人具體地指認出蘇聯的某部對應的文學作品；這裡，與其說是作者一定受到了某部作品的直接啟發，不如說是整個蘇聯文學的思路與情調、氛圍的強大影響力在我們的身上屢屢開花結果。」見王蒙：《蘇聯文學的光明夢》，《讀書》，1993年第7期。李萌寫了一篇糾彈文章《也談「蘇聯文學的光明夢」》，見《讀書》1995年第9期，可以參考。

化之前，文壇的正是「外面來一個人，然後有共產主義思想」的寫法，形成嚴重的模式化態勢。相形之下，他從寫作《小二黑結婚》開始就有所堅持地反對這種模式，便顯得彌足珍貴，嶄露出他文學政治的文學考慮和本土立場。〔註 28〕

趙樹理的堅守，應當說是其文學反映眞實的必然表現，因爲很明顯，眞假是趙樹理衡量蘇聯模式是否可行的基本標準。他並非從理論或意識形態需要的意義上質疑蘇聯作品的寫法，而是從是否符合一定歷史條件下農村的實際面貌出發，判斷寫法是否可行，並斷定：「這明明是假話，就沖淡了。」所謂「沖淡了」，首先自然是功利主義式的文學的社會效果要求，其次則透露出趙樹理對於作品的文學性的要求。在他看來，「假」是破壞文學性的，因此有意「腳步慢一些」，「慢一點寫」。這意味著《小二黑結婚》「除了到上級去解決，趙樹理沒有想到其它的辦法」，不是缺點，而恰恰是反映眞實的優長。小二黑、小芹固然難有共產主義思想甚至婚姻自由思想，其它村民更難有選舉的覺悟，因此問題的暫時性解決，只能是制度性的（區政府以婚姻法爲據實施干預），而非思想性（二諸葛、三仙姑等村民認識得更清楚的顯然是權力，而不是自我思想上的不足）的。趙樹理的敘述偏重制度和權力，而非思想和意識形態，眞實地再現了當時農村的思想狀況及意識形態運作的情形。

但是，正如解放區政府並非安於現狀的政權一樣，趙樹理再現「世界」的目的不在於描寫現狀，而在於「指導現實的意義」〔註 29〕。當然，這和毛澤東的文藝主張，或者說整個左翼的文藝主張並無實質區別。毛澤東在「講話」中說：「革命的文藝，應當根據實際生活創造出各種各樣的人物來，幫助群眾推動歷史的前進。」〔註 30〕趙樹理與大多數解放區作家一樣遵循這一主張進行文學創作，因此表現出一種內在的歸屬性。但有意思的是，毛澤東所注重的馬克思主義普遍原理與中國現實相結合，也在趙樹理的小說創作中有著深刻的表現，這說明趙樹理非同一般地歸屬於毛澤東的思想體系，共同表

〔註 28〕據洪子誠的研究，趙樹理在大連「農村題材短篇小說創作座談會」上的發言，針對的是社會主義現實主義典型論。參見洪子誠：《「大連會議」材料的注釋》，《海南師範大學學報（社會科學版）》，2011 年第 4 期。也許可以參照侯金鏡的意見，趙樹理及其支持者的發言具體指向的是毛澤東提出的「革命的現實主義和革命的浪漫主義相結合」的文藝主張。
〔註 29〕趙樹理：《也算經驗》，《趙樹理全集》第 3 卷，第 350 頁。
〔註 30〕毛澤東：《在延安文藝座談會上的講話》，《毛澤東選集》第 3 卷，北京：人民出版社，1991 年，第 861 頁。

現出強烈的本土化特徵。趙樹理在思想上拒絕蘇聯模式，在創作實踐中突破蘇聯模式，使其文學反映雙重眞實（農村工作、生活的眞實與政治政策敘述、要求的眞實），成爲現代中國最具本土意義的文學之一。不過，正如趙樹理強調《三里灣》的寫法「並不能和大多數作家的寫法截然分開」一樣，他認爲自己「究竟還不是農業生產者而是知識分子」，「在文藝方面所學習和繼承的也還有非中國民間傳統而屬於世界進步文學影響的一面，而且使能夠成爲職業寫作者的條件主要還得自這一面」，〔註31〕趙樹理並非在自身與蘇聯模式毫無瓜葛的情形下突破蘇聯模式的。相反，由於其作品中也普遍出現外來者進村解決問題的結構方式，他不過是比其他作家更好地將蘇聯模式本土化了。但這「更好」是很重要的，意味著突破和本土意義。具體地說，趙樹理不僅不輕易地在小說敘述的字句中動用共產主義、社會主義等意識形態資源，而且有意避免敘述外來者掌控一切的局面。《小二黑結婚》將一切交給「上級去解決」，《李有才板話》就強調章工作員的無能以及老楊同志需要當地群眾的自覺和配合，《李家莊的變遷》更將鐵鎖敘述爲一個主動尋求意識形態資源支持的農民，從而將共產主義的人物化身小常置於背景的位置上。其後，在《邪不壓正》、《登記》和《三里灣》中，外來者被趙樹理設置在更爲簡略的背景中，在敘述中只佔了極少的篇幅。而在晚期作品《「鍛鍊鍛鍊」》中，趙樹理不僅完全放逐了外來者，甚至將第一書記也送出村，完全從蘇聯模式中脫身而去了。當然，脫身而去的結果對於趙樹理個人來說並不好，《邪不壓正》、《三里灣》、《「鍛鍊鍛鍊」》等都被文壇批判，《十里店》則給他帶來肉體和政治生命的厄運〔註32〕。

與蘇聯模式有著密切關聯的是大團圓結尾。表面上看起來，大團圓是中國民間文藝獨有的結尾方式，趙樹理也是如此理解的。在 1958 年 9 月《人民文學》召集的曲藝座談會上，他發言說：「有人說中國人不懂悲劇，我說中國人也許是不懂悲劇，可是外國人也不懂團圓。假如團圓是中國的規律的話，爲什麼外國人不來懂懂團圓？我們應該懂得悲劇，他們也應該懂得團圓。」〔註33〕趙樹理的意見透露出對不同的文化之間存在權力關係的不滿，

〔註31〕趙樹理：《〈三里灣〉寫作前後》，《趙樹理全集》第 4 卷，第 378 頁。

〔註32〕「文革」初期趙樹理被批的重要原因之一就是劇本《十里店》。趙樹理自稱劇本創作「生於《萬象樓》，死於《十里店》」。參見董大中：《趙樹理評傳》，天津：百花文藝出版社，1986 年，第 336 頁。

〔註33〕趙樹理：《從曲藝中吸取養料》，《趙樹理全集》第 5 卷，第 267 頁。

這是本土立場的一種表現。但他沒有意識到，堅持大團圓結尾與毛澤東解釋的「社會主義的現實主義」之間的關係。大團圓結尾所以得到官方的認可，乃是因爲「社會主義的現實主義」學範的蘇聯文學也往往都取用皆大歡喜的結尾。於是，文藝的本土資源被順理成章地砌入了主流意識形態要求的文藝體系中去了。因此，趙樹理堅持大團圓結尾，不僅是對傳統形式的堅守，更是對「社會主義的現實主義」的堅守，表現出強烈的政治性；而他的創作突破大團圓結尾，無疑具有更深意味的文學性和政治性，值得嚴肅分析。蔣暉曾通過《李有才板話》的分析得出趙樹理的團圓與革命話語之間的區隔，認爲趙樹理最後以板人做大團圓總結的潛話語是：「一切有關革命的敘事都最後要由『板人』做總結，因爲他們能眞正代表人民看待事物的眼光。」〔註34〕這層潛話語的確反映了趙樹理小說結尾的特殊用心，並在那些突破大團圓結尾的小說中更鮮明的表現出來。趙樹理最早突破大團圓的小說是《孟祥英翻身》，其結尾如下：

> 有人問：直到現在，孟祥英的丈夫和婆婆還跟孟祥英不對勁，究竟是爲什麼？怕她腳大了走路太穩當嗎？怕她做活太多了他們沒有做的嗎？怕她把地刨虛了嗎？怕她把蝗蟲打斷了種嗎？怕她把樹葉採光了嗎？……
>
> 答：這些還沒有見他母子們宣佈。
>
> 有人問：你對牛差差和孟祥英的婆婆、丈夫，都寫得好像有點不恭敬，難道不許人家以後再轉變嗎？
>
> 答：孟祥英今年二十三歲，以後每年開勞動英雄會都要續寫一回，誰變好誰變壞，你怕明年續寫不上去嗎？〔註35〕

在這個開放式的結尾裏，作者擬想了讀者的多重問題，不僅涉及孟祥英的命運和家庭，還涉及其他人物與新社會的關係，指向一個沒有得到滿足的期待視野，即大團圓。董麗敏認爲這樣的結尾源於小說文本本身的罅隙，即趙樹理並不打算寫生產渡荒的故事卻又借助生產勞動敘述孟祥英翻身，「當『生產勞動』的意義溢出其自身的範疇，在戰爭威脅、男性從軍、婦女生產、政治動員、穩定鄉村等種種因素疊加而成的複雜交合體的意義上被理解的時候」，

〔註34〕蔣暉：《〈李有才板話〉的政治美學》，《文藝理論與批評》，2006 年第 6 期。
〔註35〕趙樹理：《孟祥英翻身》，《趙樹理全集》第 2 卷，第 390 頁。

就只能機智地選擇開放式的結尾了。〔註36〕這意味著趙樹理的小說敘述本身內在地違背其創作初衷，構成一種反敘述，從而出現別具一格的張力。就《孟祥英翻身》這個文本而言，反敘述的出現源於趙樹理試圖從政治與現實的結構關係中尋求文學的真實。在小說開頭，趙樹理解釋的很清楚：「至於她生產渡荒的英雄事跡，報上登載得很多，我就不詳談了。」〔註37〕報紙能夠報導的，不一定能進入小說，報紙已經報導的，小說「就不詳談了」，趙樹理的文類意識明顯地偏向什麼是小說的考慮。這裡不妨引證他 1958 年 3 月 23 日在北京市職工業餘文學知識講習班上提出的意見。他強調「報導和小說不同」，「對於一個先進生產者，事後去訪問訪問，只能寫成報導」，「如果只根據訪問所得，把一個先進生產者創造出來的事跡寫成小說，是有困難的」，必須「觀察、分析、研究人，熟悉和掌握他的性格」，才能寫成小說，「對人的情感上起點作用」。〔註38〕趙樹理談的顯然不是抽象理論，而是自身的寫作經驗。他的文學關切點在人，不在事，一旦發現了人，便以事從人了。當他從關於孟祥英的材料中發現「一個人從不英雄怎樣變成英雄」的故事，找到了人，便決定不詳談生產渡荒的英雄事跡。「不詳談」並非不談，只是談了，也要將事跡從屬於人。

如果《孟祥英翻身》還預留著對於大團圓的期待，趙樹理反敘述的進一步發展便是將大團圓的故事潛在地改寫成反團圓或反高潮的故事。這一點在《賣煙葉》中表現最為深徹。在這篇趙樹理自視為平生最壞的作品中，趙樹理本意是「寫一個投機青年的卑污行為」〔註39〕，寫了男主人公投機的思想動因、家庭背景、行為和最後的落網，結局是好人勝利，壞人被懲罰，李老師教育賈鴻年如何才能重新做人，算是皆大歡喜，團圓了。但這只是主線，小說的副線是女主人公王蘭愛情的發生與失落。王蘭愛上賈鴻年是因為兩人都愛好文學，雖然性格不同，兩人常有摩擦，但摩擦越多，兩人關係越深，王蘭還不時為賈鴻年辯護。後來，王蘭因事休學，回農村務農，賈鴻年沒考上大學，也回到農村，但堅持文學創作，寫了一本二十來萬字的長篇小說稿，兩人之間隔閡加深，王蘭不滿賈鴻年始終堅持文學夢想，意識到自己為了私

〔註36〕董麗敏：《「勞動」：婦女解放及其限度——以趙樹理小說為個案的考察》，《中國現代文學研究叢刊》，2010 年第 3 期。
〔註37〕趙樹理：《孟祥英翻身》，《趙樹理全集》第 2 卷，第 375 頁。
〔註38〕趙樹理：《和工人習作者談寫作》，《趙樹理全集》第 5 卷，第 86～87 頁。
〔註39〕趙樹理：《回憶歷史 認識自己》，《趙樹理全集》第 6 卷，第 473 頁。

人感情放棄政治原則，決心通過檢閱自己的日記來反省自己被賈鴻年改變的過程，最終決心與他斷絕關係。爲了政治原則，王蘭失去了自己的愛情。敘事者敘述這一副線的時候，逐漸撕開賈鴻年思想的眞實面目，不是貧下中農出身，所以自私自利，投機取巧，成了煙葉販子，而且用情不專，「只要得到個聰明、美麗的姑娘就夠了，叫不叫『王蘭』都沒有關係」〔註40〕。顯然，敘事者有意將王蘭的選擇敘述爲自我思想的昇華及戀愛對象的墮落，是正確合理的選擇。但政治原則與私人感情之間依然勢同水火，王蘭的愛情無處安放。如果暫時撇棄投機這一政治政策的問題來看，王、賈愛情失落的根本原因是各自社會身份變化之後，無法再建立有效的情感關聯。王蘭以過來人的體會對好朋友周天霞說：「我勸你千萬不要在學生時期解決婚姻問題。一個人的進步是眞是假，參加了社會生活才容易看得更準確。」〔註41〕以談論意識形態要求的方式，王蘭規避了自己與賈鴻年在社會生活中因角色不同而造成的巨大隔閡，爲愛情的失落找到了理由。表面上王蘭自我超越了，字裏行間，其實未嘗沒有一些怨念。再考慮到賈鴻年用情不專，試圖移情別戀周天霞，不能不說，《賣煙葉》的副線中潛藏一個始亂終棄的愛情故事。因此，故事本身以反敘述的方式將一個反團圓或反高潮的結尾附著在趙樹理控制的大團圓結尾內部了。

3. 反敘述

通觀趙樹理《小二黑結婚》以後的全部小說，可以說，反敘述〔註42〕是

〔註40〕趙樹理：《賣煙葉》，《趙樹理全集》第 6 卷，第 255 頁。

〔註41〕趙樹理：《賣煙葉》，《趙樹理全集》第 6 卷，第 249～250 頁。

〔註42〕申丹認爲：「『敘述』一詞與『敘述者』緊密相連，宜指話語層次上的敘述技巧，而『敘事』一詞則更適合涵蓋故事結構和話語技巧這兩個層面。」（申丹：《敘事、文體與潛文本》，第 1 頁腳註 1，北京：北京大學出版社，2009 年。另外，關於「敘事」和「敘述」的分別，還可參考申丹與趙毅衡談辯的《也談「敘事」還是「敘述」》一文，見《外國文學評論》2009 年第 3 期。）涉及與反敘述相關的小說內容，趙樹理常不自覺寫出，故這些內容主要與敘述者緊密相連，構成話語層次上的敘述技巧，難以與作者的故事結構意識直接關聯，故「反敘述」比「反敘事」能更準確地概括趙樹理再現「世界」的一類特點。另外，採用「反敘述」，也可以避免與「反敘事學」、「反敘事」兩個概念發生混淆。反敘事學指的是希利斯·米勒《解構敘事》一書體現出來的反對（解構）結構主義敘事學的批評觀念。（申丹：《結構與解構：評 J·希利斯·米勒的「反敘事學」》，見《歐美文學論叢》，北京：人民文學出版社，2004 年，第 241～271 頁。）而「反敘事」在中國學者龍迪勇的使用中，則指「拆

其再現「世界」最爲內在的困境；而因爲反敘述一般都是在趙樹理不自覺的情況下附著在其小說敘述中，分析它便能很好地理解趙樹理體會政治脈搏、反映眞實的用心及由於這一用心而構成的趙樹理小說的文學性和政治性。

正如反敘述突破了大團圓結尾一樣，它也在其他一些方面衝擊趙樹理建立的敘事版圖。首先，反敘述破壞了趙樹理的創作初衷。趙樹理解釋《三里灣》，「因爲當時有些地方正在收縮農業社，但我覺得社還是應該擴大，於是又寫了這篇小說」，〔註43〕於是千方百計將抗拒農業社的范登高、袁天成、馬多壽送入農業社，完成三里灣的農業合作化運動。關於馬多壽入社的敘述，便附著了反敘述。范登高作爲一名黨員，以自願入社的政策來抗拒合作化，袁天成也是黨員，因懼內而不入社，可以說是政治覺悟和性格問題。這裡面隱藏著二律背反的內容，即黨員都不願入社更證明擴社缺乏根據，但這樣的推理隱含著更深的誤會，以重視的方式無視黨員作爲黨員的特殊性。爲避免進入這種邏輯上的陷阱和漏洞，不討論范、袁問題無疑是明智的選擇。馬多壽的情況不同，他只是普通農民，從自身利益出發抗拒入社。王金生等人說服不了他，便讓本來負有在馬家做思想工作使命的陳菊英鬧分家。馬多壽無奈之下，只好同意分家。馬氏大家庭被拆開一角之後，王金生又寫信給馬多壽在部隊工作的兒子，邀其獻地入社。而小兒子馬有翼爲了得到和王玉梅結婚的機會，也選擇了分家，於是馬家分崩離析，馬多壽覺得堅持以家庭爲單位的勞動已經無望，只好同意入社。入社給馬多壽帶來的唯一安慰是去掉了「糊塗塗」這個外號。從整個過程來看，馬多壽顯然是被逼入社，因此根本無法證明「社還是應該擴大」，反而證明應該「收縮農業社」。當二兒子馬有福回信同意自己那份土地入社，魏占奎把土地證也領到手之後，決定送光榮旗給馬家，並動員馬多壽參加擴社開渠會議，常有理說：「不要他們的旗！送來了給他們撕了！」馬多壽說：「算了算了！那樣一來，土地也沒有了，光榮

解歷史，重塑過去」的「一種特殊形式的敘事」。(龍迪勇：《反敘事：重塑過去與消解歷史——敘事學研究之二》，《江西社會科學》，2001 年第 2 期。)龍迪勇以圖尼埃《禮拜五——太平洋上的靈薄獄》與笛福《魯濱孫歷險記》的關係及盧梭的《懺悔錄》與其生平事實的關係來說明什麼是「反敘事」，意味著「反敘事」主要指向作者的自覺寫作行爲。本書既無意於介入敘事學本身的是非，也主要關注趙樹理不自覺的敘述行爲，故採用「反敘述」一詞指代討論的具體對象。

〔註43〕趙樹理：《當前創作中的幾個問題》，《趙樹理全集》第 5 卷，第 303 頁。

也沒有了！」又說：「要光榮就更光榮些！入社！」〔註44〕馬多壽內心深處是
想撕旗的，但無法挽回失去的土地，萬般無奈，只好選擇接受「光榮」、「更
光榮些」。於是，在這樣的話語中，一種深刻的反敘述出現了。敘述的表面通
往擴社的光榮和勝利，內在地卻是證明擴社不過是一時政治政策的需要，缺
乏意識形態必要的說服力。而且，如果聯繫起毛澤東1944年曾經表達過關於
等待群眾自覺的意見，就會發現趙樹理敘述馬多壽入社不僅取徑蹊蹺，而且
過於急躁。毛澤東說：

> 有許多時候，群眾在客觀上雖然有了某種改革的需要，但在他
> 們的主觀上還沒有這種覺悟，群眾還沒有決心，還不願實行改革，
> 我們就要耐心地等待；直到經過我們的工作，群眾的多數有了覺悟，
> 有了決心，自願實行改革，才去實行這種改革，否則就會脫離群眾。
> 凡是需要群眾參加的工作，如果沒有群眾的自覺和自願，就會流於
> 徒有形式而失敗。「欲速則不達」，這不是說不要速，而是說不要犯
> 盲動主義，盲動主義是必然失敗的。在一切工作中都是如此；在改
> 造群眾思想的文化教育工作中尤其是如此。〔註45〕

在觀念的表述層面，趙樹理也強調「群眾的自覺和自願」，徵用農村俗語「泡
一泡，就好了」說明農民與政治政策需要的關係。但在小說敘述上，趙樹理
卻背道而馳，似乎唯恐只剩下等待。這一點在《「鍛鍊鍛鍊」》中表現的尤為
明顯，「小腿疼」和「吃不飽」認低服小，完全是陷入了楊小四的圈套而已。
〔註46〕由此可見，反敘述不僅破壞趙樹理的創作初衷，而且破壞趙樹理作為
作家的意識形態圖景和政治政策需要的意識形態圖景，深刻地展示出了趙樹
理自身並未覺察到的政治性。這是反敘述值得分析的第二個層面。

　　在第三個層面，反敘述構成敘事學意義上的顛覆性敘述。在特殊的政治
政策背景下，趙樹理主動以一種新的敘述方式替換另一種自己習慣的敘述方
式，從而使反敘述附著在新的敘述方式之中，造成敘事學意義上的顛覆性敘
述。趙樹理1960年寫作的《套不住的手》不僅去除了地方（地形、人家、風
俗）的介紹和評書式的起承轉合文字，而且沒有前後連貫的情節和故事，只

〔註44〕趙樹理：《三里灣》，《趙樹理全集》第4卷，第342頁。

〔註45〕毛澤東：《文化工作中的統一戰線》，《毛澤東選集》第3卷，第1012～1013
頁。

〔註46〕賀桂梅對此有較為詳細的討論，可參考。見賀桂梅：《轉折的時代——40～50
年代作家研究》，第319～325頁。

是三個片斷性場景的拼接，表現出明顯的空間性。對於弗蘭克來說，現代小說的美學形式就是「空間形式」，〔註47〕《套不住的手》在此表現出與現代小說的親緣關係。當然，這不是什麼了不得的問題，趙樹理的小說本來就是中國的現代小說。關鍵性的問題在於《套不住的手》去除趙樹理習慣的敘述方式的同時隱含著反敘述，即趙樹理突然意識到自己既有的敘述方式不可靠了。這一點將通過對《套不住的手》的手稿的分析，得到準確而清晰的呈現。以下是該小說第一自然段前 1／3 強的手稿：

白雲崗公社大磨嶺大隊有個教練組，~~組長叫陳秉正。~~

~~大磨嶺是白雲崗山區一個山頭。山的正頂露在土外邊的是直徑二十來步長的整塊崖石，（在高處望去）圓圓地像一盤磨面的大磨；崖石以外便是圍繞著這崖石一環比一環大、一環比一環低的環形梯田；在五六級以下，東邊和南邊有山洪沖成的壑子把環形隔斷，形成各自成採的梯田；壑子越往下越寬，形成兩條河溝。山下，東南、東北和西北三面有三個莊子，一共有一百五六十戶人家，總的莊名都叫「大磨嶺」，西北莊姓郝的多，叫「郝家」；東北莊姓王的多，叫「王家」；東南莊姓陳的多，叫「陳家」。在公社化以前，這三個莊共是一個高級社；公社化以後，他們算一個大隊，叫「大磨嶺」大隊。~~

~~這個大隊有個教練組，~~是高級社時期就成立了的，任務是教初參加農業生產的人們學技術。當（一九五六年）高級化的那一會~~（1956年）~~，有些素不參加農業生產的婦女和青年學生（被動員參加了農業生產），做的活很不（合）規格，主任陳滿紅提議組成一個教練組，選兩個做活質量最高的老農民當教師，選一部分產量不高、做不好也不太可惜的地作為教練場，來訓練~~初參加生產~~這些人。〔註48〕

手稿表明，引文中以雙刪除線標識的文字，是趙樹理親自刪除的。這些被刪的文字，正是趙樹理最慣常使用的進入小說故事的導引性敘述，普遍地見於他的大部分小說。趙樹理將這種導引性敘述寫出來之後又刪除，意味著他已

〔註47〕 約瑟夫・弗蘭克：《現代小說中的空間形式》，見約瑟夫・弗蘭克等著、秦林芳編譯《現代小說中的空間形式》，北京：北京大學出版社，1991年，第1～49頁。

〔註48〕 趙樹理：《〈套不住的手〉原稿手跡》，《趙樹理全集》第5卷，第419頁。

經不信任這一敘述方式，試圖將人物從具體的文化地理環境中抽象出來。當然，就實際情況而言，趙樹理從寫作《「鍛鍊鍛鍊」》開始就不再詳細地勾勒故事發生的具體的文化地理環境，《套不住的手》只是表現得更爲明確和徹底而已。顯然，趙樹理在以自己的方式試探如何再現「世界」的界限。「眞實」是不是源於具體的文化地理環境和風土人情？「眞實」是不是必須展示連貫的時間線索和情節？農村讀者是不是只能接受一種「眞實」？周揚一眼發現《李有才板話》文化地理描寫的階級性，這種階級性是不是足夠「眞實」？這些問題或許未能進入趙樹理關於寫作的具體思考中，但至少能從他的寫作實踐中引發出來。而且，當趙樹理刪除《套不住的手》當中那些稔熟的敘述方式時，必然知道這是一種自我克服或超越的行爲。雖然由此便斷定趙樹理此前的寫作不可靠，沒有什麼道理，但趙樹理自己顯然是覺得有必然性和必要性的。他似乎想通過揚棄一些瑣屑細節的描寫，輕裝上陣，更直接地反映眞實。〔註 49〕就《套不住的手》來說，應該承認，趙樹理更直接地反映了眞實，在文學性方面也取得了一定成就。它既未脫離農村生活，又曲折地傳達了作者對大躍進的態度，同時還創新了小說的敘述方式。

不過，趙樹理對此似乎始終缺乏足夠自覺，後來反而遵從後出的「說故事」活動，寫作了《賣煙葉》。當然，這或許說明了他對一個他覺得更重要的問題的一以貫之的關懷，即藝術與農村如何發生關係。於是，儘管反敘述附著在趙樹理創新小說敘述方式的努力之中，還是未能全面改換趙樹理作爲一個農民作家的形象。當農村隨著教育的逐漸普及而發生改變時，對於趙樹理而言，再現「世界」便成爲一個不可能完成的任務了。從這個意義上看來，變動不居的現代中國在接納了趙樹理的敘述之後又反對趙樹理的敘述了。

二、「世界」的消失

1949 年以後，在趙樹理的小說中，「世界」一詞僅見於《登記》和《三里灣》，前者兩次，後者一次，在字面上消失了。但這一消失並非語文學問題，1949 年之後漢語詞彙的大更換，「世界」並未消失，反而普遍地活動在各種各

〔註 49〕當然，大部分論者可能都不同意這種觀察，而樂於徵引孫犁的意見，認爲趙樹理過多羅列生活細節，有時近於賣弄生活知識，遂使整個故事鋪攤瑣碎，有刻而不深的感覺。趙樹理對形式的確越來越執著，但似乎並不全都過多羅列生活細節，似乎也有打散故事重新講述甚至放棄故事的意圖。

樣的話語系統中，仍然是一個基本詞彙。而且，趙樹理自己在別的文體中也還在繼續使用「世界」。因此，「世界」一詞在字面上從趙樹理小說中消失，值得認眞考慮。

事實上，「世界」的消失乃是趙樹理小說創作的困境在小說文本表層的症候性反映，極爲內在地說明了趙樹理小說的文學政治與作者的政治之間的距離，展示了文學性的力量。

1. 在變遷中敘述「世界」

就本書的考察範圍來講，「世界」一詞最早在《李有才板話》中出現了 1 次。在那裡，「世界」出現，是因爲老楊同志引導村民想像推倒閻恆元統治後的閻家山。這意味著，從最開始，「世界」一詞的啓用便源於趙樹理對農村社會秩序變遷的思考。其後，在《孟祥英翻身》中，「世界」再次出現，是孟祥英的婆婆抱怨婆媳關係、家庭倫理和婦女角色的變化，這再次確認了「世界」與秩序變遷的關係。而全面確認「世界」與秩序變遷關係的是《李家莊的變遷》，「世界」一詞出現 27 次；同樣地，敘述較長時段的社會變遷的《邪不壓正》，「世界」一詞出現了 5 次。就變遷的性質而言，《李有才板話》、《孟祥英翻身》、《李家莊的變遷》、《邪不壓正》所敘述的都是革命性的變遷，都是一個階級取代另一個階級、一種倫理取代另一種倫理的徹底的改變。因此，可以肯定的是，在變遷中敘述「世界」是趙樹理啓用「世界」一詞的根本動因。

而且，「世界」複雜的含義意味著趙樹理試圖以小說敘述尋找革命性的變遷中「世界」重建的原理性原因和路徑。但在這種宏大的企圖上，他表現出無法駕馭一切的思維上的薄弱之處。在《李家莊的變遷》中，對於「咱的世界」裏殺不殺小毛這種狗腿子，趙樹理猶豫不決，缺乏有效的敘述，最終不了了之。在《傳家寶》中，對於如何設定李成娘在新的社會秩序中的角色，參不參加勞動，幫不幫扶家庭，思想能不能轉變，趙樹理也無所適從，留下引起評價者爭論的空白點。這意味著趙樹理對於意識形態敘述的時間軸線，或者缺乏眞正的理解，或者並不認同，從而未能敘述如《太陽照在桑乾河上》和《暴風驟雨》那樣清晰、準確的意識形態圖景。這一點通過簡單比較《李家莊的變遷》與《太陽照在桑乾河上》、《暴風驟雨》的結尾，就可得到有效的說明：

> 村裏一大群人，鑼鼓喧天把他們這一小群人送到三里以外。臨
> 別的時候，各人對自己的親屬朋友都有送的話。王安福向他的子侄

們說:「務必把那些壞蛋們打回去,不要叫人家來了剮了我這個乾老漢!」二妞向小胖孩說:「胖孩!老子英雄兒好漢,不要丟了你爹的人!見了那些壞東西們多扔幾顆手榴彈!」巧巧向白狗說:「要是見了小喜,一定替我多多戳他幾刺刀!」白狗說:「那忘不了,看見我腿上的傷疤,就想起他來了!」(《李家莊的變遷》)〔註50〕

　　半路上老董去區上了,他們仍然繼續前進,他們也同那些開赴前線的民伕一樣,覺得是多麼的自信和充實呵!當他們快到縣城要過河的時候,一輪明月已在他們後邊升起,他們回首望著那月亮,和望著那月亮下邊的村莊,那是他們住過廿多天的暖水屯,他們這時在做什麼呢?在歡慶著中秋、歡慶著翻身的佳節吧!路旁的柳絲輕輕地在天空上掃著。他們便又趕赴路程,他們跣足下水,涉過桑乾河去,而對河的村莊,不,不只是村莊,縣城南關的農民也同樣敲起鑼鼓來了。歡騰的人聲便夾在這鑼鼓聲中響起。呵!什麼地方都是一樣的呵!什麼地方都是在這一月來中換了一個天地!世界由老百姓來管,那還有什麼不能克服的困難呢。

　　他們晚上到了縣上,彙報了工作,第二天當太陽剛剛出來照在桑乾河上時,他們便又出發了,他們到八區一個新兵營去,幫助幾天工作。(《太陽照在桑乾河上》)〔註51〕

　　喇叭奏著「將軍令」,軍號吹著得勝號。參軍的人都上車了,小學生唱著「沒有共產黨就沒有新中國」。在鼓樂聲和歌唱聲裏,車子開動了。老孫頭「喔喔、駕駕」地吆喝著牲口,十二匹膘肥腿壯的大馬,放開步子往前奔跑了。到了車子看去好像一些烏黑的小點子,在地平線上往西蠕動的時候,送行的人才往回走。蕭隊長和李大個子並肩走上屯子的電道,兩人小聲談著屯裏往後的工作。蕭隊長說道:

　　「回頭吆喝張景瑞、白大嫂子、趙大嫂子,和劉桂蘭上農會裏來,咱們合計合計往後怎麼辦?咱們要開始整黨和建黨,建立支部,工作隊就得取消了,日後屯子裏的工作都靠支部來堅持開展。」走進農會院子裏,蕭隊長又添一句說:

〔註50〕趙樹理:《李家莊的變遷》,《趙樹理全集》第3卷,第129～130頁。
〔註51〕丁玲:《太陽照在桑乾河上》,香港:新中國書局,1949年,第355～356頁。

「還有，老花的問題，咱們回頭也研究一下。」

　　下晚，老孫頭趁著月亮，趕著空車，打縣上回來的時候，捎回郭全海一個口信：叫劉桂蘭不要惦記，安心工作。還說：小馬駒子斷奶以後，不要忘了送給老田頭。（《暴風驟雨》）〔註52〕

王安福、二妞、巧巧、白狗憶念的都是過去的仇恨和恥辱，這意味著《李家莊的變遷》的故事時間來到了終點，不僅團圓了，而且封閉了。事實上，即使是在這個贅加的結尾前面，村長大談李家莊的變遷史，也是總結過去，說明現狀來之不易且蘊含多大的成績，完全是在談眼前多麼美好，絲毫沒有展望未來。因此，在贅加的結尾之前，故事時間就已經劃上休止符。鐵鎖他們參軍不是為了革命的未來，而是為了李家莊的現在。趙樹理敘述道，在歡送參戰人員的大會上，大家差不多都說「現在的李家莊是拿血肉換來的，不能再被別人糟蹋了」，「我們縱不為死人報仇，也要替活人保命」。〔註53〕這種珍惜眼前、維持現狀的想法，進一步說明李家莊人希望時間休止，停留在歡天喜地的一刻。當然，趙樹理本人也許有讓時間繼續的願望和理想，但就其小說敘述而言，更重要的問題顯然不是時間繼續，而是停止。這也就意味著，在變遷中敘述「世界」，重心不在「變遷」，而在「世界」。如果「世界」合理，就不需要「變遷」，甚至拒絕「變遷」。而且，在《李家莊的變遷》中，作者、敘事者及人物之間的距離太近，幾乎視域融合，很難說趙樹理就不希望時間停止。再加上在《李有才板話》、《邪不壓正》、《三里灣》等小說中表露出來的一樣的現狀就是理想的結尾，就不得不推斷，趙樹理希望「世界」從變遷的陣痛中恢復過來之後，時間能就此停止，而「世界」也以不出現的方式表明「世界」的合理和安寧。如果說1949年後的中國總體上滿足了趙樹理的「世界」想像，不再有階級矛盾和壓迫，那麼，在他的小說中，「世界」從字面上消失了，也就顯得有來有去。在趙樹理1949年之後的文字中，的確可以發現他對於新社會的滿足之情，如1950年5月1日參觀完北京市勞動人民文化宮之後，他寫道：「古來數誰大，皇帝老祖宗。如今數誰大，工人眾弟兄。世道一變化，根本不相同。還是這座廟，換了主人翁。」〔註54〕「世道一變化，根本不相同」，趙樹理可能確實認為，再也沒有必要質詢「世界」了。

〔註52〕周立波：《暴風驟雨》下冊，北京：人民文學出版社，1952年，第411～412頁。

〔註53〕趙樹理：《李家莊的變遷》，《趙樹理全集》第3卷，第129頁。

〔註54〕趙樹理：《北京市勞動人民文化宮》，《趙樹理全集》第3卷，第431頁。

　　相形之下，《太陽照在桑乾河上》的結尾呈現出闊大的小說遠景〔註55〕，時間不但沒有停止，而且延伸向無盡的遠方。敘事者不僅明確將暖水屯視爲「世界」的一個具體部分和縮影，而且認爲「世界由老百姓來管，那還有什麼不能克服的困難呢」，困難在前，「他們仍然繼續前進」，時間在新的起點上才剛剛開始。那麼，「世界」也才剛剛開始。《暴風驟雨》與《李家莊的變遷》類似，也以送參軍爲故事的終點，但後者是敘述李家莊人參軍是爲了過去的仇恨、恥辱和現在的美好，前者敘述元茂屯人參軍不僅爲了過去和現在，更爲了未來，爲了「往後的工作」能夠順利進行。蕭隊長說：「咱們要開始整黨和建黨，建立支部，……」這等於是將丁玲留在《太陽照在桑乾河上》遠景裏的未敘的內容，提前寫在了《暴風驟雨》的結尾，周立波的敘述的確像暴風驟雨一樣，更爲躁進。《暴風驟雨》雖然因此小說遠景不及《太陽照在桑乾河上》縱深，但也總比《李家莊的變遷》更具有前瞻性。而這也許就是丁玲、周立波能獲得斯大林文學獎，曾經的標杆性作家趙樹理卻無緣的一種原因吧。相比較之下，趙樹理的因循守舊更加醒目。當然，1949 年之後，在梁斌、柳青、金敬邁等人的襯托下，趙樹理守成的形象，更不在話下了。他 1966 年做檢查回憶自己 1951 年被調入中宣部的情況時說：「胡喬木同志批評我寫的東西不大（沒有接觸重大題材）、不深，寫不出振奮人心的作品來，要我讀一些借鑒性作品，並親自爲我選定了蘇聯及其他國家的作品五、六本，要我解除一切工作盡心來讀。」〔註56〕趙樹理的確過於珍惜變遷之後的「世界」，體會不清楚政治脈搏的變化，使得胡喬木出來傳達官方對於他的不滿。

　　當然，趙樹理並非不想寫重大題材，只是擔心因此脫離人民。在貝爾登

〔註55〕盧卡契解釋小說遠景說：「首先，它一定是某一件尚不存在的東西；要是它存在的話，那麼它對於我們創造著的東西說來就不是遠景了。第二，這種遠景不是一種空想，不是一種主觀的幻夢，而是客觀社會發展的必然結果，客觀社會的發展是藝術地通過在一定情況下的一系列人物的發展客觀地顯示出來的。第三，遠景是客觀的，不是宿命的。要是它是宿命的話，那它就絕不是遠景了。由於它還不是現實，所以它才是一種遠景，但它是一種通過實踐、通過行動、通過某些人——這些人表現了一種巨大的社會傾向——的思想，通過這一切使現實實現的眞實傾向，這種要經由錯綜複雜的道路才能得以實現的傾向，或許和我們所想像的完全是兩回事。」見盧卡契：《關於文學中的遠景問題——在第四屆德國作家代表大會上的發言（摘要）》，中國社會科學院外國文學研究所外國文學研究資料叢刊編輯委員會編《盧卡契文學論文集（一）》，北京：中國社會科學出版社，1981 年，第 455～456 頁。

〔註56〕趙樹理：《回憶歷史　認識自己》，《趙樹理全集》第 6 卷，第 468 頁。

的記載中，趙樹理說：「我很想寫重大的題材，也許內戰結束後，我可以安頓下來專心專意寫它一陣子。不過我決不願完全脫離人民。」〔註57〕他可能始終無法相信案頭寫作反映真實的可能，因此決意與具體的農村工作和生活糾纏在一起，放棄對「世界」的深入敘述和質詢。另外，「民心思治」、「寧作太平犬，勿爲亂世人」這些民間傳統觀念，也許制約著趙樹理的「世界」想像，厭亂離而喜昇平，從而總是爲他的小說寫上大團圓的結尾，劃上故事時間的休止符。

2. 反映真實的窘迫

1949 年前，趙樹理說：「我的材料大部分是拾來的，而且往往是和材料走得碰了頭，想不拾也躲不開。」〔註58〕他的寫作因此頗有積蓄，自然發生。但 1949 年以後，他發現：「在抗日戰爭中和解放戰爭中，在新人新事這方面，我自己一向就是養料不足的。一九四九年到北京以後，和群眾接觸的機會更少了，來源更細得幾乎斷絕了。」〔註59〕材料儲備不足，來源更細，已有的原料不能滿足當時政治政策和讀者的需要，趙樹理覺得自己必須重新融入群眾的實際生活，以維持寫作的生命。因此，他於 1952 年開始下鄉長住山西平順縣川底村，並在 1955 年寫出了《三里灣》。但是，寫出第一部反映農業合作化運動的長篇小說的趙樹理仍然覺得「自己的作品落在現實之後」〔註60〕，未能反映真實。他自評《三里灣》存在著與他所有小說一樣的三個缺點，即重事輕人、舊的多新的少和有多少寫多少。〔註61〕其中尤以「舊的多新的少」讓趙樹理感到窘迫，感覺無法真實再現新社會。他決定更加深入地融入農村生活，寫《靈泉洞》之時「寫了幾天就覺得應該放下它先到生產中去」〔註62〕，之後更「把寫作暫且擱過，一心參加工作」〔註63〕，以攢夠材料，不再落在現實之後。趙樹理深陷在現實本身的瑣碎、複雜和茫無秩序之中，似乎沒有了寫作的衝動，反而花大量精力做實際的農村工作，並寫下了《高級農業合

〔註57〕傑克・貝爾登：《中國震撼世界》，第 116 頁。
〔註58〕趙樹理：《也算經驗》，《趙樹理全集》第 3 卷，第 349 頁。
〔註59〕趙樹理：《決心到群眾中去》，《趙樹理全集》第 4 卷，第 121 頁。
〔註60〕趙樹理：《我在創作中的一點體會》，《趙樹理全集》第 4 卷，第 372 頁。
〔註61〕趙樹理：《〈三里灣〉寫作前後》，《趙樹理全集》第 4 卷，第 383～384 頁。
〔註62〕趙樹理：《在深入生活作家座談會上的發言》，《趙樹理全集》第 4 卷，第 251 頁。
〔註63〕趙樹理：《當前創作中的幾個問題》，《趙樹理全集》第 4 卷，第 301 頁。

作社遺留給公社的幾個主要問題》、《公社應該如何領導農業生產之我見》等
論文。他在 1959 年 8 月 20 日給陳伯達的信中非常感慨地寫道：「在這種情況
下，我不但寫不成小說，也找不到點對國計民生有補的事，因此我才把寫小
說的主意打消，來把我在農業方面（現階段的）一些體會寫成了意見書式的
文章寄給你。」〔註 64〕躲不開材料，幾乎自然寫作的趙樹理，此時深陷在現
實的泥淖中，自覺放棄了文學反映真實的職業素養，表現出一種深度的窘迫。
不僅如此，趙樹理在政治上也很快遭受挫折，被當作右派批判。〔註 65〕

　　當然，這並不意味著趙樹理從此就不能寫作小說了，而是強調，即使他
使盡渾身解數要「到群眾中去」，也只能越來越明顯地產生疏離感，最終說出
「每天除了聽一聽學毛選的青年們的報告，便讀了一本《歐陽海之歌》，這些
新人新書給我的啟發是我已經瞭解不了新人，再沒有從事寫作的資格了」之
類的話。在這種情形之下，敘述「咱的世界」時所透露出來的熟悉感和親近
感，趙樹理顯然無法找到的。因此，再次將「世界」這個詞彙編織進他的小
說文本，無疑有格格不入之處。趙樹理也並非完全「瞭解不了新人」，只是別
有要求。在 1959 年 2 月 22 日向邵荃麟彙報自己在陽城工作情況的信中，趙
樹理詳細介紹了自己觀察和瞭解到的公社建設的點滴情形，集體化已經發生
了一些作用，但他最後的結論卻是：「及時把這些情況反映於文藝作品中我以
為還不是時候，因為公社的主要優越性還沒有發揮出來，在工作中也沒有發
現先進的、成功的例子。作品無非反映人和事，而這兩方面現在都沒有新發
現。所以我打算再參加一段工作再說。」〔註 66〕在這裡，作家表現出一種強
烈的寫信史的精神，把小說當成了當代生活的真實記錄，似乎完全喪失了小
說與現實之間的距離。但與其強調這一點，不如另尋他解。趙樹理有他獨特
的寫作發生學：「我們應該把生活當作大海，成天在生活的海洋中泡，把海面、
海底、岸邊每個角落都摸得清清楚楚：什麼地方深，什麼地方淺，什麼地方
有魚，什麼地方險要……只有這樣，在寫作的時候才能左右逢源，才能想寫
什麼就寫出什麼來，非常自由。」〔註 67〕他不僅為了小說具有歷史般可信的
品格，而且為了能夠以「非常自由」的狀態寫作小說，真實地再現生活。這

〔註 64〕趙樹理：《致陳伯達（二封）》，《趙樹理全集》第 4 卷，第 344 頁。
〔註 65〕陳徒手：《一九五九年冬天的趙樹理》，《讀書》，1998 年第 4 期。
〔註 66〕趙樹理：《致邵荃麟》，《趙樹理全集》第 5 卷，第 297～298 頁。
〔註 67〕趙樹理：《和工人習作者談寫作》，《趙樹理全集》第 5 卷，第 85 頁。

需要太多的時間、精力和對生活的反覆咀摸。的確,趙樹理的這種寫作態度使他產量不高,總是「落在現實之後」,未能及時反映時代,但到底用不著作品出版之後還一改再改,始終難以逃脫與現實政治政策的直接博弈。從這一點來說,趙樹理從反映眞實的窘迫中,倒也替自己贏回了一點點小說創作上的自由。

在解釋何爲眞假之時,趙樹理曾經說過:「一部書的眞假,全看它合不合情理——只要是入情入理,不論他出在什麼地方,就都可以當成眞的來聽;要是不近情理,你就說他出在北平某街某巷,也靠不住。」〔註68〕他要對小說的眞實與具體的現實之間的關係鬆綁,強調有藝術的眞實,有現實的眞實,而且後者不但不能植入文本取代前者,反而可能破壞前者,使作品無法「入情入理」。看起來,趙樹理並非拘泥於現實、要像鏡子或照相般再現現實的作家,但他認爲「公社的主要優越性還沒有發揮出來,在工作中也沒有發現先進的、成功的例子」便不能創作相關的小說,二者似乎是相悖的。的確,只要「入情入理」,現實中有沒有,並非必須考慮的問題。在《三里灣》中,趙樹理也曾以老梁畫的三幅畫來敘述三里灣的現實中還沒有、而情理中可以有的情形。這表明他並非一個過於拘泥的作家。那麼,不著急寫「新人新事」,也許不妨認爲趙樹理未見「新人新事」的「入情入理」之處,無法產生創造藝術的眞實的衝動。

於是,在必須敘述「新人新事」的情況下,趙樹理採用了《三里灣》中的方式,即以三幅畫來表現三里灣的現在、將來和未來。而且,他詳細地敘述了三里灣的現在,不惜筆力地描寫了三里灣現在的生產布局,卻把將來和未來的敘述交給一個畫家來敘述,完全鏡象化。這就意味著,即使敘述「新人新事」,趙樹理也有意不打破自己與它們之間的隔膜,有意保持疏離感,從而造成一種敘事上的持重和穩健。雖然不能像其他作家那樣「振奮人心」,趙樹理究竟留下了更具有眞實品格的作品。要之,鏡象化也可以說是他反映眞實的窘迫的一種表徵,是他在敘述與不敘述「新人新事」之間取得的一種古怪平衡。在此情形下,疏離之感更爲明確,而對於趙樹理而言,缺乏親近感和熟悉感,「世界」自然無從提起,無法編織進小說文本。

這種窘迫的更深層次的原因,還是趙樹理的文學必須反映雙重眞實。當

〔註68〕趙樹理:《小經理——原爲小說現改爲鼓詞》,《趙樹理全集》第 4 卷,第 66
頁。

然，這也可以說趙樹理自我角色的設定造成的。錢理群說：「趙樹理把他自己的創作追求歸結爲『老百姓喜歡看，政治上起作用』，正是表明了他的雙重身份、雙重立場：一方面，他是一個中國革命者，一個中國共產黨的黨員，要自覺地代表與維護黨的利益，他寫的作品必須『在政治上起（到宣傳黨的主張、政策的）作用』；另一方面，他又是中國農民的兒子，要自覺地代表與維護農民的利益，他的創作必須滿足農民的要求，『老百姓喜歡看』。正確地理解趙樹理的這『兩重性』是準確地把握趙樹理及其創作的關鍵。」〔註69〕更細緻一點的說，趙樹理還有第三重身份，即知識分子身份；他本人即曾強調自己「究竟還不是農業生產者而是知識分子」。席揚認爲，只有把趙樹理置於「知識分子」文化範疇中才能顯示其特殊意義，因爲他的「社會角色」身份遊弋於「啓蒙者」與「實踐者」之間，「情感角色」、「權力角色」則在「知識分子性」的自覺強化過程中被定位。〔註70〕當然，強調趙樹理的「知識分子」身份與他的雙重性並不矛盾。事實上，正是知識分子的身份造成了趙樹理的雙重性；用趙樹理自己的話來說，這便是「通天徹地而又無固定崗位」。這種情況催生了趙樹理文學反映眞實的更多層次，使作家不斷地陷入窘迫的同時，始終有創作的可能。這也就是說，「世界」消失不是趙樹理小說寫作的終結，趙樹理進入了新的寫作狀態，而與「世界」相關的問題則被篩落在他新的小說文本中，保持著趙樹理文學問題的延續性。

　　當「世界」消失之後，也就是從《三里灣》之後，趙樹理的小說形式表現出更爲複雜的面貌，小說的開頭和結尾都已另有講究，敘述的聲口也多有微調，充滿了作家努力擺脫窘迫的痕跡。這裡蘊含著一種近似於關於小說的小說〔註71〕，

〔註69〕錢理群：《1948：天地玄黃》，濟南：山東教育出版社，1998 年，第 236 頁。
〔註70〕席揚：《試論趙樹理的「知識分子」意義》，《鄭州大學學報（哲學社會科學版）》，2001 年第 5 期。
〔註71〕所謂關於小說的小說，也就是元小說 meta-fiction（也譯爲超小說）。戴維・洛奇解釋：「超小說是有關小說的小說：是關注小說的虛構身份及其創作過程的小說。最早的超小說當屬《項狄傳》，它採用敘述者和想像的讀者間對話的形式。這種是斯特恩用以強調藝術和生活間存在差距的多種方法之一，而這種差距正是傳統的寫實主義所試圖掩蓋的。所以，超小說不是一項現代的發明；但它是當代許多作家認爲頗有感染力的一種形式。」（戴維・洛奇：《小說的藝術》，王峻岩等譯，北京：作家出版社，1997 年，第 230 頁。）洛奇的意思很清楚，元小說不是「現代的發明」，因此未必與小說的「現代性」有關，沒有必要以元小說這一概念來論定小說本身及其作者的高下。本書也無意借助元小說這一概念來對趙樹理小說進行價值判斷，只是試圖進一步分析其文學

趙樹理開始逼近寫作本身。雖然這種逼近未必是自覺的，但卻因此更加動人。

3. 關於小說的小說

就趙樹理小說寫作的實際來看，《李有才板話》的開頭和《孟祥英翻身》的開頭、結尾，都在討論小說本身，小說的敘述中甚至含納了作者和讀者的直接對話。但這些痕跡都是乍現輒隱，趙樹理的敘述重心並不在此。而且，《孟祥英翻身》更像是文學紀實，作者的小說意識並不完整。《富貴》與《孟祥英翻身》類似，其中敘述道：「我們的區幹部初到他村裏，見他很窮，想叫他找一找窮根子，可是一打聽村裏人，都一致說他是個招惹不得的壞傢夥，直到好多的受苦受難的正派人翻身以後，區幹部才慢慢打聽出他的詳細來歷。」〔註72〕這的確有交代《富貴》小說材料來源的效果，使人意識到小說與現實之間存在某種轉換關係。但趙樹理第一次在小說中討論小說，尤其是討論自己的小說，是從《老定額》開始的。《老定額》開頭寫道：

> 和我接近的同志們常勸我在寫人物的時候少給人物起外號。我自己也覺著外號太多了不好，準備接受同志們的意見，只是這一次還想寫一個有外號的人物，好在只用一個，對其他人物一律遵照同志們的忠告。〔註73〕

這個開頭讓讀者感覺身臨其境，來到了趙樹理寫作的現場，明白了趙樹理寫作的特點、他人的要求及其自身的應對，知道接下來的敘述文字是小說，而且會是與趙樹理以前的小說有所不同的小說。〔註74〕接下來，小說果然只寫了一個外號，而且寫的是外號「老定額」從主人公林忠身上蛻棄下來的過程。同時，趙樹理還在小說中戲謔性地使用了一個不是外號勝似外號的名字，即「蛹蛹」：

> 「蛹蛹」好像是個外號，其實是個真名。這個人在小孩子時期，長得皮緊肉滿，初生兩個月就會翻身，赤光光地在床上滾來滾去像

反映真實的窘迫情狀，故而採用較為模糊的說法，即「關於小說的小說」。而且，趙樹理並不在小說敘述中刻意強調藝術與生活的差距，更無意顛覆傳統的寫實主義。事實上，他始終遵循寫實主義傳統。因此，趙樹理的小說與洛奇所謂的超小說只是存有交集，並非完全符合。

〔註72〕趙樹理：《富貴》，《趙樹理全集》第3卷，第147～148頁。

〔註73〕趙樹理：《老定額》，《趙樹理全集》第5卷，第353頁。

〔註74〕這樣的開頭也意味著趙樹理小說寫作深刻的介入性，介入現實（政治）生活，介入小說的接受和評價。

個大蛹，他的媽媽成天叫他「蛹蛹」，直到長大也沒有改名。現在雖
然長到二十多歲，看他那渾身憨勁，還像個大蛹，是星火大隊的第
三小隊的副隊長。〔註75〕

「蛹蛹」雖然是個真名，但他媽媽命名的方式倒像取外號。只是外號叫久了，
也就成了真名。趙樹理似乎想通過這個戲謔說明，外號與真名本無區別，而
且外號更切近人物的性格，並不是不可取的。如果確實如此，那麼，趙樹理
是在以小說敘述的方式為自己的小說寫作方式正名。當然，由於趙樹理此後
的小說除了《楊老太爺》之外，基本上不再以外號命名人物，可見戲謔始終
是戲謔，他還是偏重於蛻棄自己已成套路的小說寫作方式。

　　真正在小說敘述內部討論小說寫作的是《賣煙葉》。這篇小說的主線是賈
鴻年投機賣煙葉，副線是王蘭與賈鴻年的戀愛關係，旁逸出一部分非常重要
的內容是賈鴻年寫長篇小說。從賈鴻年閱讀文學書籍、愛上文學並練習寫作
開始，小說敘述了他如何收集材料寫成小說並修改、寄給老師寄給省人民出
版社、老師和出版社如何評價、王蘭如何理解他寫小說的行為等一個完整的
小說創作與接受的過程，幾乎暴露了賈鴻年寫作的所有秘密。首先，「寫土改
又是把別人的小說改頭換面抄過來的」〔註76〕，完全無視藝術真實與生活之
關係。其次，賈鴻年下鄉以後有了長期接觸前任大隊長的機會，決定重新修
改小說，誤工找人家談細節，「其中談到了一些具體動作——像趕牛、割草、
地主講話的姿勢等等，賈鴻年便要請老隊長擺起個架式來，自己按照那種架
式找出描寫它的適當字眼兒，寫成一段材料。他們兩個人搞的這種工作，在
別人看來像照相、像排戲、又像巫師下神」。〔註77〕敘述的口氣中透露出強烈
的諷刺，暗示著徒有形式的小說，不僅毫無真實性可言，而且不過是牴觸農
村生產的個人主義思想的表現罷了。雖然趙樹理批評的是一部分知識青年不
安本分，妄圖靠寫作出名的現象，但也不能不令後人將其與當時的作家下鄉
制度聯繫在一起，懷疑特定歷史制度下創作模式的僵化。第三，父親認為寫
作毫無用處，賈鴻年「便把如何投稿、如何算稿費的規定說了一番」，〔註78〕
充分說明其寫作的消費性，而非生產性。當然，這也跟趙樹理的觀念有關，

〔註75〕趙樹理：《老定額》，《趙樹理全集》第5卷，第356頁。
〔註76〕趙樹理：《賣煙葉》，《趙樹理全集》第6卷，第230〜231頁。
〔註77〕趙樹理：《賣煙葉》，《趙樹理全集》第6卷，第232頁。
〔註78〕趙樹理：《賣煙葉》，《趙樹理全集》第6卷，第233頁。

他認為在作家協會制度下，作家再領版稅和稿費就是雙重待遇，〔註79〕但主要還是批評寫作不能淪為名利之具，否則作品就成為純粹的消費品了。第四，賈鴻年暢想自己的小說有一鳴驚人的前景，出版社和另外兩個讀者李老師、王蘭卻認為他的小說不真實。這種接受與創作的反差固然是趙樹理有意的批評，但如果聯繫起趙樹理自身創作其時已一再遭遇政治性的誤讀，不難想像，作為《賣煙葉》的創作主體的趙樹理，難免別有幽懷。最後，賈鴻年在寫給王蘭的信中描繪了一個理想的創作環境：「到了春夏之際的月朗風清之夜，我們靠著岸邊的短牆設個座兒，浸潤在溶溶的月光和隱隱的飛露中，望著淡淡的遠山，聽著潺潺的流水，該是多麼有益於我們的創作心境哩！」〔註80〕趙樹理語出諷刺，批評這種不及物的、悠然自得的狀態，但可能難免會有一些自身對於寫作環境要求的投射。總之，賈鴻年寫長篇小說在趙樹理的敘述之下，完全成了一幕鬧劇，寫作態度不誠，寫成的作品不真，寫作效果不良，賈鴻年的寫作是毫無價值和意義的。

在敘述中，趙樹理沒有將賈鴻年的寫作指向《賣煙葉》寫作的意思，更完全沒有指向自身寫作的意思。但在潛意識裏，趙樹理是否感覺到某種寫作的危機呢？這可能並不是一個完全不在趙樹理的創作意識內部的問題。尤其是《賣煙葉》這篇小說還編織了一部分內容，即王蘭完全不相信賈鴻年信中的鬼話，而是努力從中讀出言外之意，揣測賈鴻年的用心，更說明文字敘述是並不可靠的。那麼，一個正在用文字敘述這一個問題的創作主體，不能對此毫無自覺或意識吧？更何況，在之前的一篇小說《互作鑒定》裏，敘述的主要內容是戳穿劉正文字敘述的假面，也指向文字敘述的不可靠，則不能不說，趙樹理在晚期小說創作中，正在或深或淺地體驗著某種寫作危機。而正是危機感，使他在《賣煙葉》這篇實驗性的小說中敘述了一個小說創作的故事。在這些作品之前，例如在《李有才板話》和《「鍛鍊鍛鍊」》中，趙樹理也敘及一些寫作形象，即快板的寫作，但從未質疑其真實性。唯獨在反映真實日漸窘迫之時，從《老定額》開始，趙樹理才開始發生對於文字敘述的質疑。因此，雖然不能說趙樹理的自覺意識有多麼明顯，但還是必須說，自從

〔註79〕趙樹理回憶說：「一九五三年調作家協會後，我便提出我那調整雙重待遇問題的建議，如建議取消版稅，稿費制可以再評，否則連現有的供給也不應領。」見趙樹理：《回憶歷史 認識自己》，《趙樹理全集》第6卷，第469頁。
〔註80〕趙樹理：《賣煙葉》，《趙樹理全集》第6卷，第236頁。

「世界」消失以後，他進入一種新的寫作狀態，正在日益逼近寫作本身。

　　就好的方面來說，趙樹理收穫了像《「鍛鍊鍛鍊」》和《套不住的手》這樣的思想、藝術俱臻上乘的作品；就壞的方面來說，他寫了《賣煙葉》這種不成功的作品，並從此告別了小說寫作。當趙樹理寫出關於小說的小說時，只能說創作主體的危機感越來越嚴重，似乎還不便說一定是不盡人意，關鍵還在於批評者或歷史敘述者的視角和觀念，即是否真正意識到了趙樹理的用心和苦衷，從而在重新洗牌的時候將趙樹理插回到本該屬於他的地方中去。當然，這最後一個設想未免有些本質主義的臆念。

結　語

　　從趙樹理小說形式的文學政治與社會主義關係的有效建立，中間經過分析這一文學政治的具體內容「農民說理的世界」，到最後討論趙樹理小說創作的困境，一種帶有價值判斷意味和現實關懷的趙樹理研究已然成為事實。這是無須諱言的。而且，在這一研究中涉及的概念「農民」，雖然已被審慎地當作一種話語進行分析，但仍然帶有價值判斷意味和現實關懷。這也是無須諱言的。

　　英國學者亨利・伯恩斯坦說：「很多關於『小農』（以及『小規模農民』和『家庭農民』）的定義與用法帶有明顯的規範性要素，目的性很強，即『站在農民一邊』（taking the part of peasants），反對在締造現代（資本主義）世界過程中摧毀或損害農民的一切力量。在我看來，『小農』（peasant）和『農民（群體）』（peasantry）等術語最好用於分析，而不是用於價值判斷，並且應當盡量在兩種歷史條件下使用：一是在前資本主義社會中，當時大多數人是小規模的家庭農民；二是在向資本主義的過渡過程中。」〔註1〕這種意見雖然並非毫無道理，但卻存在兩個重大缺陷，即：先是有意強調了「站在農民一邊」的非學術色彩，後是（不知出於何種原因）無視「農民」與社會主義實踐之關係。不管如何，前蘇聯和中國「農民」是經歷過和經歷著社會主義實踐的，這是不宜無視的既有的歷史條件。而「站在農民一邊」，不但可以是思考問題的一種視角，而且也並不一定導向「反對在締造現代（資本主義）世界過程中摧毀或損害農民的一切力量」。在現代中國的語境中，茅盾的「農村三部

─────────────────

〔註1〕亨利・伯恩斯坦：《農政變遷的階級動力》，汪淳玉譯，北京：社會科學出版
　　　社，2011年，第5頁。

─219─

曲」、葉聖陶的《多收了三五斗》、葉紫的《豐收》等諸多文學作品，的確可以歸入「農民」反抗資本主義的序列，但趙樹理筆下的「農民說理的世界」卻簡直與此毫無干係。雖然在《三里灣》、《老定額》、《賣煙葉》中，「農民」通過社會主義實踐反抗資本主義在農村的萌發，意味著「農民」與資本主義大有關聯，但統觀趙樹理所有小說，「農民」最關心的仍然是「說理的世界」能否維持、實現或重塑。這也就是說，在趙樹理筆下的「說理的世界」中，「農民」與資本主義、甚至社會主義的符號體系的關係都是通過「說理的世界」發生意義的。對於趙樹理筆下的「農民」來說，關鍵不在於資本主義、社會主義等各類現代符號體系所象徵的價值、生活和世界，而在於「說理的世界」。「農民」作為說理的主體，關心的是：有沒有「勢」？能不能「說」？會不會「說」？怎麼（用何種語言或符號）「說」？「說」什麼「理」、誰的「理」？如何兼顧「情」與「理」、人情與私情？「世界」是否依「理」運行？「理」與「勢」的關係又如何？等等。這一系列問題顯然不是在資本主義或社會主義的符號體系下能夠得到清晰的說明的，必須「站在農民一邊」，借助「農民」提供的視角，才能實現真正的學術分析和理解。而這也正是趙樹理小說形式的文學政治價值所在。趙樹理小說有意識地拒斥或遠離資本主義、社會主義等符號體系，主要以「農民」的語言為基礎進行敘述，主要以說書人的聲口講述故事，主要認同「農民」和農村工作者的價值觀念，共同構成了「農民說理的世界」這一的文本事實，也形成了以「說」、「理」、「勢」、「情」、「世界」等概念為核心的符號體系。進入並分析這一趙樹理筆下的符號體系，即意味著「站在農民一邊」，透過「農民說理的世界」來理解趙樹理小說形式的文學政治與社會主義（也包括資本主義問題）的關係。這背後隱含的價值判斷意味和現實關懷，當然不必諱言。不僅進入並分析趙樹理筆下的「說理的世界」意味著價值判斷和現實關懷，而且使用構成「說理的世界」的符號體系進行學術分析，也是一種價值判斷和現實關懷。溫鐵軍在討論中國的三農問題時曾說過，五四時期（「資產階級」）和文革時期（「無產階級」）兩次「批孔」，是「目標趨同的思想文化領域的大革命，都為中國全面認同西方符號體系，或者服從西方的話語霸權奠定了基礎」。〔註 2〕這當然有些危言聳聽，卻也值得重視。當使用他者的符號體系進行言說時，言說主體自然難以避免被他者化。無論是張南皮式的「中學為體，西學為用」，還是魯迅式的「拿來主

〔註 2〕溫鐵軍：《我們到底要什麼？》，北京：華夏出版社，2004 年，第 3 頁。

義」，都在勉力自主的背後，透著焦慮。因此，使用趙樹理筆下的「說理的世界」提供的符號體系進行學術分析，或許能夠另闢蹊徑，更好地理解趙樹理小說中涉及的現代中國的政治、文化和文學問題。

　　當然，意圖雖是美好的，但討論問題的深度和學術性並不源於它。就趙樹理筆下的「農民說理的世界」與中國社會主義實踐的深刻糾纏來看，借用其提供的符號體系來分析趙樹理小說形式的文學政治與社會主義之關聯，自有客觀的深度，從而保證分析的學術性。但值得警惕的是，與趙樹理同期或前後的作家，如丁玲、周立波、孫犁、柳青、梁斌、廢名、張愛玲等，都並不以「農民」為說理的主體，即都使用了與趙樹理不同的符號體系結構小說文本。這說明趙樹理筆下的「農民說理的世界」是獨特的，同時也就是有局限性的。通過趙樹理小說輻射現代中國政治、文化和文學的全局，雖然並非毫無意義，但顯然無法形成充分有效的分析和理解。趙樹理小說只能照亮一隅，雖然這一隅很有價值，但不宜推向全局。因此，儘管在趙樹理筆下的「農民說理的世界」可以觀察到具有烏托邦性質的因素，還是不能將趙樹理推往文學型的思想家的高度。歸根結底，趙樹理只是一個關於中國農村問題的思想者，而且主要用小說來進行思考。雖然這已經非常可貴，但也不宜誇大其詞。

　　而且，需要牢記的是，如趙樹理自言「究竟還不是農業生產者而是知識分子」，「農民說理的世界」說到底仍然是知識分子的虛構。在這個意義上，趙樹理筆下的「農民說理的世界」並不是空前絕後的。趙園在分析鄉村小說與農民文化之關係時說：「知識者意識與農民意識（以至二者的話語形式）之間並無絕對分界。在民族文化的大文本中，它們絕非可以隨時離析判然區分的。這也同樣反映著知識者與農民間關係的真實。其間耐人尋味的是，由四十年代到『十七年』，知識者於創作中努力清除『知識者徽記』，其作品卻未必更有『農民文化』特徵；統領創作的理論框架與認識模式，無寧說更出自知識者的思維運作。」〔註3〕趙樹理的本意當與趙園的分析相反，即趙樹理希望通過獲得「助業作家」的身份從知識者的思維中解脫出來，真正構造一個屬於「農民」的「說理的世界」。但不能不承認的是，趙園的意見銳利地抵達了趙樹理作為一個知識分子無奈的深處，他無法從知識者的思維中解脫出

〔註3〕趙園：《地之子——鄉村小說與農民文化》，北京：北京十月文藝出版社，1993年，第29頁。

來，也無法眞正將知識者意識與農民意識隨時離析判然區分。周揚曾言趙樹理不只是一個農民作家，思想和創作水平沒有降低到「農民意識」，這暗示著「農民意識」可以準確定義、并隨時從作家的意識中割離。但與其說這是知識者清醒的自我意識，不如說是一廂情願。趙樹理筆下的「農民說理的世界」一方面是知識分子的虛構，另一方面則仍然因爲創作主體趙樹理多重身份的糾纏，表現出混合性質。因此，純粹的知識分子或「農民」都是概念的遊戲，不能確指現代中國的歷史事實和小說文本事實。而通過趙樹理筆下的「農民說理的世界」反觀現代中國知識分子的思維、價值觀念以及命運的起起落落，當然也會別有發現。在《互作鑒定》、《賣煙葉》等小說中，趙樹理展示了一個知識分子對於「農民」的絕對想像，一個能夠救贖知識分子的主體。這當然是知識分子在社會主義實踐中身份與命運的隱喻，但同時也說明現代中國的知識分子深陷在毛澤東所謂「皮之不存，毛將焉附」的漩渦中，有其自身的問題。

另外，趙樹理筆下的「農民說理的世界」雖然是文學政治的表現，但其內部主要處理的是「農民」的政治情感和生活，因此不可避免地與「農民」日常的喜怒哀樂存有距離。當然，所謂日常或日常生活，本身也已經是一種巨大的意識形態。〔註4〕在《三里灣》的結尾中，趙樹理通過敘述婚後的王玉生和范靈芝在月光下各回各家，隱含著以日常生活化解資本主義與社會主義兩條道路之爭的意味。這似乎可以推論，趙樹理筆下的「農民說理的世界」仍然通向日常生活，而非通往社會主義意識形態的烏托邦。在這個意義上，「農民」作爲說理的主體的保守性質，得到了一個更具深意的解釋。亨廷頓在分析法國、俄國和中國的農民與革命的關係時認爲：「在這三個國家內，農民多少是自發起來推翻舊的農村政治和社會結構，奪取土地，在鄉村建立新的政治和社會體制。沒有農民的這種行動，這三個國家的革命不可能稱之爲革命。」〔註5〕的確，如果通往日常生活的、保守的、說理的主體「農民」都起來行動，就沒有更具革命性的行動了。但「農民」革命通往的仍然是不那麼革命的日常生活，至少在趙樹理筆下的「農民說理的世界」中是這樣的。趙樹理的《李

〔註4〕 在討論公民與公共生活的關係時，Harry C Boyte 啓用了日常生活的政治（Everyday Politics）一詞。See Harry C Boyte, *Everyday Politics: Reconnecting citizens and public life*, Philadelphia: University of Pennsylvania Press, 2004.
〔註5〕 塞繆爾・P・亨廷頓：《變化社會中的政治秩序》，王冠華、劉爲等譯，北京：生活・讀書・新知三聯書店，1996年，第286頁。

家莊的變遷》與丁玲的《太陽照在桑乾河上》、周立波的《暴風驟雨》相比，表現出時間停止的特點，就是趙樹理筆下的「農民」革命不那麼革命的文本證據。因此，雖然趙樹理筆下的「農民說理的世界」內部處理的是「農民」的政治情感和生活，這種政治情感和生活也在不同的文本語境（和歷史語境）中與階級革命、民主、文明、制度、暴力、社會主義、資本主義等眾多話語發生關聯，但仍然表現出日常性質。在這個意義上，趙樹理體會政治脈搏的努力得不到變化中的政治政策的認可，並非由於趙樹理不夠努力，不夠政治化，而是由於趙樹理小說形式的文學政治本質上抵抗趙樹理的努力，從而使趙樹理無法在 1959 年以後的創作生活中維持與具體的政治政策的和睦關係。不管趙樹理是不是「趙樹理方向」這一概念出現的基礎性原因，一旦「趙樹理方向」被提出來之後，趙樹理本人就被蛻棄了。趙樹理及其作品雖然一度備受一時一地的政治政策及其讀者的歡迎，但終因其小說文本提供的是不那麼革命的「農民說理的世界」，而逐漸失去恩寵，失去讀者的眷顧。

當然，失去讀者的眷顧還有其他的原因。當曾經安穩的、變亂也只是內部變亂內部消化的農村日漸深入地捲進城市化、工業化的進程，「農民」作為一個群體，也在日漸發生變化。這個變化不僅體現在數量上，而且體現在生活方式、價值觀念、文化程度等諸層面上。〔註6〕趙樹理筆下的「農民說理的世界」卻表現出時間停止的特點，自然難以在變中保持曾有的光芒。但是，在各類社會矛盾明朗化的今天，將趙樹理筆下的「農民說理的世界」從文學史的塵封中搭救出來，重新洗一次牌，似乎也並不完全是文本上的詞語旅行。1998 年，賈平凹在自稱「我是農民」的長篇回憶錄中對城裏那些唱著憂愁的流行歌曲的年輕人說：「在沒有童年和少年的城市裏，你們是魚缸中的魚，你吐了我吃，我吐了你吃。愁憂將這麼沒完沒了地伴隨著你、腐蝕著你，使你慢慢加厚了一個小市民的甲殼。真正的苦難在鄉下，真正的快樂在困難中，你能到鄉下嗎？或許到類似鄉下的地方去嗎？」〔註7〕相比於賈平凹這種「農民」出身的知識分子的文化鄉愁，趙樹理筆下的「農民說理的世界」無疑有著更為深厚的意蘊。但是，下一個趙樹理在哪裏呢？

〔註6〕早在 2002 年，李培林在他的「城中村」研究中，就提出了「村落的終結」的命題。參見李培林：《巨變：村落的終結》，《中國社會科學》，2002 年第 1 期。
〔註7〕賈平凹：《我是農民》，西安：陝西旅遊出版社，2000 年，第 205 頁。

參考文獻

中文類

A

1. 阿‧德芒戎:《人文地理學問題》,葛以德譯,北京:商務印書館,2007年。
2. 阿爾貝‧加繆:《反抗者》,呂永眞譯,上海:上海譯文出版社,2010年。

B

1. 白春香:《趙樹理小說敘事研究》,北京:中國社會科學出版社,2008年。
2. 本尼迪克特‧安德森:《想像的共同體:民族主義的起源與散佈》,吳叡人譯,上海:上海人民出版社,2008年。

C

1. 蔡翔:《〈地板〉:政治辯論與法令的「情理」化──勞動或者勞動烏托邦的敘述(之一)》,《文藝理論與批評》,2009年第5期。
2. 蔡翔:《革命／敘述:中國社會主義文學──文化想像(1949～1966)》,北京:北京大學出版社,2010年。
3. 陳荒煤:《向趙樹理方向邁進》,見黃修己編《趙樹理研究資料》,太原:北嶽文藝出版社,1985年。
4. 陳建華主編:《中國俄蘇文學研究史論》第2卷,重慶:重慶出版社,2007年。

5. 陳南先：《俄蘇文學與「十七年中國文學」》，蘇州大學博士學位論文，2004年。

6. 陳思和：《民間的浮沉——對抗戰到文革文學史的一個嘗試性解釋》，《上海文學》，1994年第1期。

7. 陳徒手：《一九五九年冬天的趙樹理》，《讀書》，1998年第4期。

8. 陳興：《三仙姑與曹七巧人物形象辨析》，《山西師大學報（社會科學版）》，1994年第2期。

9. 程光煒：《論 50～70 年代文學中的農民形象》，《中國現代文學研究叢刊》，2001年第4期。

10. 程凱：《尋找「革命文學」、「左翼文學」的歷史規定性》，《鄭州大學學報》，2006年第1期。

11. 程顯毅、朱倩編著：《文本挖掘原理》，北京：科學出版社，2010年。

D

1. 戴光中：《趙樹理給予「三農文學」的啟示》，《長治學院學報》，2006年第6期。

2. 戴維・洛奇：《小說的藝術》，王峻岩等譯，北京：作家出版社，1997年。

3. 丹尼爾・貝爾：《資本主義文化矛盾》，趙一凡、蒲隆、任曉晉譯，北京：生活・讀書・新知三聯書店，1989年。

4. 丁帆：《中國鄉土小說史》，北京：北京大學出版社，2007年。

5. 丁玲：《丁玲全集》第11卷，石家莊：河北人民出版社，2001年。

6. 丁玲：《跨到新的時代來——談知識分子的舊興趣與工農兵文藝》，《丁玲全集》第7卷，石家莊：河北人民出版社，2001年。

7. 丁玲：《太陽照在桑乾河上》，香港：新中國書局，1949年。

8. 董大中：《趙樹理年譜（1906～1970）》，太原：山西人民出版社，1982年。

9. 董大中：《趙樹理評傳》，天津：百花文藝出版社，1986年。

10. 董均倫：《趙樹理怎樣處理〈小二黑結婚〉的材料》，《文藝報》，1949年第10期。

11. 董麗敏：《「勞動」：婦女解放及其限度——以趙樹理小說為個案的考察》，《中國現代文學研究叢刊》，2010年第3期。

12. 董之林：《關於「十七年」文學研究的歷史反思——以趙樹理小說為例》，《中國社會科學》，2006年第4期。

13. 董之林：《韌性堅守與「小調」介入——趙樹理小說再分析》，《甘肅社會科學》，2011年第1期。

F

1. 范家進：《現代鄉土小說三家論》，上海：上海三聯書店，2002 年。

2. 范智紅：《世變緣常——四十年代小說論》，北京：人民文學出版社，2002年。

3. 廢名：《莫須有先生坐飛機以後》，《莫須有先生傳》，桂林：廣西師範大學出版社，2003 年。

4. 費孝通：《江村經濟》「前言」，《江村經濟——中國農民的生活》，北京：商務印書館，2002 年。

5. 費孝通：《鄉土中國》，上海：觀察社，1948 年。

6. 佛克馬：《中國文學與蘇聯影響：1956～1960》，季進、聶友軍譯，北京：北京大學出版社，2011 年。

7. 福柯：《知識考古學》，謝強、馬月譯，北京：生活・讀書・新知三聯書店，1998 年。

8. 弗里曼、畢克偉、賽爾登：《中國鄉村，社會主義國家》，陶鶴山譯，北京：社會科學文獻出版社，2002 年。

9. 福斯特：《小說面面觀》，朱乃長譯，北京：中國對外翻譯出版公司，2001年。

10. 釜屋修：《玉米地裏的作家——趙樹理評傳》，梅娘譯，太原：北嶽文藝出版社，2000 年。

G

1. 公木：《談談〈東方紅〉這支歌》，《文化月刊》，1998 年第 8 期。

2. 古斯塔夫・勒龐：《烏合之眾：大眾心理研究》，馮克利譯，北京：中央編譯出版社，1998 年。

3. 郭愛民、李拉利：《「趙樹理與三農文學」：紀念趙樹理誕辰 100 週年學術研討會綜述》，《中國現代文學研究叢刊》，2006 年第 4 期。

4. 郭沫若：《關於〈李家莊的變遷〉》，見《論趙樹理的創作》，瀋陽：東北書店，1949 年。

5. 郭文元：《現代性視野中的趙樹理小說》，蘭州：甘肅人民出版社，2009年。

H

1. 哈貝馬斯：《交往行為理論——行動的合理性與社會合理化》第 1 卷，洪佩郁、藺青譯，重慶：重慶出版社，1994 年。

2. 賀桂梅:《「再解讀」——文本分析和歷史解構》,見唐小兵編《再解讀:大眾文藝與意識形態》(增訂版),北京:北京大學出版社,2007 年。

3. 賀桂梅:《趙樹理文學的現代性》,見唐小兵編《再解讀:大眾文藝與意識形態》(增訂版)。

4. 賀桂梅:《轉折的時代——40～50 年代作家研究》,濟南:山東教育出版社,2003 年。

5. 和磊:《趙樹理:被「展覽」的經典》,《中國比較文學》,2004 年第 3 期。

6. 賀仲明:《一種文學與一個階層——中國新文學與農民關係研究》,北京:人民出版社,2008 年。

7. 黑格爾:《精神現象學》上卷,賀麟、王玖興譯,北京:商務印書館,2010 年。

8. 亨利·伯恩斯坦:《農政變遷的階級動力》,汪淳玉譯,北京:社會科學出版社,2011 年。

9. 洪子誠:《中國當代文學史》(修訂版),北京:北京大學出版社,2007 年。

10. 洪子誠:《中國當代文學史》,北京:北京大學出版社,1999 年。

11. 侯精一:《長治方言志》,北京:語文出版社,1985 年。

12. 胡風:《胡風全集》第 3 卷,武漢:湖北人民出版社,1999 年。

13. 黃修己:《不平坦的路——趙樹理研究之研究》,天津:天津教育出版社,1990 年。

14. 黃修己:《傳統要發揚特徵不可失——我們向趙樹理學習什麼?》,見黃修己編《趙樹理研究資料》。

15. 黃修己:《趙樹理研究》,太原:山西人民出版社,1985 年。

16. 黃旭:《文學政治與二十世紀八十年代中國激進主義》,復旦大學博士學位論文,2008 年。

J

1. 加藤三由紀:《趙樹理研究在日本》,見中國趙樹理研究會編《趙樹理研究文集》下卷「外國學者論趙樹理」,北京:中國文聯出版公司,1998 年。

2. 賈平凹:《我是農民》,西安:陝西旅遊出版社,2000 年。

3. 江上幸子:《從〈中國婦女〉雜誌看抗戰時期中國共產黨的婦女運動及其方針轉變》,《左翼文學的時代——日本「中國三十年代文學研究會」論文選》,王風、白井重範編,北京:北京大學出版社,2011 年。

4. 蔣暉：《〈李有才板話〉的政治美學》，《文藝理論與批評》，2006 年第 6 期。

5. 蔣暉：《中國農民革命文學研究與左翼思想遺產的創造性轉化》，《文藝理論與批評》，2004 年第 3 期。

6. 焦曉君：《「巫」者的悲哀——〈小二黑結婚〉中三仙姑的重新解讀》，《洛陽師範學院學報》，2010 年第 1 期。

7. 傑克·貝爾登：《中國震撼世界》，邱應覺等譯，北京：北京出版社，1980 年。

8. 金文聲：《從黑戲〈十里店〉看趙樹理的黑心》，《山西日報》1966 年 8 月 18 日。

K

1. 孔慶東：《雅俗互動的寧馨兒——四十年代小說的新面貌》，《文學評論》，1997 年第 4 期。

2. 孔兆熊、郭藍田修，陰國垣纂：《沁源縣志》，臺北：成文出版社有限公司，1976 年。

3. 曠新年：《趙樹理的文學史意義》，《文藝理論與批評》，2004 年第 3 期。

4. 康濯：《寫在〈趙樹理文集續編〉前面》，見《趙樹理文集續編》，北京：工人出版社，1984 年。

L

1. 雷蒙·威廉斯：《關鍵詞：文化與社會的詞彙》，劉建基譯，北京：生活·讀書·新知三聯書店，2005 年。

2. 黎保榮：《暴力與啓蒙：晚清至 20 世紀 40 年代文學「暴力敍事」研究》，暨南大學博士學位論文，2009 年。

3. 李大章：《介紹〈李有才板話〉》，見黃修己編《趙樹理研究資料》。

4. 李大釗：《青年與農村》，《李大釗全集》第 3 卷，北京：人民出版社，1999 年。

5. 李潔非、楊劼：《解讀延安：文學、知識分子和文化》，北京：當代中國出版社，2010 年。

6. 李金錚：《土地改革中的農民心態——以 1937～1949 年的華北鄉村爲中心》，《近代史研究》，2006 年第 4 期。

7. 李萌：《也談「蘇聯文學的光明夢」》，《讀書》，1995 年第 9 期。

8. 李培林：《巨變：村落的終結》，《中國社會科學》，2002 年第 1 期。

9. 李蓉：《「小說身體」的另一種「現代」：論趙樹理小說的人物寫法》，《文學評論》，2011 年第 3 期。

10. 李士德：《趙樹理小說的藝術世界》，長春：東北師範大學出版社，1986年。

11. 李陀編：《昨天的故事：關於重寫文學史》，北京：生活·讀書·新知三聯書店，2011 年。

12. 李楊：《抗爭宿命之路——「社會主義現實主義」（1942～1976）研究》，長春：時代文藝出版社，1993 年。

13. 李楊：《現實主義的現代轉型——「社會主義現實主義」研究》，北京大學博士學位論文，1993 年。

14. 李澤厚、劉再復：《告別革命》，香港：天地圖書有限公司，2004 年。

15. 李澤厚：《啓蒙與救亡的雙重變奏》，《中國現代思想史論》，北京：東方出版社，1987 年。

16. 李祖德：《「農民」話語研究導論——1950、1960 年代中國當代文學的「農民」敘事及其文化、政治與美學》，北京大學博士學位論文，2006 年。

17. 梁漱溟：《鄉村建設理論》，重慶：鄉村書店，1939 年。

18. 列寧：《青年團的任務》，《列寧文選》第 2 卷，莫斯科：外國文書籍出版局，1947 年。

19. 劉禾：《跨語際實踐：文學、民族文化與被譯介的現代性（中國，1900～1937）》，宋偉傑等譯，北京：生活·讀書·新知三聯書店，2002 年。

20. 劉旭：《趙樹理的農民觀：「現代」的限度》，《華東師範大學學報（哲學社會科學版）》，2008 年第 3 期。

21. 劉少奇：《關於修改黨章的報告》，香港：新民主出版社，1949 年。

22. 柳青：《創業史（第一部）》，北京：人民文學出版社，2005 年。

23. 龍迪勇：《反敘事：重塑過去與消解歷史——敘事學研究之二》，《江西社會科學》，2001 年第 2 期。

24. 盧卡契：《關於文學中的遠景問題——在第四屆德國作家代表大會上的發言（摘要）》，中國社會科學院外國文學研究所外國文學研究資料叢刊編輯委員會編《盧卡契文學論文集（一）》，北京：中國社會科學出版社，1981 年。

M

1. 馬克·塞爾登：《革命中的中國：延安道路》，魏曉明、馮崇義譯，北京：社會科學文獻出版社，2002 年。

2. 馬克思、恩格斯：《馬克思恩格斯全集》第 3 卷，北京：人民出版社，1960年。

3. 馬若芬:《意在故事構成之中,趙樹理的明描隱示》,見中國趙樹理研究會編《趙樹理研究文集》下卷「外國學者論趙樹理」。

4. 馬世榮:《中國農村經濟研究會研究》,河北大學碩士學位論文,2009 年。

5. 毛澤東:《關於農業合作化問題》,《毛澤東文集》第 7 卷,北京:人民出版社,1999 年。

6. 毛澤東:《湖南農民運動考察報告》,《毛澤東選集》第 1 卷,北京:人民出版社,1991 年。

7. 毛澤東:《毛澤東選集》第 2 卷,北京:人民出版社,1991 年。

8. 毛澤東:《文化工作中的統一戰線》,《毛澤東選集》第 3 卷,北京:人民出版社,1991 年。

9. 毛澤東:《在延安文藝座談會上的講話》,《毛澤東選集》第 3 卷。

10. 毛澤東:《在延安文藝座談會上的講話》,延安:解放社,1943 年。

11. 毛澤東:《致周揚(1939 年 11 月 7 日)》,《毛澤東文藝論集》,中共中央文獻研究室編,北京:中央文獻出版社,2002 年。

12. 毛澤東:《致周揚》,見《延安文藝叢書》第一卷《文藝理論卷》,長沙:湖南人民出版社,1984 年。

13. 茅盾:《論趙樹理的小說》,《文萃》第二年第 10 號,1946 年 12 月 20 日。

14. 孟繁華:《「到城裏去」和「底層寫作」》,《文藝爭鳴》,2007 年第 6 期。

N

1. 倪文尖:《如何著手研讀趙樹理——以〈邪不壓正〉為例》,《文學評論》,2009 年第 5 期。

2. 牛衛中:《論勞動鍛鍊》,西安:陝西人民出版社,1958 年。

Q

1. 錢理群:《1948:天地玄黃》,濟南:山東教育出版社,1998 年。

2. 秦弓:《從中國文學史的背景看趙樹理的「三農」文學》,《北京師範大學學報(社會科學版)》,2008 年第 3 期。

R

1. 任弼時:《土地改革中的幾個問題》,見中央檔案館編《解放戰爭時期土地改革文件選編(1945～1949 年)》,北京:中共中央黨校出版社,1981 年。

S

1. 薩支山：《試論五十至七十年代「農村題材」長篇小說——以〈三里灣〉、〈山鄉巨變〉、〈創業史〉爲中心》，《文學評論》，2001 年第 3 期。

2. 薩支山：《趙樹理小說的農村想像》，《中國現代文學研究叢刊》，2006 年第 4 期。

3. 塞繆爾・P・亨廷頓：《變化社會中的政治秩序》，王冠華、劉爲等譯，北京：生活・讀書・新知三聯書店，1996 年。

4. 申丹：《結構與解構：評 J・希利斯・米勒的「反敘事學」》，見《歐美文學論叢》，北京：人民文學出版社，2004 年。

5. 申丹：《敘事、文體與潛文本》，北京：北京大學出版社，2009 年。

6. 申丹：《也談「敘事」還是「敘述」》，《外國文學評論》，2009 年第 3 期。

7. 沈從文：《傳奇不奇》，《沈從文全集》第 10 卷，太原：北嶽文藝出版社，2009 年。

8. 沈明：《太原方言詞典》，南京：江蘇教育出版社，1994 年。

9. 斯拉沃熱・齊澤克：《意識形態的崇高客體》，季廣茂譯，北京：中央編譯出版社，2001 年。

10. 斯炎偉：《論「蘇聯」因素——當代文學早期的外來影響》，《文藝爭鳴》，2007 年第 4 期。

11. 宋劍華：《論「趙樹理現象」的現代文學史意義》，《文學評論》，2005 年第 5 期。

12. 蘇春生：《從通俗化研究會到大眾化文藝創作研究會——兼及東西總布胡同之爭》，《中國現代文學研究叢刊》，2003 年第 2 期。

13. 蘇珊・S・蘭瑟：《虛構的權威：女性作家與敘述聲音》，黃必康譯，北京：北京大學出版社，2002 年。

14. 孫犁：《談趙樹理》，《孫犁全集》第 5 卷，北京：人民文學出版社，2004 年。

15. 孫先科：《作家的「主體間性」與小說創作中的「間性形象」——以趙樹理、孫犁的小說創作爲例》，《河南大學學報（社會科學版）》，2003 年第 1 期。

16. 孫曉忠：《有聲的鄉村——論趙樹理的鄉村文化實踐》，《文學評論》，2011 年第 6 期。

T

1. 譚平山：《國民革命中的農民問題》，《中國農民》第 1 卷第 1 期，1926 年 1 月 1 日。

2. 唐文其：《趙樹理小說的經典化與傳播》，廈門大學碩士學位論文，2007年。

3. 特里‧伊格爾頓：《馬克思主義與文學批評》，文寶譯，北京：人民文學出版社，1986年。

4. 仝志輝：《農民國家觀念形成機制的求解──以江西遊村爲個案》，《中國鄉村研究》第4輯，北京：社會科學文獻出版社，2006年。

5. 托洛茨基：《文學與革命》，劉文飛等譯，北京：外國文學出版社，1992年。

W

1. 汪東發：《〈三里灣〉、〈創業史〉、〈山鄉巨變〉的敘事個性》，《湖南社會科學》，2000年第3期。

2. 汪暉：《去政治化的政治、霸權的多重構成與六十年代的消逝》，《開放時代》，2007年第2期。

3. 汪效駟：《陳翰笙與「中國農村派」》，《中國黨史資料》，2007年第2期。

4. 王彬彬：《趙樹理語言追求之得失》，《文學評論》，2011年第4期。

5. 王春林：《趙樹理、農民文化與政治意識形態》，《山西大學學報（哲學社會科學版）》，2009年第4期。

6. 王光東：《「民間」的現代價值──中國現代文學與民間文化形態》，《中國社會科學》，2003年第6期。

7. 王力：《趙樹理與中國40年代農村小說研究》，北京：中國社會科學出版社，2011年。

8. 王蒙：《蘇聯文學的光明夢》，《讀書》，1993年第7期。

9. 王曉平：《從「趙樹理方向」看「新民主主義文化」的內在困境》，《文藝理論研究》，2011年第5期。

10. 王堯：《改寫的歷史與歷史的改寫──以〈趙樹理罪惡史〉爲例》，《文藝爭鳴》，2007年第2期。

11. 王長軍、王文卓：《〈李有才板話〉是一部政策小說──兼談政策小說的創作問題》，《天中學刊》，2002年第6期。

12. 王中青：《趙樹理作品論集》，太原：北嶽文藝出版社，1987年。

13. 溫鐵軍：《我們到底要什麼？》，北京：華夏出版社，2004年。

14. 吳福輝：《趙樹理文學的影響力何在》，《中國現代文學研究叢刊》，2006年第4期。

15. 吳宇宏：《趙樹理評價史研究》，北京大學碩士學位論文，2000年。

16. 武養:《一篇歪曲現實的小說──〈鍛鍊鍛鍊〉讀後感》,《文藝報》,1959年第 7 期。

X

1. 席揚:《角色自塑與意識重構──試論趙樹理的「知識分子」意義》,《晉東南師範專科學校學報》,2001 年第 4 期。

2. 席揚:《試論趙樹理的「知識分子」意義》,《鄭州大學學報(哲學社會科學版)》,2001 年第 5 期。

3. 席揚:《多維整合與雅俗同構──趙樹理和「山藥蛋派」新論》,北京:中國社會科學出版社,2004 年。

4. 席揚、魯普文:《「中間人意識」與趙樹理自我身份認同》,《文學評論》,2009 年第 4 期。

5. 夏志清:《中國現代小說史》,劉紹銘等譯,香港:中文大學出版社,2001年。

6. 肖佩華:《解讀「農民意識」──魯迅、趙樹理、高曉聲筆下農民形象的比較分析》,《培訓與研究(湖北教育學院學報)》,2002 年第 4 期。

7. 徐懋庸:《徐懋庸回憶錄》,北京:人民文學出版社,1982 年。

Y

1. 晏陽初:《農村運動的使命》,《晏陽初全集》第 1 卷,長沙:湖南教育出版社,1992 年。

2. 楊慶祥:《「重寫」的限度:「重寫文學史」的想像與實踐》,北京:北京大學出版社,2011 年。

3. 楊天舒:《趙樹理小說創作與民間文藝資源》,北京大學博士學位論文,2006 年。

4. 楊志傑:《趙樹理小說人物論》,太原:山西人民出版社,1983 年。

5. 伊莎白·柯魯克、大衛·柯魯克:《十里店(一):中國一個村莊的革命》,龔厚軍譯,上海:上海人民出版社,2007 年

6. 約瑟夫·弗蘭克:《現代小說中的空間形式》,見約瑟夫·弗蘭克等著、秦林芳編譯《現代小說中的空間形式》,北京:北京大學出版社,1991年。

Z

1. 張愛玲:《金鎖記》,《傾城之戀》,北京:北京十月文藝出版社,2006 年。

2. 張愛玲：《秧歌》，臺北：皇冠出版社，1989 年。

3. 張麗軍：《想像農民——鄉土中國現代化語境下對農民的思想認知與審美顯現，1895～1949》，東北師範大學博士學位論文，2006 年。

4. 張霖：《兩條胡同的是是非非——關於五十年代初文學與政治的多重博弈》，《文學評論》，2009 年第 2 期。

5. 張霖：《新文學的通俗化實踐與趙樹理》，中山大學博士學位論文，2005 年。

6. 張頤武：《趙樹理與「寫作」——讀解趙樹理的最後三篇小說》，見中國趙樹理研究會編《趙樹理研究文集》上卷「近二十年趙樹理研究選粹」，北京：中國文聯出版公司，1996 年。

7. 趙建國：《趙樹理孫犁比較研究》，北京：崑崙出版社，2002 年。

8. 趙樹理：《趙樹理全集》，北京：大眾文藝出版社，2006 年。

9. 趙衛東：《延安文學體制的生成與確立》，浙江大學博士學位論文，2004 年。

10. 趙勇：《口頭文化與書面文化：從對立到融合——由趙樹理、汪曾祺的語言觀看現代文學語言的建構》，《山西大學學報（哲學社會科學版）》，2006 年第 2 期。

11. 趙園：《地之子——鄉村小說與農民文化》，北京：北京十月文藝出版社，1993 年。

12. 周立波：《暴風驟雨》下冊，北京：人民文學出版社，1952 年。

13. 周揚：《論趙樹理的創作》，見《論趙樹理的創作》。

14. 中國農村經濟研究會編：《中國農村》創刊號，1934 年 10 月。

15. 洲之内徹：《趙樹理文學的特色》，見黃修己編《趙樹理研究資料》。

16. 朱德發：《論四十年代中國文學的世界化與民族化》，《中國社會科學》，2002 年第 6 期。

17. 朱凌：《趙樹理闡釋史》，福建師範大學博士學位論文，2009 年。

18. 朱曉進：《「山藥蛋派」與三晉文化》，長沙：湖南教育出版社，1995 年。

19. 竹可羽：《評〈邪不壓正〉和〈傳家寶〉》，《人民日報》，1950 年 1 月 15 日。

20. 竹內好：《新穎的趙樹理文學》，見黃修己編《趙樹理研究資料》。

英文類

1. Gilles Deleuze and Felix Guatarri, *Anti-Oedipus: Capitalism and Schizophrenia*, Minneaplis: University of Minnesota Press, 1983.

2. Harry C Boyte, *Everyday Politics: Reconnecting citizens and public life*, Philadelphia: University of Pennsylvania Press, 2004.

3. Hsiao-tung Fei, *Peasant Life in China, a field study of country life in the Yangtze valley*, London: Routledge, 1939.

4. Hui Jiang, *From Lu Xun to Zhao Shuli: the politics of recognition in Chinese literary modernity, a genealogy of storytelling*, a dissertation of New York University, 2008.

5. Jacques Rancière, *The Politics of Literature*, Substance, Vol. 33 No.1, 2004.

6. Jacques Rancière, *The Politics of Literature*, Malden: Polity Press, 2011

7. Johann Arnason, *The future that failed: Origins and destinies of the Soviet model*, London: Routledge, 1993.

8. Josephine A. Matthews, *Artistry and authenticity: Zhao Shuli and his fictional world*, a dissertation of the Ohio State University, 1991.

9. Michel Foucault, *The Archaeology of Knowledge*, translated from the French by A. M. Sheridan Smith, London: Routledge, 1994.

10. Yi-tsi Mei Feuerwerker, *Ideology, power, text: self-representation and the peasant 「other」 in modern Chinese literature*, California: Stanford University Press, 1998.

後　記

　　我的一位兄長，在我讀高中的時候，曾經語重心長地對我說，人生只有兩條路可走，要麼從政，要麼經商。因此，當我從理科轉讀文科時，他很高興，當我考上北京大學國際政治系時，他憧憬我在國務院會有立錐之地。但是，他的希望落空了，我既沒有從政，也沒有經商，只有兩手清寒。我得承認，我只是對文學情有獨鍾，才讀了文科，才又拋棄國際政治，做一個北京大學中文系的研究生。研究生畢業後，我去廣東海洋大學教書。父親說，也好，免得去害人，作孽，教書先生是哪個世道都要的。我沒有父親思慮得那麼多，我只是恐懼爲權力的狗苟，厭惡爲金錢的蠅營，有意在文字上討生活。孰知無論多麼清水的衙門，始終還是衙門，文字生活也躲不開權力與金錢的折磨。於是，我決定考博士了，爲了生活，我重新回到北大中文系攻讀學位。文學、學習與學歷、學位，一邊是夢想，一邊是現實，我早已不是 1998 年前那個文學愛好者了。將來，我仍然要去大學教書。不過，這已不是什麼有意在文字上討生活，而是我只能在手口之間謀食，別無挑戰生活的能力了。

　　1998 年以前，我有一個作家夢，這是我人生唯一的夢想。上大學以後，這個夢想破滅了。不是因爲自覺缺乏文學才華，我還沒那麼有自知之明，而是發現作家的生活方式並不好，我逐漸向現實低頭，遠離煙、酒、頹廢、憂鬱、詩、孤獨、憤怒、青春、浪漫，遠離形容詞，遠離名詞。我開始戀愛，參照父母的願望選擇結婚對象。以後的路是清晰可辨的，正如母親與嫂子們吵架完了之後所說的那樣，屋檐水照舊痕，我活在人類幾千年文明的歷史中，生，老，病，死。我已爲人子，爲人夫，將來要完成爲人父的責任，然後塵歸塵，土歸土。也還有許多細節，比如論文、職稱、會議、上學、一日三餐、

家庭住址、工資卡……在每一個生活的節點，它們都會很重要，甚至頑固地表現出局部大於整體的特徵。但是，這些始終都不過是人生的細目罷了。重要的是，不管是否有過夢想，不管有多少細節，你仍然要為了生活而生活。

曾有一段時間，我欣賞知堂先生，覺得十字街頭的塔是一個很好的人生意象。自身沒有煙火的氣息，但並沒有遠離人間煙火，還有旁觀者清的自足，的確可算是人類智力所及的美好境界。然而，我的人生經歷卻嘲諷了我，它告訴我，欣賞周氏，不過是一種自居智者的自惑。似乎是為了清洗身上的塵垢，我在大學畢業以後選擇了繼續上學。母親支持我的學業，她拖著古稀之年的殘軀，在地裏看日出日落，種下花生，黃豆，再把它們換成錢，擔心我有一天需要錢才能完成學業，完成愛情，完成婚姻。父親曾經是方圓幾十里聞名的裁縫，從不下地，母親讓他也拿起了鋤頭。我勸慰她，也勸慰父親，說自己一邊讀書一邊打工，不成問題，而且很快就畢業了，就掙錢了。在我的勸慰聲中，母親因腦梗塞臥病在床，失去語言能力，並在我畢業參加工作的第二個月永遠閉上了雙眼。真是樹欲靜而風不止，子欲養而親不在，為了那十字街頭的塔，我在自己心上留下了永遠無法除去的塵垢。我試圖在文字裏拯救自己墮落的靈魂，然而無計可施。文字譬如流水，帶走我難以承受的辛酸血淚，卻無法滌除我心靈的失落。逝者已矣，我惟有略盡心力，供養年逾八旬的父親。

但是，錢已經沒有多大意義。年邁的父親為了照顧他臥病的妻子，身體狀況急劇惡化，雙目失明，後來更摔斷了右腿髂骨，纏綿床榻。當我的博士論文正在寫作時，父親因多年的病痛和寂寞，腦出血住院，四十四天以後，去了。大姐在父親臨終前一天晚上夢見父親說，我要找你媽媽去了。其實，四十四天只是現代醫學的正常作用。如果可以，我真希望這四十四天並不存在，父親就不必去得那麼漫長，那麼痛苦。在父親去世前四十五天，我寫下了一些該詛咒的文字，因為那些文字希望父親離開這擾攘的塵世。在父親去世前一天，借給朋友代課的機會，我變成了一個布道者，大談莊子的生死觀，希望醫院中的父親不過是正在經歷一場必然的尸解。我仍然只能在無用的文字中求得出脫之法，為父親，更為自己。

塔是沒有的，在煙火繚繞之中，我只能讓自己的論文寫作也充滿人間煙火，拒絕被一些抽象的概念吞噬淨盡。我想起導師 2009 年提給我的一個問題，你的立場是什麼？我當時的回答是，我不知道，或者說，很難有什麼立場。

我現在仍然不太清楚自己的立場是什麼，雖然已有人論定我左傾。我略有覺悟的地方只有這些：我不想成為理論的俘虜，不想論文的寫作變成學院體制內部的有機生產，我希望我的論文背後，是對我親身經歷的社會現實的一點簡單的理解。至於對學術研究有沒有貢獻，那不過是餘事而已。作為子裔，像我的父親母親那樣的農村人，他們的生活，也許才是我理解一切的出發點。這種方式也許是坐井觀天，會泯滅一部分是非，但至少能從切身的利害出發，讓是非的辯白找到實實在在的處所，而不是空留紙上聲。如果說這可以算立場，那麼，這就是我的立場吧。因此，雖然覺得趙樹理研究天地太小，彷彿自己手大腳大，騰挪不開似的，但我仍然接受了導師的建議，選擇了趙樹理小說作為研究對象。但因為立場的緣故，我不願意在故事、小說、文學、主流意識形態、延安、四十年代、現代性、知識分子、民間、廟堂……之類的範疇裏展開對趙樹理小說的解讀。雖然也與這些範疇糾纏，也捧出了形式、文學政治之類的詞彙，但這不過是便宜之計，寫給讀者看罷了。我在意的是，在農村生活的人，他們有沒有可能過上他們自己想要的生活。說的更私人化一點，我在意的是，像我父母那樣的農村人，他們滿足嗎？幸福嗎？但是，正如我的父母從不關心我在研究些什麼一樣，我寫下的佶大篇幅，仍然與那些農村人水米無干。我的讀者大約不會太在意我背後的關懷，大概只會追究我的解讀範式是否有效，我的文本分析是否合理，是否推進了趙樹理研究，仍然只是一些學院的話題，紙上的煙雲。買櫝還珠，只因為盒子也有一些內容。而我的擅場，也不過是盒子的雕飾。閻連科在他的新書《我與父輩》中感歎，他寫了那麼多小說，都與地裏刨食的人無關。我這一篇浮泛的文字，其實也只是空盒子，因此也不必埋怨讀者，故作別有幽懷的姿態。趙樹理說自己終究是知識分子，我恐怕自己也擺脫不了被「知識分子」這個概念消化的命運吧。

因為自覺是個雕飾盒子的匠人，我曾經一度想放棄某些章節的寫作。尤其是「農民」的主體性這個話題，我覺得紙面上的討論，是毫無意義的。導師在這個時刻制止了我的消極，雖然態度委婉，但希望我將盒子雕飾完整的意思，溢於言表。於是，壓抑著消極、虛無的情緒，我繼續寫作。一旦進入寫作，問題便在自洽的邏輯裏自主運行，全不管我有什麼情緒。這一經驗提醒我，寫作自有寫作的道理，不必與個人的生活那麼相關。我也大體上明白了，為什麼我兩腳還散發著泥巴和牛糞的味道，卻在知慕少艾的年紀，變成

了文學愛好者，讀一些被定義爲後現代文學的小說？人的生活，大約從來都是一篇散文，被分割在不同的位移裏，沒有什麼唯一可靠的坐標。那麼，所謂有沒有意義的焦慮，其實也不必過於集中在某一個點上；立場的問題，也就不那麼重要了。魯迅被毀爲二重反革命，錢理群被視爲蝙蝠俠，大抵都是那麼回事吧。我雖然並不要騙人，像魯迅那樣，但文字是會騙人的。它好像通往眞理，其實只是語言編織成的筏子，目的地何在，還得看誰是撐筏子的人。我撐不住筏子，被文字帶向了我不想去的地方。有時候被自己的滿腹牢騷震驚，我訝異自己何以如此似極乾坤一腐儒？我要通過我的論文表達現實關懷，卻又不信它能達成目的，輾轉間，自傷自憐之態，唾手可掬。我痛恨這種徙倚不定的論客勁兒，決意以後只在文字裏討生活，不讓文字變成我的生活。我就在俗世裏，在人間煙火中，老病，死去，灰飛煙滅。

現在，我要感謝一些人了。秀才人情紙半張，只能在這裡逐一羅列。首先要感謝的是兩位導師，吳曉東和高遠東，是他們領著我走進學院學術生產的工廠，教我手藝，教我做人，交給我後半生取用的府庫。曾經忝列門牆，叨陪兩位導師的末座，是我青春歲月的榮耀，一生風景的光華。我也要感謝蔣暉老師，感謝那傾蓋如舊的熱情，充滿教益的交談，一見傾心的關懷。還有王楓老師，我感謝他一針見血的學術意見，如沐春風的人情味。我也感謝溫儒敏老師、商金林老師、陳平原老師、孔慶東老師、姜濤老師，感謝他們對我微末的學術能力的肯定，感謝他們熱心指出我的優點和缺點。另外，我還感謝那些偶然謀面或素未謀面的老師，感謝他們幫我尋找研究趙樹理的問題與方法；他們是賀桂梅老師、羅崗老師、倪文尖老師、張旭東老師。

當然，還有朋友們。任羽中鼓勵我攻讀博士學位，他總是在我情緒低落的時候說，你是個讀書人。王勇說他的朋友都很優秀，那意思似乎是希望我也變得優秀起來。李雅娟，孫芳，潘利俠，王婷婷，陳爾傑，這些常年的飯伴，不僅在學術中給予我無私的幫助，而且在生活中也惠我良多，使我在文字中討生活時，並不寂寞。牟利鋒，呂紹剛，田露，吉田薰，崔問津，陳思，他們也總是在百忙中，帶給我許多學術的教益和朋友的溫情。還有王小岩，當我人在湛江，分身乏術時，幫我從北京複印來一些重要的文獻。也還有我的室友盛虎，研究水的區域治理，用他的學科意識刺激我，讓我得到一些啓發。還有王永生，一個研究霍布斯的老哥們，他指出我對黑格爾、尼采、海德格爾……的隔膜。我感謝他們。我尤其感謝李雅娟，那個被我戲稱爲副導

師的姑娘，她施惠於我的不止是學術，還有許多我無法顧及的事情，她幫了我。

　　我感謝導師吳曉東的各位高足，他們中肯的批評，深刻的建議，溫厚善良的學術作風，讓我獲益匪淺。我尤其感謝李松睿、王東東、燕子、許莎莎等人爲我的論文貢獻了熱情和智慧，使我的論文增色不少。另外，我也感謝劉奎幫我張羅答辯的諸種瑣事。在他們面前，我深刻體會到，坦誠是多麼美好的事情。

　　最後，我要感謝我的妻子李舒燕，感謝她相信我有才華，感謝她身懷六甲，還幫我校對論文，成爲我論文初稿的第一個讀者。我感謝她眼中的寬容，心裏的愛意，手底的溫柔。雖然她離我父母的願望很遠，聽不懂客家方言，也未曾在他們活著時，讓他們抱上孫子，但她是我的理想。

2012 年 4 月 20 日深夜於湛江蛙鳴聲中